# 홍박사의 5분경영 ②

## 인생을 경영하는 지혜

# 홍박사의 5분경영 ②

인생을 경영하는 지혜

홍병식 지음

**21세기북스**

# 추 천 사

　나는 홍병식 박사의 5분논평을 즐겨 듣는 청취자의 한 사람이었습니다. 그의 말에는 가식이 없고 어려운 문자가 없습니다. 그는 5분논평을 통해서, 우리들이 평범한 일상생활에서 겪는 경험 속에서 뜻있는 교훈을 찾아내어 이를 매우 선명하게 묘사했습니다. 그의 이야기를 듣고 있으면 진리는 먼 곳에 있는 것이 아니라 아주 가까운 곳에 있음을 느끼곤 했습니다. 그의 5분논평은 매우 폭넓은 청중을 갖고 있습니다.

　나는 개인적으로 인간 홍병식을 가까운 친구로 두고 있는 것을 매우 자랑스럽게 생각합니다. 그는 생각하는 바를 솔직히 말하며, 옳다고 생각하는 일을 실천하는 사람입니다. 그는 항상 남의 장점을 찾으려고 노력합니다. 그리고 그 장점을 칭찬하는 데 인색하지 않습니다. 그러나 자기를 내세우는 데는 매우 인색하며, 자기가 믿는 신앙을 그처럼 행동으로 실천하는 사람을 아직 보지 못했습니다. 그는 어려운 일을 당했을 때 꼭 찾아가서 조언을 듣고 싶은 사람입니다.

　5분논평이 책으로 출판된다 하니 매우 경사스러운 일입니다. 이 책은 슬기로운 사회생활과 충실한 인생을 사는 데 좋은 길잡이가 될 것을 확신하며 자신있게 권하고 싶습니다.

NARA 은행장
벤자민 홍

『홍박사의 5분경영』은 쉽게 이야기식으로 서술되어 있고 비유적인 이야기, 경영에 관해 누구나 귀담아 듣고 실천할 수 있는 소중한 이야기들이 많이 수록되어 있습니다. 또한 정부의 관리들에게는 행정을 보다 효율화할 수 있는 많은 제안을 담고 있으며, 가정에서도 바람직하고 화목한 가정을 이루는 데 훌륭한 지침서가 될 수 있을 것입니다.

동의대학교 상경대학 교수
이동철


홍병식 박사의 값진 생각들은 일상의 자그마한 일까지 놓치지 않는 세심함에서 비롯된 것이라는 생각이 듭니다. 그는 천진하고, 따스하고, 사려깊고 그러면서도 철저한 사람입니다.

사법연수원 교수
김성준


홍병식 박사가 30여 년 간의 미국생활 동안 배우고 익힌 해박한 지식과 생동감 있는 경험을 토대로 한 주옥같은 내용들은 우리 모두에게 그릇되고 고정된 습성을 타파하고 새로운 활력소가 되어 현재와 미래를 설계하는 지침서가 되리라 믿습니다.

President
American Management Tech University, Ph. D.
김기천

# 머 리 말

본인은 미국의 로스앤젤레스에 소재한 FM 라디오 서울과 샌프란시스코에 소재한 라디오 서울에서 지난 1994년 4월부터 '5분경영교실'을 매주 5일 동안 방송을 하였습니다. 또 그 방송의 원고는 한국일보 미주판에 연재되기도 하였습니다. '5분경영교실'을 청취하거나 신문을 읽은 많은 분들이 그 내용을 책으로 엮어 보면 좋겠다고 했습니다. 제가 미국에서나 한국에서 경영 관련 세미나나 특강을 할 때 이를 책으로 발간했으면 좋겠다는 의견을 주신 분들 또한 많았습니다. 이 책은 이런 분들의 요구에 보답하기 위해 청취자들의 반응이 좋았던 방송원고의 일부를 독자용으로 수정해서 발간하게 된 것입니다.

미국에서 35년 동안 생활을 하는 동안 큰 회사의 경영 현장에서 여러 경영이론을 실천해 볼 수 있었고 동시에 4개의 대학교에서 10여 년 동안 경영을 강의하면서 경영의 진수를 어느 정도 터득할 수가 있었습니다. 이러한 경험과 이론적 연구로 터득한 결과는 '인간 만사가 모두 경영이고 인간은 모두 경영인이다'는 사실입니다. 다시 말하면 '인생은 바로 경영이다'라고 할 수 있겠습니다. 저의 책에 인생과 대인관계에 관한 내용을 많이 다룬 이유도 저의 이런 소신 때문입니다.

저는 초등학교로부터 대학학부까지는 한국에서 교육을 받았고 군복 무도 한국에서 했습니다. 이후 미국에서 거주한 기간이 한국에서 생활한 것보다 길었지만 한국신문을 매일 구독하면서 한국의 실정과 급변하는 경영세계를 세계인의 관점에서 바라볼 수 있었습니다. 비록 이 책에서 제가 언급한 내용이 주로 미국의 실례와 사정에 입각을 해서 서술된 점이 많지만 지금까지의 경영이론이나 새로운 경영이론들이 주로 미국에서부터 실천되고 있다는 점을 감안한다면 이 책의 내용이 독자들에게 부담이나 이질감을 주지 않을 것으로 확신합니다.

지금까지 저를 키워 주시고 격려와 조언을 아끼지 않은 많은 분들이 계시지만 일일이 그 존함을 열거할 수 없음이 아쉽습니다. 항상 밀어 주고 지지해 준 제 아내와 자녀들과 손자손녀들에게 감사를 표합니다. 특히 원고수정에 징성과 시간을 아끼지 않았던 이동철 박사와 백유나 양 그리고 언제나 저의 힘과 안내자가 되어 순 벤자민 홍 행장, 이칭핑 박사, 김기천 박사, 조용이 박사, 김성준 교수, 임춘택 공인회계사에게 심심한 감사를 드립니다. 끝으로 이 책을 발간하는 데 인도와 자문을 해 준 한국일보의 장재구 회장과 21세기북스사의 김영곤 사장 및 김중현씨에게 감사를 드립니다.

대전에서
저자 홍 병 식

# 차 례

## 1장 어느 교포의 조국사랑

미소가 없는 사회 ································· 13
공과 사 ·································· 16
이해상반 ·································· 20
인천 북구청 세금 착복사건 ··················· 24
한국의 노동운동 ······················· 27
제주도의 항공사고가 주는 교훈 ··············· 30
성수대교 사건이 주는 경영교훈 ··············· 34
고국에 올리는 한 교포의 제언 ··············· 38
연예에 사용되는 언어, 이래도 될까 ············· 42
미군 헬기 사건이 주는 교훈 ··············· 45
촌지 ···································· 49
성급한 한국인 ····························· 52
대구의 도시가스 폭발사건으로부터 배울 점 ······· 56
지구촌의 적응성 시험 ···················· 60
서두르지 않는 중국인 ···················· 64
미국의 노동조합 ······················· 67
싱가포르로부터 배울 점 ··················· 70
선진기업이 취하는 안전관리 ··············· 74
다시 찾아온 조국 ······················· 78

## 2장 성공적인 인생경영의 지혜

자아성취예언 ····························· 85
눈높이 경영 ····························· 88
실패를 두려워 말자 ······················ 91
칠전팔기 ·································· 94
정확한 상황판단 ························· 97
남을 속단하지 말자 ······················ 101
시간낭비 ·································· 105
경영인과 집착 ··························· 109

희생정신 ······························ 112

효과적인 시간관리 ······················ 116

마지막에 한 번 더하는 노력 ··············· 120

나이를 먹어 가는 즐거움 ·················· 124

짜증과 보람 ··························· 128

보람을 느끼는 자세 ····················· 132

우리 스스로가 장군이 되자 ················ 136

술과 좌절감 ··························· 140

열성적인 태도를 기르자 ·················· 144

비범한 행동과 기지 ····················· 148

## 3장  인생을 풍요롭게 하는 지혜

감정이입적 경청 ······················· 155

약속과 실천 ··························· 158

말을 재치 있게 받아내는 효과 ·············· 161

감사하는 마음 ························· 164

지나친 욕심 ··························· 167

효과적인 대인관계 ····················· 171

대립사태의 해결책 ····················· 175

노력과 대가 ··························· 179

져 주고 이기는 지혜 ···················· 183

인기와 평범 ··························· 187

참다운 우정 ··························· 191

지체없이 행하는 사람 ··················· 195

좋은 의도와 좋지 않은 결과 ··············· 199

문제를 해결하는 용어 ··················· 203

걱정도 팔자 ··························· 207

자신을 좋아하자 ······················· 211

결혼 축하금과 조의금 ··················· 215

## 4장  가정을 잃고 인생의 성공을 말할 수 없다

경영인과 가정 ················································ 221
경영인의 아내 ················································ 224
받는 사랑과 주는 사랑 ······································ 227
접촉의 위력 ··················································· 231
성공의 추진력이 되는 가정 ································ 235
자녀의 탓과 부모의 탓 ······································ 239
입장을 바꿔 놓고 보자 ······································ 243
내조와 남편 ··················································· 247
효도로 하는 자녀교육 ······································· 251
애처가와 공처가 ·············································· 255

## 5장  21세기 선진 시민으로 가는 길

신체장애자 ···················································· 261
배움과 실천 ··················································· 265
백 달러짜리 바위 백만 달러짜리 조각 ··············· 269
장애인 미스아메리카 ········································ 273
독수리의 자손 ················································ 277
마라톤이 주는 교훈 ·········································· 281
난관을 극복한 한 교포의 성공담 ······················ 285
경영인의 자긍심 ·············································· 289
경영인과 오해 ················································ 292
업무의 부담감 ················································ 296
위대한 지도자 ················································ 299
왜곡된 예술과 문학 ·········································· 303
자기의 탓을 먼저 살피는 경영인 ······················ 307
이리떼를 조심하자 ··········································· 311

# 제 1 장

# 어느 교포의 조국사랑

미소가 없는 사회
공과 사
이해상반
인천 북구청 세금 착복사건
한국의 노동운동
제주도의 항공사고가 주는 교훈
성수대교 사건이 주는 경영교훈
고국에게 올리는 한 교포의 제언
연예에 사용뇌는 언어, 이래도 될까
미군 헬기 사건이 주는 교훈
촌지
성급한 한국인
대구의 도시가스 폭발사건으로부터 배울 점
지구촌의 적응성 시험
서두르지 않는 중국인
미국의 노동조합
싱가포르로부터 배울 점
선진기업이 취하는 안전관리
다시 찾아온 조국

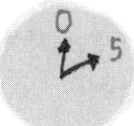

## 미소가 없는 사회

저는 한국생활 1년 반 동안 전라남북도와 충청남북도 전역을 다녔습니다. 기차를 타고 다닌 거리를 제외하고 승용차로 다닌 거리만 해도 11만 킬로미터 이상을 다녔습니다. 영업용 택시가 1년 동안 다닌 거리와 비슷하다는 말을 들었습니다.

한국에서 고속도로로 진입하려면 자동통행권을 기계로부터 받은 후 종착지의 톨게이트에서 고속도로 통행료를 지불하게 되어 있습니다. 이렇게 다니다 보니 저는 수십 번 아니 수백 번의 통행료를 냈습니다. 한 가지 독자 여러분들께 여쭈어 보겠습니다. 통행료를 받는 도로공사 직원이 감사하다는 말을 해야 하겠습니까? 그렇지 않으면 통행료를 내는 운전자가 사의를 표해야 하겠습니까? 상관례상 당연히 돈을 받는 사람이 명랑하게 감사하다는 말을 해야 하지 않겠습니까?

그런데 지금까지 저는 감사하다는 말을 하고 통행료를 받는 톨게이트 직원을 한 사람도 보지 못했습니다. 오히려 제가 타고 있는 차를 운전하는 젊은 미국인 선교사들은 모든 분들에게 정중하고 예의바르게 행동할 것을 훈련받았기에 통행료를 지불하면서 '감사합니다' 라고 말을 합니다. 돈을 받는 직원들은 돌부처처럼 무표정이거나 약간 놀라는 모습으로 입을 다문 채 우리를 쳐다만 봅니다. 어쩌면 손님들한테 돈을 받으면서 명랑하게 감사를 표해야 할 기본적인 상행위의 훈련조차 시키지 않았는지 의아하게 생각하지 않을 수 없습니다.

택시마다 '승객을 가족처럼 모시겠습니다' 라는 스티커가 붙어 있지만 타는 손님에게 '안녕하십니까? 어서 오십시오' 라고 인사하는 택시 운전사도 아직 못 만나 보았습니다. 김포공항에 도착하면 여권과 사증을 검열하는 출입국 관리들도 오랜 비행에 지친 입국객들에게 미소를 띄우고 '어서 오십시오' 라고 명랑한 인사 한마디쯤 할 만한데 그런 직원을 아직 한사람도 못 만나 보았습니다.

종합병원에 가면 남대문 시장과 비슷하다고 해도 과장이 아닙니다. 많은 사람이 붐빕니다. 보험이 대중화되어서 그런다는 설명을 들었습니까. 그래도 환자들은 모두가 병원측에서 보면 고객들입니다. 그렇다면 병원의 직원들, 즉 간호사나 사무직원들은 친절, 명랑, 미소의 기본적인 훈련을 받았어야 할 것으로 믿어집니다. 저도 백여 명의 선교사들을 관리하기 때문에 저의 선교부와 계약된 병원에 자주 가게 됩니다. 그런데 병원을 찾아가는 우리들에게 아쉬운 것은 명랑과 미소가 전혀 없는 병원 분위기입니다. 직원들이나 간호사들의 제복에는 '우리는 모두에게 친절합니다' 라는 구호가 붙어 있는 것을 보면서 쓴웃음을 짓지 않을 수가 없었습니다. 사무직원들 중에는 오히려 고객들이 귀찮다는 인상을 띠는 직원들도 적지 않습니다.

'얼굴에 미소를 짓는 것은 찌푸리는 것보다 근육의 힘이 덜 든다.'고 누군가가 말했습니다. 왜 우리 국민들이 특히 대민봉사를 하는 직원들이 미소와 명랑을 기피하는지 아쉬움과 의아심을 한국에 온 이후 안 가져 본 날이 없습니다.

캥거루 한 마리를 가둬 두기 위하여 동물원 직원들이 10미터 높이의 철망 울타리를 쳤다 합니다. 그런데 조금 후에 보니 캥거루는 밖에서 놀고 있었습니다. 그 캥거루가 울타리를 뛰어 넘었다고 생각한 직원들이 이번에는 울타리를 20미터로 높였습니다. 그런데 조금 후에 보니 또 캥거루는 밖에서 놀고 있었습니다. 이번에는 울타리를 30미터로 높였습니다. 여전히 캥거루는 밖에서 놀고 있었습니다. 뛸 줄을 모르는 기린이 울타리 밖에 있는 캥거루에게 물었습니다. "애, 캥거루야, 동물원 직원들이 너를 가둬 두기 위하여 얼마나 높은 울타리를 칠 것 같으냐?" 그랬더니 캥거루가 말하더랍니다. "아마도 1,000미터까지는 칠 것 같다. 그런데 한 가지 모를 것은 그들은 문을 왜 잠궈놓지 않는지 모르겠단 말이야."

그렇습니다. 문을 잠궈놓지 않는 한 철망 울타리를 아무리 높이 세운다 한들 캥거루를 가둬 놓는데 무슨 소용이 있겠습니까? 마찬가지로 한국의 국제회나 세계화를 이룩하려면 세계 어디를 막론하고 상행위의 기본자세인 미소와 명랑을 우선 갖추어야 되지 않을까 생각을 했습니다. 미소가 없는 한국에서 한 가지 예외가 있습니다. 맥도널드나 버거킹, 하디스 같은 외국기업의 업소는 청결이나 종업원들의 미소, 명랑한 말투 등이 잘 훈련되어 있습니다. 그들이 한국에서 돈을 잘 버는 이유의 일 단면을 볼 수가 있는 듯 했습니다.

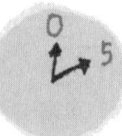

## 공과 사

　자랑할 일은 아닙니다만 저는 한국으로 오기 얼마 전에 속도위반 티켓을 받은 적이 있습니다. 보험료가 오를 것을 염려하여 교통 위반자 학교에 가기로 했습니다. 독자 여러분도 아시는 분이 계시겠지만 미국에서는 요새 티켓을 받으면 벌금은 벌금대로 물고 교통 위반자 학교의 등록금도 내야 합니다.

　위반자 학교에 등록을 마치고 나서 첫 강의를 듣게 되었는데 각자를 소개하고 어떤 연유로 티켓을 받게 되었는가를 다른 학생들에게 말하는 기회가 있었습니다. 물론 속도위반자가 제일 많았습니다. 그런데 그 중에서 한 사람이 말해 준 티켓의 동기를 잊을 수 없었습니다. 그는 '일단 정지'의 표시가 있는 곳에서 완전정지를 하지 않아서 티켓을 받았는데 티켓을 뗀 경찰은 자기와 친한 바로 옆집 사람이라고 했습니다. 그렇게 말하면서 조금도 그 경관을 비웃거나 비난하지 않았습니다. 아무리 준법정신이 강한 미국이라고 하지만 저는 그 이야기를 직접 듣고 공과 사가 분명한 미국인들의 정신에 감탄했습니다. '만일 신호를 위반한 사람과 옆집에 사는 경관이 한인 교포였더라면 교통규칙위반 티켓을 떼었을까?' 하는 생각을 해 보지 않을 수 없었습니다.

제가 잘 아는 친구 한 사람은 캘리포니아의 고등법원 판사였습니다. 한번은 그가 강간범을 재판하고 있었습니다. 증언대에 나온 성폭행의 피해자는 처음부터 울고 있었다 합니다. 재판이 진행되는 동안 그 피해자가 더욱 심하게 울어서 재판을 진행할 수 없었습니다. 제 친구 판사는 잠시 휴정을 선언하고 피해자인 젊은 여자를 위로하였습니다. 자기의 손녀같고 막내 딸 같은 그 아가씨를 위로하는 뜻에서 "저 못된 녀석을 엄하게 다스릴 테니 이젠 진정하세요." 하면서 피해자를 달래 주었습니다. 그런데 그 위로의 말을 옆에 있던 신문기자가 들었던 것입니다. 그리하여 판사가 이미 피고인을 죄인시하는 언사를 했다는 기사를 써 버렸습니다. 피고인을 엄하게 다스리겠다는 말 한마디로 그의 공정성을 지적받아 그는 그 재판을 다른 판사에게 넘겨주어야 했습니다. 그 판사나 신문기자의 잘잘못을 따지기 전에 철저한 공성성을 유시하는 이 곳의 사법제도에 크게 감명을 받았습니다.

레이건 대통령의 인기가 절정이던 당시에 미국의 상하원 중간 선거가 있었습니다. 그때 공화당의 하원직에 입후보한 사람 중의 한 사람은 대통령의 친딸인 모린 레이건이었습니다. 그 딸은 자기 아버지의 정치적 성공을 위하여 전심전력을 다한 유능한 여류정치가였습니다. 대통령의 딸이 하원의원에 입후보한 선거전에서 대통령의 지지가 얼마나 중요한지를 알고 있었기 때문에 대통령의 공식 지지가 자기의 딸에게 주어질 것으로 대부분 기대했었습니다. 그러나 대통령은 자기의 딸을 포함해서 아무 후보에게도 지지를 표하지 않았습니다. 어떻게 보면 차가운 아버지라고 생각할 수도 있겠으나 그는 공과 사를 분명하게 한 것으로 저는 보았습니다.

세계적인 회사로 성장한 소니사의 회장 모리다 아끼오는 자기의 아들이 회사에 입사를 희망했을 때 회사의 인쇄소 말단직원으로 채용했습니다. 그리고 자기의 딸은 자기의 회사에 입사를 시키지 않았습니다. 지금의 현황은 잘 모르겠습니다만 미국에서 공부를 한 딸이 취직을 원했을 때 소니사에 입사를 시키지 않아서 그의 딸은 샌디에이고에 소재한 일본계 회사에 취직을 했었습니다. 차가운 아버지였을까요? 그렇지 않으면 공과 사를 분명히 한 아버지였을까요?

중화인민공화국에서 잠깐 동안 수상직을 맡았던 화국봉을 기억하는 사람들이 많을 줄 압니다. 화국봉이 중화인민공화국의 수상이 되었을 때 그의 가족 상황이 외부에 알려지지 않았습니다. 가족 상황을 공개하는 미국의 전례와는 달리 중국은 가족사정을 쉽게 외부에 알리지 않습니다. 그 중에서도 재미있는 정보 하나가 언론에 새어 나왔었습니다. 수상의 부인이 무슨 공장에서 일을 하고 있다는 정보였습니다. 그러나 그 부인이 어느 공장에서 무슨 일을 하고 있는지를 아무도 밝혀내지 못했습니다. 아니 밝혀내지 않았던 것 같습니다. 일국의 수상 부인이 남의 눈에 띄지 않고 무명의 인사로 공장의 노동자로 일할 수 있다는 풍조는 내심이나 신분을 함부로 밖에 알리지 않는 중국인의 기질을 잘 설명해 주는 경우라고 하겠습니다.

　한국인들은 인정이 많다고 합니다. 그런데 인간관계에 있어서 공정성보다 인맥, 지연, 학연, 혈연들의 영향을 지나치게 받는 인종도 한국인임을 부인할 수가 없을 것입니다. 이와 같은 연줄이 원칙보다 강세인 현상을 보면서 우리도 공과 사를 분명히 하고 지연, 혈연, 학연을 초월할 수 있는 기풍이 아쉬워집니다.

## 이해상반

미국에서는 소위 정경유착이라는 비난이 비교적 적습니다. 정부에 직분을 갖고 있는 사람은 업계와의 관계를 완전하게 끊어야 한다는 소위 이해상반의 규례와 전통이 강하기 때문이라고 하겠습니다.

한국의 정계에 관심을 갖고 지켜 본 저의 의견으로는 한국의 현 정치상황에서 가장 시정을 요하는 점은 이해상반의 문제라고 봅니다. 한국의 정치상황을 논하기에 앞서서 미국의 이해상반의 법과 전통을 짚어볼 필요가 있다고 봅니다.

미국에서는 대통령이 되거나 연방 상하원 의원이 되면 모든 기업의 직책에서 사임을 해야 합니다. 그 뿐만 아니라 소유한 모든 주식도 본인이 참견할 수 없는 '백지위임(blind trust)'에 전환을 시키도록 되어 있습니다. 그래야 입법활동이나 법을 집행하는 행정기관에서 모든 국민에게 공평한 결정을 내릴 수 있게 된다는 공통적인 믿음 때문입니다. 대통령의 부부를 비롯하여 부통령이나 고위급 관료들은 호의의 선물을 받게 되면 국고에 반납을 하게 되어 있습니다. 아이젠하워 대통령의 비서실장이었던 아담씨가 외투 한 개를 받고 국고에 반납하지 않았다고 해서 사임을 했습니다. 레이건 대통령의 안보담당 보좌관이었던 알렌씨도 일본에서 받은 시계 하나를 보고하지 않았다고 해서 사임을 했습니다. 부시 대통령의 비서실장이었던 스누누 박사도 뉴욕에서 열린 우표 전시회에 공용 비행기를 이용했다고 해서 사임을 했습니다.

정치인들이 선거운동을 위하여 선거자금을 모읍니다. 선거자금으로 기부한 금액의 액수에도 한계가 있지만 선거자금으로 거둔 금액을 대소에 상관없이 선거자금 이외의 어떤 목적을 위해 사용을 해도 형사범이 되어 중형을 받습니다. 한국에서는 선거자금을 개인용으로 사용하지 못하도록 한 입법이 안 되어 있는 것 같습니다. 그렇기 때문에 지명도가 높은 정치인들은 선거자금을 많이 모아서 선거에 쓰고도 남아 호화로운 생활을 하고 있습니다. 만일에 제 추측이 사실이라면 미국에서는 모두 형법에 저촉이 되는 행동이기 때문에 감옥에 가야 할 사람들입니다.

최근에 한국에서 TV를 보고 있노라면 현역 국회의원이 CF로 나와 상품광고를 하고 있는 것을 보게 됩니다. 이런 현상은 이해상반의 원칙에 어긋나는 행동이라고 하겠습니다. 현역 국회의원이 일정 상품을 위한 CF로 등장을 하여 그 상품을 위한 광고를 하고 있으니 입법활동을 하면서 그 상품을 제조하는 회사에 유리하도록 투표할 가능성이 높다 하겠습니다. 미국에서는 고위층 관료나 국회의원들은 군대의 입대를 장려하거나 국채를 살 것을 장려하는 공익성

광고 외에는 절대로 CF로 나올 수가 없습니다. 그들의 공정성을 의심받지 않도록 하려는 의도와 그 의도에 입각한 법을 준수하려는 취지라고 하겠습니다.

한국에서는 대재벌의 가족원들이 현역 국회의원이면서 한 회사의 회장 직분이나 이사 또는 이사장이나 명예회장의 직분을 그대로 유지하고 있습니다. 자기가 회장으로 있는 회사나 제품이나 그 회사의 공급처들에 유리하도록 투표를 하거나 입법활동을 할 가능성은 무척 높을 것입니다. 미국의 법대로 한다면 그는 즉시 한 회사의 회장직을 사퇴하고 그가 소유하고 있는 수백 억 원 가치의 주식도 백지위임(blind trust)에 전환해야 할 것입니다.

제가 오래 근무를 한 회사에서는 일 년에 한 번씩 이해상반의 원칙을 어기지 않겠다는 서약서에 서명을 합니다. 즉 제가 관여하고 있는 일과 연관된 어떤 하청업체의 주를 갖고 있지 않고 주주도 안 되겠다는 서약이고 만일에 그런 회사의 주식을 소유하고 있다면 그 회사와 전혀 관련이 없는 프로젝트에 전속을 시켜 달라고 신청하게 되어 있습니다. 하청업체의 주식을 갖고 있지 않다고 하더라도 사촌이나 사촌보다 가까운 친척이 하청을 받을 수 있는 회사를 경영하고 있으면 회사에 미리 신고를 하게 되어 있습니다. 또 회사와 경쟁이 되는 회사의 일을 파트타임으로나 주말에 하지 않는다는 서약도 합니다.

회사를 사임하거나 은퇴를 하게 되더라도 그후 1년까지는 이미 하청업자로 지정된 회사에서 일을 할 수가 없도록 되어 있습니다. 군에서 제대하고 입사한 직원들도 자기가 소속됐던 군으로부터 계약을 받을 수 있는 부서에서는 1년 간 근무를 할 수가 없습니다. 이상과 같은 이해상반에 관한 원칙을 준수하겠다는 서약서도 저에게는 감명을 주었지만 그런 서약에 충실한 미국회사의 직원들로부터도 큰 감명을 받았습니다.

사업을 하든 공익성을 띤 봉사를 하든 공정성을 의심받을 수 있는 행동은 제거돼야 하겠습니다. 지난 수 년 동안 좋은 목적을 위해서 수많은 모금운동이 한인사회에서 있었습니다. 대중을 상대로 하여 모금을 하면 반드시 모금의 액수와 사용명세를 대중에게 자세하게 발표를 해야 할 것입니다. 어떤 명목으로든지 대중으로부터 모은 자금은 대중에게 상세히 그 전모를 공표하여야 할 의무가 있다고 저는 봅니다. 그러나 추호의 의심도 남기지 않아야 함에도 불구하고 모금 당사자들의 성의가 부족한 듯한 인상을 저는 받았습니다. 이것이 저 개인이 갖는 기우이기를 바랍니다.

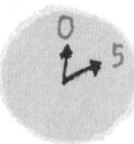

## 인천 북구청 세금 착복사건

인천 북구청 세금 착복사건의 전모가 차츰 밝혀지면서 그 규모가 생각했던 것보다 커서 훔친 세금의 액수도 거의 150억 원일 것이라는 보도를 우리는 접하고 이럴 수가 있느냐고 모두 한탄했습니다. 사건이 표면화되자 인천시장이 경질되었고, 수많은 구청직원들이 구속되었습니다. 아가씨를 포함해서 멀쩡하게 생긴 사람들이 그런 못된 일을 저질렀다는 점에 대통령을 위시하여 한국 국민 전체가 규탄을 하고 있습니다.

소 잃고 외양간 고치는 식의 사정활동이나 일이 터질 때마다 도매금으로 파면 · 해직 · 기소 등으로 사태를 수습하는 정부에 동정심을 보내면서도 그런 비리를 사전에 방지할 수 있는 경영적 체제를 갖추지 못한 관리의 무능 무지가 한심스럽습니다. 물론 세금의 징수제도가 전산화되지 않았기에 그런 거액의 착복이 가능했다는 견해도 여러 번 나왔습니다. 경영학을 가르치는 한 사람으로서 저는 그 견해에 거시적인 면에서만 동의를 합니다. 실제적인 면에서는 구청장이나 기타 징세원들을 감독하는 인사들이 요새 말하는 벤치마킹의 개념을 몰라서 이런 사건을 미리 탐지하지 못했다고 봅니다.

벤치마킹이란 비슷한 조직체나 단체의 업적을 계속해서 비교하여 자체 조직의 업적을 평가하고 교정해 나가는 경영방식을 말합니다. 인천 북구청이면 그와 비슷한 규모의 구청이 적지 않을 것입니다. 또는 다른 도시의 구청도 있을 것이고 그보다 적거나 큰 구청과도 업적을 비교했어야 했습니다. 과장이다 국장이다 하는 고급관리들은 밑에서 올라오는 서류의 위쪽에 즐비하게 나열된 결재칸에 도장만 찍고 월급을 받으려 하지 말고 방금 말씀드린 벤치마킹에 신경을 써서 자기의 부서가 지난 달보다 이번 달의 업적이 더 나을 수 있고 이번 달보다 다음 달에 업적이 더 나을 수 있도록 총력을 기울여야 했습니다. 이런 벤치마킹의 노력을 상사들이 시도했더라면 100억 원 이상의 세금감소를 벌써 탐지했었을 것이고 지금과 같이 이 사건이 확대되기 전에 문제되는 요소를 제거하거나 교정했을 것입니다.

일개 부서를 책임지고 있는 사람은 부하직원들보다 더욱 열심히 일해야 합니다. 자기 부서의 내부 자료만을 분석할 것이 아니라 다른 부서나 시민들의 의견 등을 항상 수집해야 합니다. 그러기에 윗사람이 되려면 공부도 더 해야 하고 최근의 경영학도 쉴새없이 습득하는 형설지공을 쌓아야 합니다.

수년 전에 미국 연방수사국 요원이 FBI의 역사상 처음으로 간첩죄로 체포가 되었습니다. 밀러라고 한 이 FBI 요원이 꼬리를 잡힌 데는 우리가 상상하기도 어려운 이유 때문이었습니다. 밀러씨의 체중이 유난히도 증가하는 것을 그의 상사들이 인지하게 되었습니다.

자긍심이 강하고 의로운 목표를 향하여 달리는 의지가 굳은 사람은 개인의 기강이 확립되어 있고 규칙적인 생활을 하기 때문에 체중이 갑자기 무리하게 늘지 않는다는 믿음하에 FBI는 밀러씨를 감시하기 시작했습니다. 그의 자동차 안에 FM 도청장치를 가설해 놓았습니다. 그 차 안에서 구소련 스파이 여자하고 정사를 나누는 장면을 녹음했고, 그가 넘겨 준 많은 자료의 물증을 입수하게 되었습니다.

바로 이런 것이 벤치마킹입니다. 1~2파운드 증가하는 것을 감지하기는 어려웠겠지만, 20~30파운드 증가하는 것을 벤치마킹에 입각해서 경영을 하는 상사는 쉽게 감지할 수 있었던 것입니다.

수년 전에 시카고의 총영사관에서 수천 개의 여권을 정식 일련번호도 사용하지 않고 받은 수수료를 4만여 달러나 착복한 직원이 체포되었다는 보도가 있었습니다. 이런 사건도 여권소지자가 분실한 여권을 추신하다가 표면화되었다는 점에서 저는 실망을 했습니다. 그 여권 담당자의 상사가 벤치마킹의 개념을 알고 연별 업적, 월별 업적 그리고 비슷한 총영사관의 업적을 쉴새없이 비교했더라면 자체적으로 일찍이 탐지할 수도 있었던 사건이었습니다.

벤치마킹이란 말은 간단합니다. 그러나 그 방법과 요령을 습득하는 데는 상당한 시간과 노력이 필요합니다. 사업과 관련한 통계학도 습득해야 하며, 퇴행분석(regression analysis)도 배워야 합니다. 관청이나 기업에 종사하는 경영인들은 중단없이 배워야 합니다. 앞에서도 말씀을 드렸습니다만 지식은 힘입니다. 요새같이 다문화 다민족 다국가로 된 지구촌에서 경영을 효과적으로 영위하려면 이에 부합하는 경영지식을 쌓지 않고는 성공을 기대하기가 어려울 것입니다.

## 05

## 한국의 노동운동

우리의 조국 한국이 지난 30년 간 눈부신 경제적 성장을 한 것을 국내외의 동포들은 자랑스럽게 생각합니다. 그러나 그런 자랑스러운 조국의 경제성장을 평하면서 많은 외국의 언론들은 '샴페인을 너무 일찍 터뜨렸다', '한국은 네 마리의 용이었으나 이젠 미꾸라지로 전락하였다', 또는 '일본의 하이텍과 중국의 저임금에 눌린 샌드위치 경제다' 등등의 풍자를 하기도 했습니다. 그런 혹평을 들으면서 기분이 좋을 한국인은 없겠지만 가만히 생각해 보면 한국에게 각성을 촉구하는 충언으로 받아들일 수도 있습니다.

특히 노사쟁의에서 보여 주는 노동조합의 행동은 한탄을 자아내고도 남을 만합니다. 한민족의 피를 타고난 우리 교포들은 한국의 노조문제를 강건너 불보듯 무관심할 수는 없습니다. 왜 파업은 꼭 임금을 가장 많이 받는 직종에 근무하는 노조에 의해서 야기되는 것인지 이해하기가 쉽지 않습니다. 노조가 파업을 하면 파업으로 손해를 보는 임금을 절대로 회복할 수 없다는 노동운동의 통계가 있습니다. 그러므로 파업을 하면 노사가 모두 패자가 되는 것입니다.

미국에서는 노동자가 파업을 하면 회사의 소유지내로 발을 들여놓지 못하도록 법으로 정해져 있습니다. 파업을 하는 직원이 회사의 소유지내로 들어오면 경찰에 의뢰하거나 청원경찰이 체포할 수 있고 그를 기소할 수 있습니다. 또 파업에 가담을 하지 않을 선택의 자유가 보장되어 있으므로 만일 비파업 직원에게 폭행을 하면 폭행을 하는 직원이 체포될 수 있습니다. 그런데 한국에서는 어찌된 영문인지 파업을 하는 종업원들이 공장이나 사무실을 점거하고 비파업 직원들에게 폭행을 하는 데도 회사측에서나 정부에서 방치해 두고 있는 것 같습니다. 미국의 노동법에 의하면 파업을 하는 종업원을 해고할 수는 없어도 영구히 교체할 수는 있습니다. 같은 결과입니다만 용어만 다릅니다.

노사간에 협의를 한다고 하면 타협점을 모색한다는 뜻이겠는데 협의장에 오는 노조대표들은 한결같이 붉은 머리띠를 둘렀고 그 붉은 머리띠에는 '투쟁' 또는 '단결' 등의 도전적인 구호가 쓰여져 있습니다. 타협점을 찾기 위하여 협상을 한다면 왜 머리띠를 두르며, 또 왜 하필이면 소름이 끼치는 붉은 머리띠를 협상 장소까지 두르고 나오는지 이상한 의심만 생길 뿐입니다.

아들하고 말다툼을 한 아버지가 아들과 대화를 하자고 해놓고 회초리를 갖고 나오면 무슨 대화가 되겠습니까? 협상하는 양자 중 어느 한쪽에서나 호전적인 언행 또는 행동을 하면 협상을 하지 말자는 이야기나 다름이 없겠습니다. 저는 미국에서 30여 년 간을 살면서 노사분규를 직접 간접으로 보았으나 붉은 색은 그만두고라도 머리띠를 두르고 협상장으로 나오는 노조의 대표를 본 적도 없고 회사를 점거하거나 주먹을 올렸다 내렸다 하는 단체행동도 보지 못하였습니다. 그런 모습과 행동을 일본 사람들한테 배웠다면 그 자체를 부끄럽게 생각을 해야 할 것입니다.

윈스턴 처칠(Winston Churchil)은 훌륭한 정치인을 다음과 같이 정의하였습니다. '훌륭한 정치인은 자기보다 당을 더 사랑하고 당보다 나라를 더 사랑한다.' 이 논리를 종업원들에게 적용을 하면 '훌륭한 종업원은 자기보다 회사를 더 사랑하고 회사보다 나라를 더 사랑한다.'고 말할 수 있겠습니다. 최근에 스위스 소재 경영개발연구소의 조사에 의하면 한국은 국제경쟁력에 있어서 대만, 홍콩, 싱가포르에 뒤지고 있을 뿐만 아니라 태국에게도 뒤지고 있다고 했습니다. 생산성은 발전하지 않고 임금만 올리라고 하면 국제경쟁력은 더욱 감소할 것입니다.

일본의 노조원들도 한국의 노조원만큼 호전적이거나 폭력적이지 않다 합니다. 'Z 이론'이라는 책의 저자이며 현재 LA시장의 비서실장인 윌리엄 오우치(William Ouchi)씨가 일본에 가서 본 관찰에 의하면 일본 노조원들이 파업을 하려면 직장 전체를 청소한다고 했습니다. 한국에서도 파업을 하기로 결정을 한 노조원들이 회사를 청소하는 아량을 베푸는 것을 단 한번만이라도 보고 싶습니다.

화염병을 던지는 학생들도 왜 붉은 깃발, 붉은 흉대, 붉은 머리띠를 메고 집회나 행진을 하려 하는지 이해를 할수록 더욱더 의심스럽기만 합니다. 노조원이나 학생들이 불온세력의 지령에 움직인다는 의혹에서 벗어나려면 제발 붉은 빛깔의 머리띠 등을 둘러 호전적인 인상을 주지 말고 이젠 선진국의 대열에 끼었다는 자긍심을 노동운동에서도 보여 주었으면 하는 바람입니다.

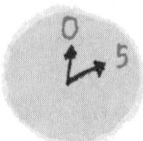

# 제주도의 항공사고가 주는 교훈

제주도에 착륙하려던 항공기가 착륙사고를 냈던 일이 있었습니다. 인명의 희생이 없었음을 천행으로 생각합니다. 이 사고를 통해서 경영적 측면에서 우리 모두가 배워야 할 중요한 교훈이 있습니다. 우선 이런 사고를 통해 보여준 승객 전원의 문화민족다운 태도와 서두르지 않고 신속한 대처로 전원의 인명을 보호한 승무원들과 특히 최후까지 대피작업을 담당한 사무장 김씨의 철두철미한 사명의식은 우리들의 가슴을 흐뭇하게 해 주었습니다. 폭발 직전에 처한 긴박한 상황 속에서도 혹시나 한 사람의 승객이라도 대피하지 못한 사람이 있을까 해서 불에 타고 있는 비행기 내부를 다시한번 둘러 보고 폭발 직전에 탈출구로 뛰어내린 김 사무장의 자기희생적 행동은 만인의 찬사를 받을 만하고 해당 항공사도 그런 직원이 있었음을 자랑스럽게 여기고 있을 줄로 믿습니다.

과거에도 같은 항공사의 직원 중 타의 귀감이 되는 사명감을 갖고 우리에게 큰 감명을 남긴 사례가 몇 번 있었습니다. 구소련 전투기의 사격을 받고 시베리아의 빙산에 강제 착륙한 항공기의 조종사는 그 긴급착륙에서 보여 준 탁월한 조종술로 소련 당사자들뿐만 아니라 승객과 그 사건을 취재한 모든 보도매체로부터 감탄과 찬사를 받았습니다. 수년 전에 김포비행장에 착륙하다가 조종사의 실수로 비행기에 불이 붙어 훼손이 되었고 인명피해까지 있었던 일이 있었습니다. 그때 그 비행기의 조종사는 그를 구하려는 많은 직원들의 노력에도 불구하고 구조를 거부하고 조종사석에 앉아서 불에 타는 비행기와 운명을 함께 했습니다. 책임을 통감하고 관련된 모든 분들께 자기의 목숨을 바쳐서 사과하겠다는 사나이의 기개와 침몰하는 배와 함께 운명을 같이하는 여객선의 선장들의 전통을 이어받은 감동적인 사례였던 일이었습니다. 위의 항공사는 사명감이 강한 직원들을 갖고 있음과 그들의 정신교육을 잘 시킨 점에 긍지를 가질 만합니다.

그러나 여기에서 노출된 경영상의 문제가 있습니다.

사고 후에 언론매체에 대대적으로 보도된 정부와 조종사 간의 견해차는 그 자체가 문제였디기보다는 그런 견해차가 생겼을 때 많은 인명을 좌우하는 사태에서 어떤 행동단계를 거쳐야 하는가에 관해서 건전한 지침이 없었지 않았나 하는 생각이 듭니다. 기장이 외국인이라서 선후배 간에 존재하는 존경과 복종심이 결여되었다는 언론의 비판도 들었으나, 저는 존경심이나 복종심도 사고방지의 핵심점이 아니라고 봅니다. 귀중한 인명을 좌우하는 사태에서는 아무리 권한이 많은 선장이나 기장이라 하더라도 그의 신체적 자유를 박탈

하고 나머지 승무원들이 항해의 책임을 완수하여 인명피해를 막은 역사적인 예도 있습니다. 조종사의 판단이 잘못되어 사태를 극도의 위기로 몰고 갈 가능성이 있을 때는 선장이나 기장의 권위를 박탈해야 하는 고차원적인 임무를 승무원들이 공동으로 갖고 있다는 것이 정론이라 하겠습니다.

그렇다면 경영지도체계에서 어떠한 약점이 있었는가에 관해서 생각해 봅시다. 저는 합의(consensus)에 관한 이해부족과 이 합의원칙을 직원들의 행동규례에 반영시키지 못한 것이 문제였다고 봅니다. 합의원칙과 만장일치원칙과는 근본적으로 다릅니다. 만장일치원칙은 전원이 의견과 제안에 완전한 일치를 이루어 그 결과를 수행한다는 체계이고, 합의원칙은 비록 의견의 완전일치에는 도달하지 않았다 해도 제안된 의견에 반대는 하지 않는다는 입장을 전원이 갖게 되어 그 제안을 수행한다는 체계입니다. 북한이나 종교단체 등을 제외하고는 만장일치체계는 드문 현상이고 경영상의 정책수행을 만장일치체계로 이행하려면 극히 비효과적인 운영이 될 것입니다.

현대의 경영에서는 작은 일부터 큰 일에 이르기까지 합의체계로 운영하는 것이 장려되고 있습니다. 이러한 합의체계는 비록 정책수립에는 시간을 요하지만 실천이 빠르고 하자도 적기 때문에 최근에 유행어처럼 된 공정 리엔지니어링(process reengineering) 등에서도 근본적인 요소로서 합의체계를 강조하고 있는 것입니다. 만일에 위의 항공기의 착륙여부를 합의체계로 결정을 하도록 행동규례가 확정되었더라면 분명히 합의가 이루어지지 않았기 때문에 착륙은 시도하지 말았어야 했습니다. 이륙, 항로변경, 긴급착륙 등의 모든 결정을 합의하에서만 실천하도록 철저한 제도가 설정되고 거기에 알맞는 교육을 조종사와 부조종사가 받았더라면 제주도의 사고도 방지할 수 있었을 것같은 생각이 듭니다.

업체에서도 중요한 결정을 할 때 합의체계를 채택하여 실천을 하면 거시적인 면에서 그 효과도 만장일치체계나 다수의결체제보다 훨씬 크다는 것을 경험을 통해서 느끼게 될 것입니다.

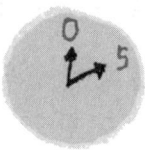

## 성수대교 사건이 주는 경영교훈

멀쩡한 듯한 성수대교가 무너져 귀중한 인명이 희생된 데 대해 비통과 한탄을 금할 수 없습니다. 무고하게 타계한 영령들의 명복을 빌면서 이번 사건이 주는 경영적인 교훈에 대해 생각해 보고자 합니다. 건설업계를 비롯하여 한국의 기업을 대표하는 사람들은 특히 관심을 가지고 읽어 주기 바랍니다.

아직도 10여 개 한강교가 위험할 수 있다는 보도도 있습니다. 서울시장을 경질하는 것을 비롯하여 인사를 단행한다고 해서 해결될 문제가 아닙니다. 교량건설이나 주요 공사를 선정할 때 갖추어져야 할 체제가 미비한 데에 이번과 같은 사고의 원인이 있는 것입니다. 제가 경영적인 면에서 지적하는 문제점은 다음과 같습니다.

공사의 입찰은 가격에만 치중해서는 안 됩니다. 입찰을 받는 정부측에서 입찰업자가 제출한 모든 기술적인 분석을 평가할 수 있는 전문가들을 확보하고 있어야 합니다. 미국정부에서는 MIT, 존스 홉킨스(Johns Hopkins), 칼테크(Caltech) 등의 유명대학에 부속된 연구기관들과 계약이 되어 있어서 주요공사의 입찰문서를 그들에게 의뢰하여 검토합니다. 계산이나 분석결과가 틀렸으면 아무리 가격이 낮다고 해도 입찰자격에서 제외해 버립니다. 전반적인 면을 검토해서 낙찰업체가 결정되면 낙찰이 된 하청업자측에서 더욱 신중히 다시 모든 설계의 기본변수를 정리하고 일차적으로 분석하여 발주측과 상의해서 예비설계 검토회(preliminary design review)를 개최해야 합니다. 모든 분석과 설계의 개요는 1~2주 전에 발주업자측에 송부를 합니다. 상호합의하에 정해진 날에 검토회를 개최하게 되는데 발주측은 발주측대로, 하청업자는 하청업자대로 전문직원과 외부 전문가들을 초빙하여 하루 내지 이틀 동안 모든 자료를 검토합니다. 이런 신중한 검토회의를 거쳐서 단 한 사람의 반대의견도 없을 때 정식설계를 시작하라는 허락을 줍니다.

설계와 공사준비가 반쯤 진행이 되었을 때 중간설계검토회의(intermediary design review)를 개최합니다. 예비설계회의 때와 같이 양측의 전문가들이 그 간 있을 수도 있었던 변경된 변수를 포함해서 공사설계의 방향이 제대로 잡혔는지를 검토하게 됩니다. 역시 하루나 이틀 동안의 검토회를 거쳐서 단 한 사람의 반대의사도 나오지 않을 때 작업을 계속하라든가 방향을 변경하라든가 설계를 중단하라는 지시를 내리게 됩니다. 하청업자에게 지불할 공사비는 디자인 검토회를 기준하여 중단할 수도 있는 분할제로 되어 있습니다.

설계가 완성되어 실제로 공사를 시작할때가 되면 최종설계 검토회(critical design review)를 전과 같이 개최합니다. 이런 검토회의를 개최할 때는 그간 완료한 모든 설계자료와 분석자료를 발주측에 미리 제출합니다. 그러므로 발주측 전문가들도 그 설계전반을 충분히 검토하고 회의에 참가하게 됩니다. 최종검토회는 하루 이틀 이상 걸리는 경우도 있습니다. 최종검토회의에서 한 사람의 반대의견도 나오지 않으면 공사를 해도 괜찮다는 기술적인 인가를 해 주게 됩니다. 그러나 아직도 공사를 착수할 수가 없습니다. 공사를 착수하기 전에 공사시공준비검토회의(production readiness review)를 거쳐야 합니다. 이 검토에는 비슷한 공사를 일생 동안 해 본 경험 많은 인사들을 포함해서 발주측과 하청업자측에서 관련된 모든 사람들이 참여하여 필요한 장비 시험기구 및 공정과정 등을 검토하여 하청업자가 제대로 공사할 준비가 되어 있는지를 검토합니다. 거기에서 한 사람의 반대의사가 없으면 그때서야 정식으로 시공허락을 해 줍니다.

시공준비검토에서는 공사의 검사기준과 검사점 등을 포함한 품질관리의 과정과 문서도 충분히 검토하여 공사 전반에 걸쳐서 발생될 수 있는 모든 하자를 미리 초현대적인 방법을 동원해서 검토하기 때문에 하자가 생길 확률이 극히 적습니다. 이런 식으로 공사를 준비하고 진행하면 전원 합의제이기 때문에 한두 사람이 책임지는 일이 없고 관련된 전원, 즉 발주측과 하청업자측이 공동으로 책임을 지게 됩니다.

이번 성수대교의 공사나 기타 많은 공사들이 이상에서 말씀드린 과정을 거쳐서 입찰, 설계, 및 시공을 했더라면 참사도 막을 수 있었을 것입니다. 미국에서는 웬만한 공사나 군사제품을 개발할 때 모두 이상과 같은 과정을 거칩니다.

선진대열에 진입했다고 조국을 자랑해 왔던 우리들, 특히 기술경영에 종사해 왔던 저같은 사람은 이번 참사소식을 친구들에게 말하기조차 창피합니다. 성수대교같이 적당주의로 나머지 한강교를 건설했다면 강남에 사는 시민들은 매일 유언장을 써놓고 다리를 건너야 할 것같아 마음이 무겁습니다.

## 고국에 올리는 한 교포의 제언

　선진국을 향해 약진하는 한국의 눈부신 발전 이면에는 아직도 많은 부조리가 있습니다. 인천 북구청의 도세사건이 터진 지가 엊그제 같은데 부천시의 거대한 도세사실이 천하에 밝혀졌고 이젠 전국에서 비등한 도세행적을 찾아내고 있다는 개찬스러운 뉴스가 언론매체를 매일 같이 점유하고 있습니다. 그간 수많은 관리들이 미국이나 다른 선진국가들을 방문하여 견학과 견습을 했다는데 도대체 무엇을 배우고 갔는지 알 수가 없습니다. 이런 문제가 징세과정을 전산화하지 못한 것에 기인한다는 의견이 지배적이나 전산화만으로는 도세와 같은 악질적인 범죄를 소멸시킬 수 없을 것입니다.

　도세뿐만 아닙니다. 은행장, 국영기업체의 수장, 판검사, 교사, 정치인 등이 연관된 부패행위가 쉴새 없이 노출되고 있습니다. 물론 그들을 처벌하고 행정적인 시정책을 마련해야 하겠지만 저는 외람되나마 몇 가지 제안을 하고 싶습니다.

첫째, 유치원 및 초등학교에서부터 도덕과 수신을 철저히 가르쳐야 한다고 믿습니다. 치맛바람의 위력을 차단하고 정직과 청렴의 미덕을 어렸을 때부터 철저히 가르쳐야겠습니다. 우리는 초등학교 때 선생님으로부터 들은 '워싱톤과 벚나무'의 이야기에서 배운 정직의 미덕이나 사육신의 이야기에서 배운 절개의 미덕을 지금도 생생히 기억하고 있지 않습니까?

둘째, 미덕의 절대가치를 관리나 일반기업의 직원들에게 철저히 교육을 해야겠습니다. 약간의 죄는 눈감아 주는 풍토를 일소해야 하겠습니다. 법이나 양심을 어기는 죄는 그 죄가 비록 극히 가벼운 것이라 해도 무죄로 여겨서는 안 되겠습니다. '임신이 되었으면 된 것이지 약간 임신되었다'는 논리가 성립될 수 없는 것처럼 불법은 대소를 막론하고 불법입니다. 이번 귀국시에 여러 기업인들과 흉금을 털어놓고 대화할 수 있는 기회가 있었습니다. 한결같이 중소기업인들이 입을 모아 개탄하는 것은 발주업체의 경리직원들이 응당 지불해야 하는 대금을 지불하려면 거의 예외 없이 저녁 자리 술자리를 요구한다 하며 수수업체를 찾아올 때는 거의 노골적으로 촌지를 요구한다는 점이었습니다. 미국의 기업에서는 모두가 해고요건이며 알리기만 하면 사법처리까지 받을 수 있는 형사범행입니다. 정부나 일반기업에서는 미국에서처럼 윤리담당관리인을 두고 핫라인을 설치하여 액면이 적은 비행도 철저히 견제하는 풍토를 길러야 하겠습니다.

셋째, 서울의 교통은 나쁘다 할 정도를 지나서 어처구니가 없을 정도입니다. 자동차를 소유하는 것이 위상의 상징이 되어 버린 사회적인 관념도 문제이지만 국민이 갖고 싶어하는 것을 정부가 막는다는 일이 그다지 쉽지가 않을 것입니다. 저는 모든 기관이나 회사들이 위성 사무실을 도처에 설치하라는 제안을 드립니다. 그리하여 강남에 사는 사람은 강남 사무실로 출근을 하고 강북에 사는 사람은 강북의 사무실로 출근을 하도록 하자는 것입니다. 요새처럼 모든 사무가 전산화되었거나 되기가 용이한 세상에 왜 아침저녁으로 수십 만의 자동차가 한강 다리를 건너야 하는지 쉽게 이해가 가지 않습니다. 공문도 지시도 컴퓨터를 통해서 할 수 있고 회의도 오디오나 비디오 체계를 이용하여 위성 사무실을 떠나지 않은 채 개최할 수 있습니다.

넷째, 모든 근무처는 출퇴근 시간을 여러 층으로 나누도록 정부의 지시가 있어야 할 것입니다. 예를 들면 오전 6시, 6시반, 7시, 7시반, 8시 출근 그룹으로 나눠서 출근을 시키도록 하면 교통량도 눈에 확연하게 완화될 것입니다. 또 무역부서에 근무를 하는 직원들은 새벽 3시나 4시에 출근을 하도록 하면 미국이나 유럽에 있는 교역상대자들이 근무시간이기 때문에 무역성적도 향상될 것입니다. 이곳에서 제가 관찰한 바에 의하면 밤에 출근하는 직원들이 그 근무시간에 익숙해지면 낮으로 돌아오기를 싫어합니다. 왜 그 많은 사람들이 모두 동시에 출퇴근을 해야 한다는 것입니까? 학교는 8시반이나 9시에 시작하도록 하면 일반 출근인원과 겹치지 않을 것이기 때문에 교통량의 집중을 감소시킬 수 있을 것입니다.

다섯째, 회사의 본부나 주요 부서를 외곽 도시로 옮기도록 하는 것이 좋겠습니다. 전철이 닿는 곳에 임대료도 저렴하고 환경도 좋은 외곽지대를 무시하고 서울의 중심부로만 들어 오려는 기업인들의 심리도 이해하기가 어렵습니다. 미국의 예를 들어 보십시다. 여러 주의 수도는 적은 도시에 있지 않습니까? 캘리포니아의 새크라멘토, 뉴욕 주의 알바니, 일리노이즈 주의 스프링필드, 오리건 주의 살렘 등이 좋은 예가 되겠습니다.

적지 않은 부조리와 사회적인 문제를 해결하려면 국민 전체의 각성이 필요하겠으나 우선 정부로부터 위에 제안한 것 이상으로 새로운 시책을 과감히 수립하고 시행해야 할 것입니다.

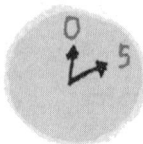

## 연예에 사용되는 언어, 이래도 될까

저는 한국의 대중가요를 좋아합니다. 재미있고 즐거운 대중가요가 많지만 절대 다수의 대중가요는 상당한 시정을 필요로 한다고 믿습니다. 한국으로 가는 비행기 속에서 저는 자리에 앉자마자 제일 먼저 이어폰을 귀에 끼었습니다. 그리고 흘러간 노래의 채널에 다이얼을 맞췄습니다. 그런데 새롭게 발견한 현상은 아니지만 왜 그렇게도 많은 부정적인 언어가 가사를 이루고 있습니까?

이별, 쓰라림, 헤어짐, 눈물, 떠나가는, 가슴 아픈, 잊어 주겠다, 못 잊겠다, 원망, 미련 등등의 우울한 용어가 한마디가 멀다 하게 귀에 들렸습니다. 비록 우리의 역사는 역경과 슬픔이 많았다 하더라도 우리는 그런 어려움을 극복하여 새로운 힘찬 나라를 건설한 한국 국민이 아닙니까? 그렇다면 좀더 고무적이고 낙관적이며 즐거운 가사가 주를 이룰 때가 되지 않았나 하는 생각이 들었습니다.

말초신경이나 자극하여 시청률을 올리려고 저질의 코미디를 너무 많이 방영한다는 비난이 한국의 TV제작자들에게 쏠린 적이 있었습니다. 불륜을 장려하는 듯한 대사가 한국에서 방영되는 드라마에 많이 나온다는 지탄도 있었습니다. 물론 잘 만들어진 TV 프로그램까지 비난하는 것은 절대로 아닙니다. 그렇지만 가끔 한 번씩 한국에서 제작된 방송극을 보려면 저에게는 지나친 부담이 되는 것 같습니다. …새끼, …놈, 임마 등등의 저질언어로 싸우는 장면이 아니고는 시청자들의 관심을 끌 수 없다고 제작자들은 생각을 하는 것 같습니다. 점잖은 듯한 연속극도 꾸중, 언쟁, 한숨, 화풀이 음주 등이 지나치게 많은 것이 저의 편견만은 아니라고 믿습니다.

저의 집에 손자들이 놀러 오거나 주말에 자고 가기 위하여 올 때에는 비디오 테이프를 한두 개 가지고 옵니다. 그 애들하고 같이 본 비디오 테이프 중 아주 유쾌하고 부정적인 메시지도 없거나 극히 적으면서 어른과 아이들까지 함께 즐겨 볼 수 있는 추천할 만한 테이프가 있어서 잠시 소개해 드리겠습니다.

'베토벤(Beethoven)'이라는 비디오를 보셨습니까? 가장 많이 팔린 비디오 중 언제나 3위 안에 든 비디오입니다. 길 잃은 강아지를 주어다 기르는 한 가족의 이야기인데 우습고 즐거운 그 비디오를 저는 열 번도 더 보았습니다. 개를 사랑하는 동심과 그 아이들을 잘 이해하는 어머니의 모정과 그들의 동물 애호에 결국은 동조를 하고 마는 아버지 사이에 일어나는 따뜻한 인간애의 여러 면을 묘사한 걸작입니다. 지금은 '베토벤Ⅱ'까지 나왔습니다.

만화 식으로 나와 있는 비디오 중에는 '인어공주(Mermaid)'와

'미녀와 야수(Beauty and Beast)'를 추천합니다. 비록 어린아이들을 상대로 만든 영화같지만 어른들에게도 즐거움과 많은 교훈을 주는 작품입니다. 또 하나의 비디오를 추천합니다. 월트 디즈니사가 제작한 '싱얼롱(Sing Along)'이라는 비디오입니다. 물론 비디오 전체가 노래하며 춤추는 어린이용으로 만들어졌지만 그 비디오를 아이들과 같이 보고 있자면 우리 모두 동심으로 돌아가서 세상이 보다 아름다워짐을 느낄 수 있을 것입니다. 미국에서는 좋지 못한 영화도 많이 제작하지만 이상에 추천해 드린 바와 같은 영화는 실로 훌륭한 작품이라고 생각합니다.

한국에서도 어른과 아이들이 함께 보면서 즐기고 웃을 수 있는 영화, 쌍소리나 폭력 또는 음란한 장면을 포함시키지 않고도 관람자들의 마음을 기쁘게 해 주는 영화를 좀더 많이 제작했으면 하는 아쉬움을 갖는 사람은 저뿐만 아닐 것입니다. 미국에서 자라나는 아이가 만 16살 되기까지 살인 장면을 2만 번 이상 본다는 통계가 있어 우리를 놀라게 했습니다. TV에서 못된 장면을 보고 그것을 모방해서 범죄를 저지르는 사례가 비일비재한 오늘날에 온가족이 함께 즐길 수 있도록 연예작품을 제작하는 사람들은 각별한 성의를 기울여야겠다고 저는 생각합니다.

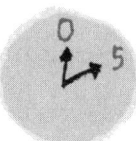

# 미군 헬기 사건이 주는 교훈

1994년 12월 17일에 미군에 속한 헬리콥터 한 대가 북한에서 격추되어 탑승했던 한 사람은 사망을 했고 한 사람은 북한군에게 붙잡혀 체류 13일만에 풀려 나온 사건이 있었음을 여러분은 잘 알고 있을 것입니다. 이 사건은 많은 궁금증을 자아냈습니다. 최고의 기술을 갖고 있는 미국의 헬기가 군사분계선을 넘어가게 된 이유와 동기에 관해서 구구한 추측이 나왔습니다. 미국 정부가 심어 놓은 첩자를 태워 오기 위해서 살짝 분계선을 넘어있을 것이라고까지 말하는 평론가도 있었습니다. 그 헬기가 분계선을 넘어가게 된 이유는 다음의 세 가지 중의 하나라고 하겠습니다.

1. 임무 수행을 위해서 고의로 넘어갔다

2. 조종사나 관제 담당원의 무능

3. 부주의

미군의 장비는 최첨단 기술로 개발되어 지상이나 공중에 날아가는 물체의 위치를 1미터 이하의 정확도로 탐지할 수 있습니다. 헬기의 조종사가 위치를 몰랐다고 해도 지상관제소에서 그 위치를 상시로 파악하게 되어 있고 즉시 조종사에게 회항을 명할 수도 있게 되어 있습니다. 헬기가 그런 체제가 있음에도 불구하고 1~2킬로미터도 아닌 15킬로미터나 북쪽으로 날아 갔다는 사실은 쉽게 이해할 수 없는 사건이었습니다.

기술 경영면에서 이 사건을 생각해 보면 이상의 세 이유에 모두 적용이 되는 듯합니다. 기술경영에서 중대한 사명이나 기능을 설계할 때 2실 체제(two fault system) 또는 3실 체제(three fault system)라는 체제를 응용하며 그 원리는 이렇습니다. 2실 체제란 첫 방안이 작동이 안 되었을 경우 긴급대안이 즉시 작동하도록 하고 둘다 작동이 안 될 경우에는 제 3대안이 작동하도록 한 체계를 말합니다. 3실 체제란 첫 방안과 첫 대안과 두 번째의 대안까지 합쳐서 세 방안이 모두 실패할 경우 또 하나의 대안을 마련해 놓는 체제를 말합니다. 만일에 2실 체제를 사용했을 때 그 실패의 확률이 3%라고 하면 두 방안이 모두 실패를 할 확률은 0.0009, 즉 1%의 9/100입니다. 세 방안이 모두 실패할 확률은 0.000027, 즉 1%의 만분의 27이 되겠습니다. 이번 헬기의 운영에는 최소한 2실 체계를 응용했을 가능성이 큽니다. 그렇다면 헬기의 관제체제가 실패할 확률은 극히 미소하다고 말할 수 있습니다. 다시 말하면 관제체제의 실패는 거의 상상을 초월한다 하겠습니다.

레이더 담당자의 관찰착오의 가능성을 배제할 수 없겠습니다. 수년 전에 북한으로부터 귀순해 온 전투기를 한국의 공군에서 레이더로 포착 못했다고 해서 비난과 징계가 뒤따른 일이 있었습니다. 이번 사건에도 레이더 담당원은 한 사람이 당번이 아니고 정·부책임자로 복수 근무를 하고 있었을 텐데 그들이 전원 그 헬기가 분계선을 넘어가는 것을 모르고 있었다면 레이더 담당 직원들의 직무태만이라고 단정을 받을 수 있고 그들은 징계를 받았거나 분명히 받을 것입니다.

만일에 부주의도 무능도 아니라면 이쪽의 첩자를 태워오기 위하여 북으로 넘어갔다는 의혹을 갖게 될 수밖에 없는데 그런 임무를 시도한다는 것은 지능지수가 무척 낮은 사람의 소행일 수밖에 없습니다. 분계선 일대에 북한군도 레이더나 관측제도가 철저할 것임은 분명합니다. 헬기는 소총으로도 격추시킬 수 있다는 사실을 감안할 때 분계선을 넘어가도록 누군가가 명령을 했다면 무능 중에도 상층에 속하는 무능이라고 하겠습니다. 이렇게까지 어리석은 미군의 상사는 없을 것으로 보고 이번 사건은 레이더 담당자의 부주의였기를 저는 바랍니다. 그들은 밖으로는 발표되지 않았지만 조사를 받아 응당의 징계를 받을 것입니다.

이 사건이 주는 경영적 교훈은 무엇이겠습니까? 참으로 중대한 사명을 수행하려면 2실 제도나 3실 제도를 경영에서도 채택해야 한다는 경영원리를 경영인들은 새삼스럽게 명심해야겠습니다. 이번 같이 확률이 극히 작은 사고도 일어났다는 점을 고려해서 실수 없는 사명을 완수하기 위하여 중대한 사명을 계획할 때마다 제1 대안 제 2대안 등을 포함하는 계획을 세워서 기필코 소정의 목표를 달성하도록 해야 할 것입니다. 최근에 경영학의 일부로서 실험 디자인(design of experiment)이라는 분야가 많은 관심을 모으고 있습니다. 인간의 사고방식은 직선적이라고 합니다. 한 가지를 끝내고 그 다음의 일을 하도록 순서적인 사고방식을 인간은 습관처럼 갖고 있습니다. 가령 제약회사에서 개발한 약의 효과를 실험해 보기 위해서 약의 강도를 변경해 보고 그런 후에 투약의 빈도를 변경해서 실험해 보게 됩니다. 그러나 약의 강도와 빈도를 동시에 변경해서 그 효과를 실험해 보는 일은 컴퓨터가 출현하기 전에는 쉽게 할 수도 없었습니다. 온도나 압력을 변경해 실험하는 것도 마찬가지입니다. 변수가 둘이 아니라 10개 정도 될 적에는 인간의 사고 능력만으로는 그런 실험을 효과적으로 할 수 없지만 컴퓨터의 출현으로 그런 실험도 가능하게 되었습니다. 경영적인 계획에 있어서도 여러 대안의 효과를 동시에 분석해 보는 최신 경영술에 관심을 가질 때는 지금입니다.

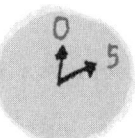

## 촌지

촌지란 조심스러운 제목입니다. 공익을 위하여 한 가지 지적을 하려는 것이 저의 충정이지만 본의 아니게 많은 언론인들의 위상을 손상시킬까 두렵습니다. 저는 정직하고 근면하며 사명감으로 사리 사욕 없이 정의의 마이크를 잡거나 기사를 쓰는 언론인들을 많이 알고 있습니다. 그러나 간혹 공중을 대변해야 하고 대중에게 진실을 알려야 할 본분을 잠시나마 잊는 언론인이 있다는 소식을 듣고 한탄을 하지 않을 수 없습니다.

최근에 저는 한 경영인으로부터 즐겁지 않은 말을 들었습니다. 그 경영인의 말씀인즉 자기의 사업체에 취재하러 나온 기자에게 인터뷰를 마친 후에 촌지를 주게 되었다는 경험이었습니다. 물론 기자가 촌지를 직접 요구하지는 않았을 것입니다. 그렇지만 간접적으로 요구된 촌지를 받아갔다는 사실 자체는 그가 매체에 보도한 내용의 공정성을 완전히 상실했다고 보지 않을 수 없습니다. 취재처로부터 어떤 형태로든지 금품을 받았다면 그가 보도한 내용의 신빙성도 동시에 의심을 받지 않을 수 없을 것입니다.

한국에서 정치인들이나 기업인들이 보도매체의 취재진에게 촌지를 후하게 준다는 사실은 오래 전부터 있었던 소문입니다. 유명 정치인들이나 행정고관을 수행하는 기자들은 으레 촌지를 받는 시대도 있었다고 저는 들었습니다. 만일에 그런 소문이 일부나마 사실이라면 그들은 보도의 공정성을 믿고 있는 국민들에게 무례를 저질렀다고 보아야 하겠습니다.

작년에 있었던 일로 기억을 합니다. 로스앤젤레스에 소재한 한 라디오방송국의 교통상황을 보도한 교통기자가 헬리콥터가 비행장의 지상에 있었으면서 공중에 있는 것처럼 보도를 했다고 해서 그는 대중에게 사과를 했고 방송국으로부터도 징계를 받았습니다. 또한 TV 설교자로 유명한 로버트 슐러 목사도 정원숲에 설치한 러시아의 장면을 배경으로 하고 러시아에서 방송하는 것처럼 방송을 해서 후에 사과 성명을 낸 적이 있습니다.

보도가 진실성을 잃으면 보도의 가치는 땅에 떨어집니다.

저는 사업체를 탐방하여 그 사업체나 업주를 소개하는 보도를 기회가 있을 때마다 청취하기도 하고 읽기도 합니다. 그런데 취재자의 이름을 알리고 하는 보도에는 100% 좋은 점만을 보도하는 것 같은 인상을 받았습니다. 엄정 중립을 지키는 보도를 한다면 1%만이라도 지적을 받을 사항이 있을 것이고 그런 지적도 해야만 이 보도의 공정성을 약간이나마 뒷받침할 것입니다. 그런 보도 뒤에 절대로 촌지가 없었기를 바랍니다. 동시에 취재의 대상이 되는 업체나 업주들도 취재하는 기자들이 공중매체에 보도하려는 목적이라면 절대로 촌지를 주려 하지 말아야 언론의 건전한 발전에 기여를 하게 될 것입니다.

수개월 전에 미국 내의 많은 언론매체의 회사들이 백악관으로부터 연방정부에 내야 할 세금 통지서를 받은 적이 있었습니다. 그 내력인즉 다음과 같습니다. 대통령이 해외순방을 나갈 때에 백악관 출입기자들이 동승하게 됩니다. 그 기자들이 공군 일호를 동승하게 되면 적절한 탑승료를 국고에 지불하게 되어 있습니다. 탑승료는 지불을 했는데 세금(federal exercise tax)를 내지 않았다고 해서 A.P.통신사를 비롯한 언론사들이 많게는 7만 7,000달러까지의 세금 통지서를 받았습니다. 미국의 백악관 출입기자들이 대통령과 동승하는 대통령 전용 비행기의 탑승료와 세금까지 꼬박꼬박 내고 취재를 하기 때문에 그들의 보도의 중립성과 공정성을 저는 더욱 믿게 되었습니다. 한국에서도 청와대의 출입기자들이 대통령의 전용기를 동승할 때 그 탑승료와 세금을 모두 내었기를 바랍니다. 그분들의 보도를 공정한 것으로 믿고 싶기 때문입니다.

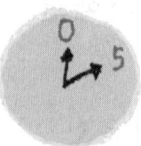

# 성급한 한국인

1990년의 11월 12월 호 〈익스포트 투데이(Export Today)〉지에는 아시아인에 관한 흥미로운 기사가 실렸습니다. 이 기사는 아시아인들의 기질을 다음과 같이 표현했습니다.

'대만은 80만 개의 중소기업이 기적적인 경제의 성장을 성취시킨다. 대만에서는 중소기업이 경제의 80%를 차지하고 있다. 대만인들과 사업을 하게 되면 보스하고 직접 협의를 하게 되고 복잡한 절차가 없다. 대만에서는 주문의 수량이 적더라도 생산을 해주며 납품을 신속히 해준다. 화장품을 파는 대만 여인은 1주일에 한 번씩 주문을 하지 않고 매일 팩스로 주문을 하고 주문한 상품을 매일 전달받는다.

일본인들은 결정을 내리는 데 한없는 시간을 요한다. 일본에서 계약을 하나 따내려면 1년 이내로 되는 경우가 극히 드물다. 일본에서 계약을 하나 따려면 평균 5년을 요한다. 이렇게 시간을 오래 요하는 이유는 일본인 사회는 합의제도를 중요시하고 모든 참여자의 의견을 들어 보고 한건 한건을 합의제에 의하여 결정을 하기 때문이다. 그러므로 일본에서 상거래를 하려면 충분한 시간을 소비할 마음의 준비를 해야 한다. 그렇지만 계약이 주어지면 모든 참여자가 합의했기 때문에 계약의 시행은 신속하다.'

이상과 같은 대만인이나 일본인들의 사업 기질에 대해서 우리는 별로 이의를 제기할 것이 없습니다. 그러나 그 기사가 한국인들의 사업 기질을 어떻게 표현했을 것 같습니까? 자, 그 기사가 표현한 한국인들의 기질을 들어 보십시오.

'아시아인들에 대한 고정관념이 한국에서는 적용되지 않는다. 한국인을 표현하는 특성을 말한다면 그들의 성급함이다. 한국인들은 오늘 당장 부자가 되기를 원한다. 그들은 오늘 당장 성공하기를 원한다.

한국의 경제는 40~50대 회사들이 움직인다. 이런 대회사들은 가족 소유의 회사들이며 결정권은 한 사람이 행사한다. 따라서 한국에서는 합의제로 경영하는 일본에서보다 비즈니스가 빨리 진행된다.'

이상의 기사가 대학교에서 사용하는 국제경영의 교과서에도 정식으로 실려 있습니다. 수만 명의 미국의 학생들이 읽고 배울 교과서에 반영된 한국인의 사업기질을 독자 여러분은 어떻게 보십니까? 저는 이런 관측에 대략적인 면에서 동의를 합니다. 특히 한국인들의 성급함에는 전적으로 수긍이 갑니다. 한국인들의 성급한 기질 때문에 공사를 할 때에도 튼튼하게 하려 하지 않고 빨리빨리 하려하는 것 같습니다. 사업체도 차근차근 성장하려는 대신 단시일 내에 급성장할 것을 꾀하는 것 같습니다. 종업원이 실수를 하면 그 실수의 고의성 여부를 알아보려 하지 않고 징계나 해임을 해 버리는 경향이 있습니다.

IBM사의 간부 한 사람이 실수를 하여 1,000만 달러의 손실을 가져 왔습니다. 그 사실을 알게 된 상사는 그를 불러서 그 실수를 문제 삼지 않겠다고 했습니다. "이런 실수를 했는데도 저를 해임하지 않으렵니까?" 하고 실수를 한 간부가 물었습니다. "해임이라고?" 그 상사 간부는 미소를 지으면서 말을 했습니다. "우리 회사는 당신에게 좋은 교육을 시키기 위해서 1,000만 달러를 썼는데 해임이라니요?"

모든 경영인은 그런 IBM사의 고급간부로부터 배울 점이 많다고 봅니다. 훌륭한 인력을 기르려면 성급한 결정이나 평가를 해서는 안 되겠습니다.

성급한 한국인의 고정관념에 맞는 사람은 10대의 자녀가 자동차 사고를 내면 다치지 않았느냐는 질문 전에 자녀의 부주의를 심하게 나무랍니다. 그런 사람은 아내가 외출했다가 한 시간만 늦게 귀가해도 자초지종을 알아보려 하지도 않고 늦게 돌아온 것을 몰아세웁니다. 성급한 경영인은 납품기일을 놓치게 되면 그 원인을 찾으려 하기 전에 책상부터 칩니다. 참을성이 없는 경영인은 광고를 한번 내놓고 주문이 쇄도하지 않으면 광고를 끊어 버리거나 광고 디자인을 한 사람을 비난합니다. 그런 사람은 은행이나 햄버거 집에서 줄을 섰다가도 더 짧은 줄을 찾아 줄을 바꾸다가 오히려 시간을 더욱 낭비합니다.

두 사람의 등산가가 깊은 숲속을 지나고 있었습니다. 곰의 출현이 잦다는 경고문이 여기 저기에서 눈에 띄었습니다. 숲속에 깊이 들어 갈수록 그들은 겁이 났습니다. 그러던 중에 한 사람이 주저앉아서 뛰는 신발로 바꾸어 신고 있었습니다. 그 광경을 보고 있던 동행 등산가가 물었습니다. "이봐, 자네가 뛰는 신발로 바꾸어 신는다고 해서 곰보다 빨리 뛸 것 같은가?" 그때 신발을 바꾸어 신던 등산가가 대답을 했습니다. "나는 곰보다 빨리 뛰려고 신발을 바꾸어 신는 것이 아닐세. 자네보다 빨리 뛰어 달아나기 위해서일세." 자기의 생명이 갈아 신는 운동화에 달려 있는 것을 성급한 속단자는 미쳐 몰랐던 것입니다. 참고 또 참아 모든 사태를 정확하게 평가하는 것이 경영인에게는 대단히 중요하다 하겠습니다.

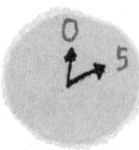

# 대구의 도시가스 폭발사건으로부터 배울 점

어처구니 없는 참사가 또 한국에서 발생했습니다. 60여 명의 어린 학생들을 포함해서 사망자만 해도 100명에 가까운 인재였습니다. 이런 도시가스 폭발사건은 이번이 처음이 아니라는 점에서 한국인이라면 누구나 다 일종의 수치심과 경악심을 느꼈을 것입니다.

언론은 위정자들에게 신랄한 비난과 질책을 보냈고 관리들의 무능을 가혹할 만치 지적을 했습니다. 정치인들은 이런 참사를 마치 절호의 기회인 양 성명전을 벌렸고 지명도가 높은 정치 명사들은 앞을 다퉈 가면서 사고 현장을 찾았습니다. 그 명사들 중에 어느 누구도 팔을 걷고 헌혈을 하는 장면은 우리들의 눈에 보이지 않았습니다. 구조대원에 합세하여 부상자를 실어 나르는 정치인들도 눈에 보이지 않았습니다.

대통령이나 국무총리는 예견했던 대로 대국민 사과담화나 송구하다는 뜻을 밝혔고 다시는 이런 사고가 일어나지 않도록 만전을 기하도록 지시했다는 보도는 반복되었습니다. 너무도 귀에 익은 내용의 담화이며 마치 인쇄한 지시문을 읽고 있는 듯한 언급만이 뉴스 시간에 보도되었습니다. 국정의 모든 책임을 맡고 있으며 최고 통치권을 갖고 있는 이를 추호도 옹호하고 싶지는 않지만 그들의 성의가 부족해서 이런 사고가 일어난 것이 아닌 점을 생각할 때 그들에게 일종의 동정심도 마음 속에는 생겼습니다. 대통령이나 위정자들에게 동정이 가는 이유는 그들이 각오와 분명한 목표의식은 갖고 있지만 그들의 비상한 의도를 실천할 체계적인 구조가 수반되어 있지 않고 있는 것이 분명하기 때문입니다.

문민정부가 출범한 뒤에 많은 구호가 나왔습니다. '신한국 건설', '개혁과 혁신', '세계화' 등의 구호를 통해서 김대통령의 고상한 정신이 신선하고 활력 있게 울려 퍼졌습니다. 그러나 안타까운 현실은 그런 이상을 실천할 체계적 구조가 결여되어 있다는 점입니다.

지난 번 성수대교의 붕괴사건과 제주도의 비행기 사고를 말하면서 그런 사고가 가르쳐 주는 경영교훈을 언급했지만 이번에도 대구의 가스폭팔 사고로부터 모든 경영자와 위정자가 꼭 배워야 할 교훈이 있습니다.

첫째, 실천할 방법이 수반되지 않은 구호는 마치 성경에서 말하는 '회칠한 무덤'이요 '소리나는 놋쇠와 울리는 꽹과리'나 다름이 없습니다. 품질관리의 대부였던 데밍박사는 그의 14개의 경영원칙을 말하면서 '구호를 없애라'고 했습니다. 그리고 그는 그 이유를 설명했습니다. 즉 무결함이나 새로운 생산성 수준을 올리라고 요구하면서 실천할 방법을 마련해 주지 않는 권유나 목표는 효과가 없다는 것입니다. 신정부의 구호는 다 좋았습니다. 그러나 그 구호에 담긴 이상을 실천할 구체적인 방법이 마련되지 않았던 것입니다.

모든 작업장에서는 인명의 안전을 제일로 장비나 제품의 안전을 둘째로 삼고 작업과정의 단계 하나 하나에도 세심한 안전수칙이 철저하게 수립되고 준수하도록 되어 있어야 했습니다. 예를 들어서 다음과 같은 작업 규정과 세칙이 정해져 있었고 철저히 준수되었더라면 대구의 폭발 사태도 면할 수 있었을 것입니다.

'인명이나 장비의 안전에 조금이나마 영향을 미칠 것으로 여겨지는 사태가 발견되면 누구나 그 자리를 즉시 철수하고 직장의 안전 담당관에게 바로 연락해야 한다. 그런 신고를 받은 안전 담당관은 지체없이 신고대상 지역을 봉쇄하고 이 사실을 정부의 해당 안전관서에 보고해야 하며 안전을 점검해야 한다. 안전을 위협하는 증세가 완전히 제거되면 정부의 해당 안전관의 검사를 받고 승인을 받은 후에야 봉쇄를 해제하고 작업을 재개해야 한다.'

일본만 하더라도 생산시설에서 약간의 하자를 발견하면 누구나 콘베이어 벨트를 정지시킬 수 있는 권한을 부여받고 있습니다. 작업장의 안전세칙이 있었는지 없었는지는 잘 모르겠지만 가스 냄새가 난다는 보고가 있었는 데도 작업이 계속된 것이나 그 지역이 봉쇄되지 않았다는 점은 미국의 대기업에서 프로젝트 관리자로서 오래 경영을 해 왔던 한 사람으로서 도저히 이해가 가지 않습니다.

둘째는, 위험성을 과소평가하는 한 국민의 국민성이 문제라고 하겠습니다. '설마 우리에게는 그런 일이 없겠지' 하는 무모한 낙관주의는 우리 국민성의 부끄러운 점이라고 믿습니다. 서울의 집집마다 폭탄이나 다름없는 가스통을 갖고 있고 그 폭탄의 안전취급교육이 결여되어 있는 현실을 생각해 볼 때 대구에서와 같은 사고는 앞으로도 여러 곳에서 발생할 수 있다고 보고 두려운 마음을 금할 수가 없습니다. 서울 시내에서 도시가스 통을 여러 개 모터사이클에 싣고 복잡한 시내를 질주하는 모습을 보면서 미국에서 한국을 방문하는 교포들은 소름이 끼치는 느낌을 가졌을 것입니다.

이번 대구의 폭발사고의 소식을 접하고 슬픔과 한탄을 하면서도 마음속의 작은 한구석에서는 약간의 위로도 느끼게 됩니다. 건국이래 어느 대통령이 국민들에게 사과를 했습니까? 김주석, 이, 박, 최, 전, 노 대통령은 사과해야 할 일들을 많이 저질러 놓고도 현직에 있는 동안 대국민 사과 담화는 하지 않은 것으로 저는 알고 있습니다. 너무 자주 하는 사과일망정 현정권은 그래도 선득 대국민 사과를 하는 것을 보고 이제 한국도 민주주의가 성숙해 가고 있다는 느낌이 들어 약간이나마 위안이 됩니다.

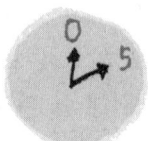

# 지구촌의 적응성 시험

지구촌 시대에는 전세계가 시장이요 전세계가 공급처입니다. 여러분들께서 얼마나 지구촌 시대에 적응을 잘 할 준비가 되어 있는지를 재미로 시험해 보겠습니다. 종이와 펜을 가지고 한번 답안을 선택해 보기 바랍니다.

1. 중동 아랍국가에 방문할 때 방문한 댁에서 커피를 계속해서 따라 줍니다. 그만 달라고 의사를 표시하려면:

   A) 손으로 컵 위를 덮는다.

   B) 커피잔을 뒤집어 놓는다.

   C) 손에 잔을 들고 손목을 좌우로 흔든다.

2. 다음의 나라 중에서 어느 나라가 가장 시간준수를 중요시합니까?

   A) 페루

   B) 홍콩

   C) 일본

   D) 중국

   E) 모로코

3. 일본에서 선물을 받았으면 :

   A) 선물을 그 자리에서 열어 보고 감사를 표시한다.

   B) 감사하다고 말하고 나중에 열어 본다.

   C) 선물을 준 사람보고 열어 보라고 한다.

4. 다음의 나라 중에서 어느 나라가 팁을 모욕으로 여깁니까?

   A) 영국

   B) 아이슬란드

   C) 캐나다

5. 사우디 아라비아에서 성상 주간은?

   A) 월요일부터 금요일까지

   B) 금요일부터 화요일까지

   C) 토요일부터 수요일까지

6. 남미에서 대화를 할 때 제일 좋은 화제는 :

   A) 운동

   B) 종교

   C) 그 나라의 정치

   D) 일기

   E) 여행

7. 사업상 방문한 나라의 가정을 방문할 때 다음 세 나라 중에서 :

   A) 브라질        B) 프랑스        C) 스위스

   • 자색꽃을 갖고 가면 안 되는 나라는?

   • 빨간 장미를 갖고 가면 안 되는 나라는?

   • 국화를 갖고 가면 안 되는 나라는?

8. 중동국가에서 음식을 받을 때 어느 손을 사용해야 합니까?

   A) 오른손

   B) 왼손

   C) 둘다 좋다

9. 동그라미를 그리는 손짓이 욕으로 여겨지는 나라는?

    A) 독일

    B) 이탈리아

    C) 오스트레일리아

    D) 브라질

10. 멕시코나 남미인들의 성은 반드시 Last Name이 아닐 수 있다.

    A) 그말이 맞다.

    B) 그말이 틀렸다.

◈ 정답 ◈    1. C 또는 채워진 채 놓아둔다

                    2. A. B. C. D. E.

                    3. B

                    4. B

                    5. C

                    6. A, D, E

                    7. 장미는 스위스, 자색 꽃은 브라질, 국화는 프랑스(죽음을 의미)

                    8. A

                    9. B, D

                    10. A

◈ 평가 ◈

  8~10 정답 : 바로 국제사업을 할 자격

  5~7 정답 : 조금 더 공부 하십시오

  1~4 정답 : 이대로 국제사업을 시작하면 큰일남

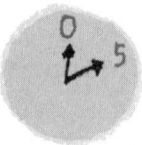

## 서두르지 않는 중국인

중국인들은 서두르지 않습니다. 모든 일에 신중을 기합니다. '만 만디'라는 중국인의 행동용어는 한국인들도 잘 알고 있습니다. 그들은 또한 분명한 의사표시를 잘 하지 않습니다. '요새 어떻게 지내냐'고 하면 한국인들은 '죽을 지경이다'고 하든지 '좋습니다'라고 하여 극과 극을 손쉽게 말을 하지만 중국인들은 '그저 그렇다' 정도 이외에는 고생스럽다는 의사도, 잘 되어서 신난다는 의사도 표시하지 않습니다.

중국인들은 상품을 살 때에도 한 번만 보고 사지 않습니다. '최소한 세 상점에서 비교하고 사라'하는 말은 그들의 전통적인 격언입니다. 그러므로 중국인이 상품의 가격을 물어 보면 최종적인 가격을 말하지 말고 돌아올 수 있는 여유를 만들어 주는 것이 좋겠습니다. '저희들은 이 값으로 팔고 있습니다. 염가로 손님들에게 판매하기 위하여 좋은 값을 정했지만 혹시 같은 상품을 우리보다 더

저렴하게 판매하는 곳이 있으면 알려 주십시오.' 이렇게 말해 주면 성의도 보이고 그가 다시 올 수 있는 여유를 만들어 주게 됩니다.

중국인들은 관계를 필수적 도구로 사용합니다. '되는 일도 없고 안 되는 일도 없다'는 말은 중국 본토에서 누구의 입에서나 오르내리는 말입니다. 아무리 어려운 수속절차라도 권력층의 인사와 친분관계가 있으면 해결이 되고 아무리 쉬운 일이라도 그런 관계가 없으면 실패하기가 일쑤입니다. 그러기 때문에 '뒷문을 이용하라'는 유행어는 이제 실용어가 되어 버렸습니다. 중국에서 사업을 할 의향이 있는 사람들은 이들과의 친분관계를 가지는 것이 무엇보다 중요하다는 것을 알아야겠습니다.

저와 같은 홍(洪)이라는 성을 포함해서 대부분 한국의 성은 중국에서 유래되었으므로, 성의 유래를 이용하면 비교적 쉽게 중국인들과 친분을 맺을 수 있습니다. 수년 전에 저는 인도네시아를 방문한 적이 있습니다. 인도네시아에는 중국계 국민이 전국민의 3%밖에 안됩니다. 그렇지만 이들은 인도네시아 경제의 90%를 장악하고 있습니다. 이런 중국인들을 견제하기 위하여 인도네시아에는 중국인 제재법이 있습니다. 예를 들면 중국인들은 모든 정치적 지위의 선거에 입후보할 수 없습니다. 싱도 징식으로 인도네시아외 성으로 변경을 해야 하며, 사업체의 간판도 중국어로 만들 수 없게 되어 있습니다.

제가 인도네시아에 갔을 때 접촉한 사람들은 중국계 사업가들이었습니다. 저의 36대 선조께서 중국으로부터 한국에 왔었노라고 설명을 했더니 그들은 자기와 같은 중국인이라고 하며 저를 반기고 허심탄회하게 흉금을 털어놓는 것을 보았습니다. 중국사람들이 저더러 중국인이냐고 물어보면 저는 구태여 잘라서 부인하지 않고

'예, 36대 전에는 중국인이었습니다.' 라고 진담반 농담반으로 대답을 하여 그들과 쉽게 가까워질 수가 있었습니다.

여성을 존중하고 여권이 크게 신장되어 있는 곳이 중국입니다. 중국정부 기관을 대표하는 방문단의 지도층에 여성이 당당한 권능을 가지고 있는 것을 여러 번 목격하였습니다. 미국만 하여도 사용되는 모든 돈의 60%가 여성의 손을 거쳐 나간다고 하는데, 중국인들 사이에도 이에 못지않게 여성들의 결정권이 큽니다. 상품을 판매하기 위하여 설명 또는 흥정할 때 여성의 비위를 거슬리면 더 이상의 희망은 없어집니다. 중국인이 여성동반자와 함께 했으면 최대한의 존경과 예의를 여성에게 보여야 합니다.

중국인들은 좀 색다른 미신이 있습니다. 한국인들처럼 4자를 싫어합니다. 중국어 발음으로도 4자는 죽을 사(死)자와 같은 발음입니다. 중국인들이 미국의 유흥도시인 라스베가스에 갈 때는 절대로 책을 가지고 가지 않습니다. 왜냐고요? '도박에서 돈을 잃는다' 는 말의 발음과 한자의 '책' 이라는 발음이 같다고 해서 책을 가지고 가서 도박을 하면 돈을 잃는다고 믿기 때문입니다. 섣달 그믐날에 중국인의 가정에 초대되어 가면 많은 요리 중에 생선을 내 놓습니다. 그런데 섣달 그믐날에는 생선을 다 먹어치우면 큰 실례입니다. 물고기 어(漁)자와 남을 여(餘)자가 중국어 발음으로는 같기 때문에 생선을 남겨서 해를 보내야 재산을 남기고 해를 넘긴다는 좋은 소망이 된다는 뜻입니다.

이외에도 중국인들에게 특유한 예의범절과 미신 등이 있는데 이런 점을 잘 익혀두면 그들을 상대로 해서 사업을 할 때에 큰 도움이 될 것입니다.

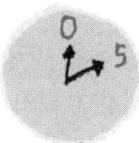

# 미국의 노동조합

미국의 노종조합이 노동자들의 권익옹호와 향상에 큰 공헌을 한 점을 부인할 사람은 없을 것입니다. 미국에서 노동조합의 역사를 살펴보면 1778년에 시작하여 오늘날에 이르기까지 많은 우여곡절을 겪었습니다. 노동조합이 오늘날에도 필요하냐 않느냐에 관해서 논란이 그치지 않고 있는 마당에 우리의 관심을 끄는 연구결과가 하나 나왔습니다. 그 결과란 이렇습니다. 지난 50년 동안 노동조합에 가입된 사람과 노동조합에 기입되어 있지 않은 사람들과의 임금 차이가 없다는 사실입니다. 즉 노동조합이 노동자의 임금을 올려주는 데에 아무런 도움이 되지 않는다는 것입니다.

업체가 성장하면 반드시 노동조합을 조직하려는 조짐이 있을 것입니다. 노동조합이 조직화되면 많은 제재와 경영상의 걸림돌이 생기게 될 것이므로 경영자들은 이 점에 관하여 종업원들을 어떻게 관리해야 하는가를 잘 알아둘 필요가 있습니다. 노동조합이 조직되었든지 안 되었든지 종업원들을 관리할 핵심은 거의 같습니다. 미국의 노동법에 의하면 한 사람의 종업원이 술에 취한 채 근무를 한다거나 마약을 복용하고 있다고 해서 해고할 수가 없습니다. 왜냐하면 알코올중독이나 마약중독을 미국 정부는 질병으로 규정하고 있기 때문입니다. 질병을 이유로 해서 아무도 해고 당하지 못하도록 노동법은 명시하고 있습니다. 화학물질이나 도박에 중독이 된 직원은 중독을 고쳐 줄 상담소에 보내게 되어 있는데 만일 당사자가 그런 회사측의 제의를 거절하거나 상담소에 가서 치료를 받고도 고치려 하지 않으면 해고할 수 있습니다.

노동조합을 결성하려면 종업원 중 30% 이상이 노동조합을 원한다는 카드에 사인을 해야 국가노동관계위원회에서 투표를 요구할 수 있습니다. 노동조합의 구성을 위한 선전과 캠페인을 할 때 직원 아닌 사람들은 회사 소유의 구역내에서는 못 하게 되어 있습니다. 종업원 중에서 노동조합의 구성을 위하여 캠페인을 하려면 근무시간 외에 업무에 지장을 주지 않는 한도와 구역내에서만 할 수 있습니다. 이 규정을 위반하면 해고 경고를 줄 수 있습니다. 만일 경영층에서 이의를 제기하지 않으면 투표를 실시하는데 만일 종업원들의 과반수 이상의 찬성표를 받지 못한다면 노동조합의 구성은 무산됩니다. 그후 1년 내에는 또다른 투표를 할 수 없습니다. 또 전문직에 종사하는 사람과 비전문직, 즉 블루컬러(blue collar) 직원들과는 같은 노동조합에 속할 수가 없도록 법이 규정하고 있으며 관리직에 속한 사람들은 노동조합에 가입할 수가 없습니다.

경영진은 직원들이 노동조합 구성여부를 결정하는 투표가 부결되면 이렇게 저렇게 하겠다는 약속을 할 수 없습니다. 그렇지만 노동조합이 구성된다면 인력관리의 조건을 다시 협의하겠다고 말하는 것은 합법입니다. 노동조합의 인기는 날로 떨어져 가고 있습니다. 현재 미국의 노동인구 중 겨우 15%만이 노동조합에 가입되어 있습니다. 노동조합이 파업을 하면 종업원을 해고하는 것은 불법이지만 파업한 종업원들을 새로 채용한 직원으로 교체하는 것은 합법입니다. 물론 결과는 마찬가지지만 용어의 차이만 있습니다.

노동조합이 구성되면 생활비 인상에 따른 전체적인 인상을 할 뿐 일 잘 하는 직원을 선택하여 특별히 봉급을 올려 줄 수는 없습니다. 그리하여 일반적으로 생산성은 저하되기 마련입니다. 업체의 사정에 의해 직원을 감원해야 할 때에 업체에 늦게 들어온 직원부터 감원을 하게 되어 있어서 경우에 따라서는 제일 일을 잘 하는 직원을 감원해야 하는 불행을 경험하게 됩니다.

한 조사한 바에 의하면 노동조합이 구성되지 않은 업체의 직원들의 생산성이 노동조합이 구성된 업체의 직원들보다 생산성이 24%나 높다고 나왔습니다. 또 하나의 조사에 의하면 노동조합이 구성된 업체의 이익은 그렇지 않은 업체보다 저조하다는 결과를 보였습니다.

이상에서 간단히 말씀을 드렸듯이 종업원들 중에 노동조합을 구성하려는 기미가 보이거나 노동조합의 간부들이 업체 밖에서 선전 전단 등을 배부하는 모습을 보면 급히 전문가를 찾아가서 대책을 강구해야 합니다. 노동조합이 모두 좋지 않는 것은 아니지만 일반적으로 기업이나 조그마한 중소기업을 경영하는 업체에서는 노동조합이 구성됨으로써 잃는 것이 얻는 것보다 많을 것이라는 제 견해를 말씀드립니다.

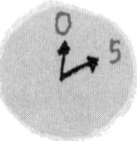

# 싱가포르로부터 배울 점

　싱가포르는 인구 300만밖에 안 되는 작은 나라입니다. 말레이시아 반도의 말단에 위치하는 이 작은 도시국가는 농작물이나 음료수까지 수입을 해 와야 하는 도시 하나로 되어 있는 국가입니다. 즉 싱가포르는 도시이고 수도이며 국가 자체입니다. 건국 이후 수년 전까지 이광요 수상의 인자한 독재체재하에서 싱가포르는 세계가 부러워할 자랑스러운 나라로 성숙했습니다. 지금은 고촉동 수상의 통솔과 명예 수상격인 이광요씨의 인도하에 경제는 눈부신 성장을 하여 1인당 국민소득은 2만 2,000달러로서 대한민국의 2배 이상이고 미국회사만도 900개 회사가 200억 달러를 싱가포르에 투자하여 싱가포르 국민의 16분의 1을 고용하고 있습니다. 노임은 한국과 같은 수준이므로 영어권인 싱가포르는 외국 기업들이 투자하기에는 매력적인 나라라는 평판을 확립했습니다.

부패가 없는 나라, 범죄가 없는 나라, 세계에서 제일 깨끗한 나라라는 영광스러운 인정도 받고 있습니다. 그렇지만 그들은 샴페인을 터뜨리지 않았거나 터뜨렸다 해도 너무도 조용하게 터뜨려서 시장개방의 압력도 받지 않습니다. 우수한 두뇌들이 정책수립과 정책수행을 철저히 검토하기 때문에 불의의 사고가 없고, 사고가 있더라도 싱가포르에 미치는 악영향은 아주 작습니다.

최근에 영국 어느 은행의 도산을 가져 온 대형 금융사건도 비록 싱가포르에 거점을 둔 리슨이라는 사람의 독자적인 투자행동에 기인했지만 그 사건이 터지기 이전에 싱가포르 정부는 위험성을 어느 정도 인지하고 싱가포르 외환시장에 3억 달러의 융자를 승인해 놓고 있었습니다. 그런 민첩한 행동으로 인해 그 대형 금융사고도 싱가포르에는 악영향을 거의 미치지 않았습니다. 싱가포르가 외환시장을 정부 차원에서 보호해야 했던 이유는 그 나라의 금융업계가 국민의 4%를 고용하고 있고 그 수는 지난 2년 간에 30%나 증가했기 때문입니다. 금융계는 싱가포르 국내 생산고의 13.5%를 점유하고 있습니다. 외국의 은행이 127개나 들어와 있고 금융사업의 세금도 이익의 10%라는 저렴한 세율을 갖고 있습니다.

대만이나 방콕은 공해가 심하지만 싱가포르는 공해가 없습니다. 교통이 밀리는 일은 거의 없고 출퇴근 시간에도 차는 잘 빠집니다. 그들은 인도, 인도네시아, 파키스탄과 같은 방대한 시장을 옆에 두고 있다는 사실도 싱가포르의 이점이라고 하겠습니다. 길에 포장이 벗겨진 곳이 있다는 보고를 받으면 48시간 내에 수리가 됩니다. 택시가 속도를 위반하면 경찰이 따라와서 딱지를 떼는 대신 과속상태를 알리는 소리가 나게 되어 있고, 택시는 즉시 속도를 낮춥니다.

길에 휴지나 쓰레기를 버리거나 공공장소에서 흡연을 하거나, 공중화장실을 사용하고 물을 틀지 않으면 680달러의 벌금이 부과합니다. 껌의 수입은 금지되어 있는데 껌을 수입하면 1,300달러의 벌금을 부과합니다. 실은 공중이 보이는 곳에서 껌을 씹는 것 자체가 불법입니다. 길에서 침을 뱉는 것도 300달러 정도의 벌금을 부과합니다. 왜 싱가포르가 세계에서 제일 깨끗한 도시인지를 알 수 있습니다. 미국인 마이클 파이라는 10대 청년이 남의 차에 페인트를 칠했다고 해서 싱가포르에서 체포되어 여섯 대의 태형을 선고받은 사건은 세계의 이목을 집중시켰습니다. 여러분들께서도 아시다시피 클린턴 대통령도 그 청년에게 관용을 베풀어 달라는 호소를 하여 미국 대통령의 체면을 생각해서 태형을 여섯 대로부터 네 대로 감형해 주었습니다. 그때 싱가포르의 태형은 미국 국민의 80%가 지지를 한 처사였으므로 클린턴 대통령의 개입은 현명하지 못했다는 평을 받았던 것입니다. 그런 법이 좋다고 해서 캘리포니아주의 하원에서도 비슷한 태형법이 상정된 적도 있었습니다.

싱가포르 정부의 예산은 매년 흑자예산이고 소득세율은 최고가 30%를 초과하지 않습니다. 성인 중 90%는 자기집을 소유하고 있습니다. 전체의 도시는 언제나 두려움이 없이 누구나 어느 골목이든지 다닐 수 있는 안전한 도시입니다. 싱가포르를 여행하는 사람은 분명한 경고를 받습니다. 싱가포르에 마약을 가지고 들어오는 사람은 사형을 당한다는 경고입니다. 1975년 이후로 싱가포르는 자그마치 75명의 마약 사범을 처형했습니다.

싱가포르로부터 배울 점은 많습니다. 그 중에서도 그들은 높은 경제성장을 이룩하면서도 도덕적인 사회질서를 굳건하게 유지하고 있는 정부와 국민들의 태도는 우리가 먼저 배워야 할 점입니다. 서방에서 유래되는 퇴폐적인 문화를 국가적인 체면을 고려해서 마지못해 허용한다는 한국정부의 유화적인 태도와는 대조가 된다고 하겠습니다. 특히 이번에 마이클 잭슨의 공연을 우리 정부는 허락했지만 같은 상황에서의 싱가포르라면 허락하지 않았을 것입니다. 세무비리, 법원비리 등 꼬리를 물고 터져 나오는 공무원들의 비행에 관한 보도를 접할 때마다 그 많은 공무원들의 연수를 미국에서 받지 않고 싱가포르에서 받았더라면 더 낫지 않았을까 하는 생각이 들기까지합니다.

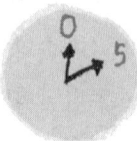

## 선진기업이 취하는 안전관리

제가 미국의 대기업체에서 근무하고 있었을 때 겪은 잊을 수 없는 경험 하나가 있어 소개합니다. 어느 날 퇴근을 하려고 나오다가 서류가방을 로비 근처에 두고 잠시 화장실에 들른 적이 있었습니다. 화장실에서 나와 보니 로비에서는 야단법석을 떨고 있었습니다. 그 일대는 봉쇄가 되어 있었고 안전담당 직원과 경비원들은 이리 뛰고 저리 뛰면서 무전기로 부산하게 통신을 하고 있었습니다. 무슨 일이냐고 제가 물었더니 소유 불명의 가방 하나가 로비에 놓여 있음이 발견되었다고 하며 저더러 빨리 건물 밖으로 나가라는 것이었습니다. 그 문제의 가방이 제 가방이라고 하고 제가 가방을 열어 보이자 모두 안도의 숨을 쉬면서 앞으로는 절대로 가방이나 포장된 덩치를 알리지 않고 방치하지 말라고 저에게 안전담당관 직원이 말하였습니다.

제가 무심코 놓아둔 가방 하나 때문에 큰 소란이 야기되었기 때문에 얼굴은 붉어졌지만 그런 경험을 통해서 안전관리가 철저한 선진기업에 큰 감명을 받은 바가 있습니다. 더욱이 놀란 것은 주인 없는 가방을 발견한 사람은 지나가던 평직원이었다는 점이었습니다. 회사 내의 누구든지 안전에 이상을 가져 올 것 같은 사항을 발견하면 스스로가 행동을 취하는 훈련이 잘 되어 있는 곳이 바로 미국의 선진기업들입니다.

한번은 이런 일도 있었습니다. 엘 세군도(El Segundo)에 소재한 작업장에서 필요하여 액화질소를 말리부(Malibu)로부터 운반해 오도록 되어 있었습니다. 액화질소는 우리 나라에서 사용하는 도시가스통 정도의 크기의 철통에 담겨져 있었습니다. 트럭에 싣고 담요를 한 장 쯤 덮어두면 아무도 모를 간단한 가스통 하나였습니다. 그러나 아무리 확률이 적다 해도 교통사고 같은 충격을 받으면 폭발할 수도 있는 그 가스통을 운반하려면 통과하는 시 정부의 허락을 받아야 한다는 규정이 있다는 사실을 우리는 다 알고 있었습니다. 그리하여 산타모니카, 로스앤젤레스 및 엘 세군도시의 허락을 받느라고 3~4일 걸린 기억이 지금도 새롭습니다. 제가 만일 그 가스통을 그냥 싣고 오라고 명령을 했으면 트럭 운전사는 비록 직책상의 계급이 저보다 낮다 하더라도 제 명령을 불복하였을 것이고 그런 명령을 내린 저는 결국은 징계를 받았을 것입니다.

선진기업에서는 장비나 화학물질 등을 사용하는 종업원들로 하여금 1년에 한번은 반드시 안전교육을 받도록 되어 있습니다. 철물들을 깎거나 파편이 생길 수 있는 작업장에 들어가려면 최고 통치자도 반드시 보호안경을 착용해야 합니다. 레이저를 취급하는 작업장에도 레이저광선의 파장에 따라 인간의 눈을 보호할 특수 보호안경을 비치해 두고 있으며 어느 누구도 그 안경 없이는 작업장에 들어가지 못하도록 되어 있습니다.

작업을 시작하기 전에는 참여할 모든 인원이 모여 소위 작업준비 점검을 합니다. 있어야 할 장비와 물자, 안전세칙과 긴급 시에 취할 행동, 비상시에 꺼야 할 전기 스위치나 가스 스위치의 위치, 작업의 상세한 단계와 지침서 등을 5분 내지 10분 동안 다 함께 점검하여 준비가 완전하다고 결론이 날 때에서야 정식작업에 들어갑니다. 무조건 빨리만 일을 하려는 태도는 금물입니다. 방사능 물질에 감염되었을 때 눈을 씻어야 할 시설도 알리고 또 감전할 가능성이 있는 곳이면 절대로 혼자 일을 하지 못하게 되어 있습니다. 주말에 한 사람만의 잔업이 필요할 때에도 전기로 가동되는 기계를 사용하는 이상 반드시 두 사람에게 잔업을 시켜야 하도록 되어 있습니다.

직장 내의 부서마다 인공호흡을 시켜 기절이나 심장마비로 쓰러진 종업원을 소생시킬 CPR 기술을 습득한 직원이 있어야 하고 그 사람의 이름과 전화번호를 쉽게 볼 수 있는 곳에 표기해 놓고 있습니다. 책꽂이나 서류함들도 사람의 평균키보다 높으면 구멍을 뚫어서 벽에다 나사로 정착을 시켜야 하며 길게 늘이는 코드(extension cord)는 원칙적으로 허락이 안 되지만 꽂는 곳이 여러 개 달려 있는 소위 전류급증 보호장치(surge current protector)를 사용하려면 사람이 걸려 넘어지지 않도록 전기줄을 공업용 테이프로 바닥에 접착을 시켜야 합니다. 이상과 같은 시행은 회사 자체에서도 스스로 하지만 1년에 한두 번씩은 정부에서 철저한 조사를 하기도 합니다.

저와 제 아내는 가끔 네 살 이하의 손자손녀를 보게 되는 경우가 많이 있습니다. 미국에서 자란 저의 자녀들은 유아용 좌석을 꼭 놓고 갑니다. 저의 아이들이 유아용 좌석 사용을 철두철미하게 믿고 준수하기 때문에 약간 귀찮은 감도 드는 그 유아용 좌석 없이 손자나 손녀를 차에 태우고 나갈 생각을 저희들은 감히 상상도 못할 정도입니다. 경찰한테 걸리면 교통위반 딱지를 받는 것이 두려운 것이 아니라 어릴 때부터 인명의 안전을 무엇보다 귀중하게 여기는 미국적 사고방식이 저의 아이들의 마음속에는 두번 생각할 여지가 없이 자리잡고 있는 것을 알기 때문입니다. 미국기업의 안전관리는 그 자체가 하나의 전문업종이고 범위도 넓습니다. 이 짧은 지면을 빌려서 대략적인 안전관리만을 소개해 드렸습니다.

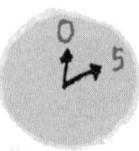

# 다시 찾아온 조국
(1994년에 잠시 귀국을 했을 때 느낀 소감)

다시 찾아온 조국이었습니다. 비행기 밑으로 보이는 조국의 땅, 황혼을 배경으로 우뚝 우뚝 서 있는 고층 아파트들이 눈앞에 가까워질 때 저의 가슴은 새삼스레 설레었습니다. 마치 서울에서 중학교에 다니다가 여름방학이 되어 가족들이 있는 고향으로 내려갔을 때 동네 앞 개울이 눈에 띄면 몇 달 못 보았던 가족들을 만날 기쁨 때문에 가슴이 설레었던 것과 똑같은 느낌이었습니다. 나를 낳아주었고 성인으로 키워 준 고국에 도착했다는 기쁨 때문에 좀 느린 듯하고 무뚝뚝한 공항 직원들의 태도에도 기분이 상하기는커녕 오히려 재미있게 보였습니다.

매년 한 번쯤은 찾아오는 고국이지만 제가 미국으로 온 35년 전과 비교해 볼 때 가장 눈에 띄는 것은 한국 국민들의 빨라진 발걸음이었습니다. 어른도 아이들도 옛날에 비해서 빨리 걷고 있었습니다. 모두 다 바빠 보였습니다. 자동차를 몰고 다니는 모두가 1~2초의 시간도 기다리지 못하는 듯했습니다. 차선을 지킬 여유도 없이 바쁘게 다녀야 하는 소위 '빨리 빨리 국민'임에 틀림이 없었습니다.

입국 서류를 심사하는 관리나 세관 검사원들은 모두 한결같이 미소가 없는 신중한 모습을 지니고 있었고 교통정리를 하는 경관도, 손님을 태우는 택시기사도 미소는 집에다 두고 온 사람들 같았습니다. 어렵고 고난이 많았던 한국의 역사를 이 모든 사람들의 인상과 얼굴 모습에서 볼 수 있는 듯했습니다. 오랜 시간의 비행기 여행으로 지친 사람들을 대할 때 환한 모습으로 '피곤 하시겠습니다. 어서 오십시오'라고 인사했더라면 얼마나 좋았을까 하는 아쉬움을 느끼기도 했습니다. 저같은 사람은 관리들이 밉거나 곱거나 고국에 온 기쁨 때문에 관리들의 인상에 구애를 받지 않지만 한국을 처음 찾아온 제 사위는 어떠한 인상을 받았을지를 물어 볼 용기가 나지 않았습니다. 어떻든지 저는 김포공항에 발을 디디는 것이 좋기만 했습니다.

호텔을 향하여 달리는 자동차의 라디오에서 남가주 교포사회에서 방송을 했던 아나운서의 목소리가 들려 나와서 반가웠습니다. 길 양쪽에 즐비하게 나열된 한글 간판, 영화 배우같이 멋진 옷차림을 한 통행인들, 손을 가볍게 잡고 정답게 걸어가는 남녀 쌍쌍들의 행복한 모습, 이 모두가 다 아름다운 광경이기만 했습니다. 김포공항으로부터 서울 시내까지의 교통은 몹시 혼잡했습니다. 그러나 이것도 활력이 넘치는 한국의 도약상의 일부라고 생각하니 짜증도 나지 않았고 오히려 약간 자랑스러워지기까지 했습니다.

호텔에서 짐을 풀고 시장기를 메우기 위하여 호텔내의 식당에 들려서 메뉴를 보았을 때는 놀라움을 금할 수 없었습니다. 평범한 한식의 가격이 1인당 35달러 정도였습니다. 밤도 늦었고 또 처음 한국을 찾은 사위와 동행한 아이들의 한국에 대한 인상을 해치지 말아야겠다는 의도에서 할 수 없이 비싼 저녁식사를 했지만 푸짐하고 값도 싼 로스앤젤레스의 식당들이 그리워졌습니다. 호텔 밖으로 나가면 5달러 이하로 먹을 수 있는 식사가 호텔 안으로 들어오니 일곱 배나 높은 현상은 대부분의 아시아 국가에서는 공통적인 현상인줄 알면서도 마음이 개운하지는 않았습니다.

택시를 타고 다니는 동안 택시기사들의 자유로운 정치적인 발언에 마음이 흐뭇했습니다. 뒤에 탄 손님이 수사기관일지 몰라 입을 다물고 있던 몇 년 전의 가사들과는 대조적이었습니다. 어떤 기사는 초면 손님인 저에게 대통령을 비난했고, 어떤 기사는 대통령을 칭찬했습니다. 그들의 친여친야의 성향은 중요하지 않았습니다. 일반 시민들이 자유롭게 위정자에 관하여 자신들의 의사를 거리낌 없이 표현하는 한국인의 성숙한 정치의식이 자랑스러웠습니다. 어떤 기사는 화장을 예쁘게 한 여기사였는데 요새 같이 험악한 세상에 여성으로서 택시를 몰고 다니기가 무섭지 않느냐는 제 질문에 그 여기사는 대답을 했습니다. "손님, 서울은 1,200만 명이 사는 대도시입니다. 언론에 보도되는 험악한 사태는 몇백만 분의 일의 확률입니다. 서울은 안전한 도시입니다." 이렇게 말하는 그 여기사는 훌륭한 한국의 홍보관이었습니다. 호텔의 뒷골목이나 명동의 거리를 밤 10시 지나서 걸었습니다. 조금도 불안이나 두려움도 없이 걸어다닐 수 있었습니다.

호텔 창문을 통해서 앞에 서 있는 수많은 자동차를 보았습니다. 90% 이상의 자동차는 까만 색깔이었습니다. 왜 한국인들은 까만 색깔을 선호할까 생각해 보았습니다. 아마도 까만 색깔의 자동차는 엄하고 신중한 권위를 상징하기 때문인 것 같았습니다. 권위주의가 아직도 한국사회의 생태일까 하는 기우심도 생겼습니다. 자동차의 색깔 여하를 막론하고 길에 지나다니는 자동차나 주차하고 있는 자동차나 먼지가 쌓인 자동차는 눈에 띄지 않았습니다. 등교하는 아동들도 헌옷이나 구멍이 난 옷을 입고 가는 아동은 한 사람도 못 보았습니다. 역시 외양에 무척 신경을 쓰는 국민성을 나타내는 것 같았습니다. 깨끗한 서울의 거리와 건물이 보기 좋았습니다. 한국은 말없이 저희들을 반겨 주웠습니다.

# 성공적인 인생경영의 지혜

제**2**장

자아성취예언
눈높이 경영
실패를 두려워 말자
칠전팔기
정확한 상황판단
남을 속단하지 말자
시간낭비
경영인과 집착
희생정신
효과적인 시간관리
마지막에 한 번 더하는 노력
나이를 먹어 가는 즐거움
짜증과 보람
보람을 느끼는 자세
우리 스스로가 장군이 되자
술과 좌절감
열성적인 태도를 기르자
비범한 행동과 기지

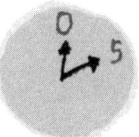

## 자아성취예언

　행동과학자들은 자아성취예언(self fulfilling prophecy)이라는 이론을 제창하였고 그 실제 효과는 직장에서나 일상생활에서 실증되었습니다. 자아성취예언이란 '사람은 자기에게 기대가 클수록 성과도 크다'는 원리입니다.

　텍사스주에 소재한 한 용접공 훈련소에서 30여 명의 흑인 소년들이 들어오게 되었습니다. 그들을 데리고 온 지도지는 훈련을 시킬 교사에게 무작위로 선택한 다섯 소년의 이름을 주면서 그 다섯 소년의 지능지수가 보통 이상으로 높다는 실험 거짓말을 했습니다. 수개월이 지난 후 용접수련을 마치고 수료식을 하게 되었습니다. 그 때에 놀랍게도 그 다섯 소년의 성적이 다른 소년들보다 훨씬 우수했다는 사실을 발견했습니다. 당사자들도 모르고 있었지만 교사들이 그 다섯 학생에게 큰 기대를 갖고 있었기 때문에 그 기대의식이 무언 중에 표시될 뿐만 아니라 그런 기대의식을 그 소년들도 느꼈기 때문이었습니다.

제 어머님은 제가 만 여섯 살 때 작고하셨습니다. 그 분은 심리학 박사도 아니었고 현대교육도 받은 분도 아니었으나 이 자아성취 예언을 실천하신 분이었습니다. 제가 어렸을 때 뒷통수가 다른 아이들보다 유난히 컸었습니다. 저의 어머님은 제 머리를 특히 뒷통수를 어루만지면서 여기에는 산수두뇌가 들어 있다고 자주 말씀을 하셨습니다. 네다섯 살 때 어머님의 친구들이 저의 집에 자주 찾아오셨는데 그때마다 어머님은 친구들 앞에서 제 머리를 쓰다듬으면서 '이 속에는 산수두뇌가 들어 있다.'고 하시는 말씀을 수없이 들었습니다. 저에 대한 어머님의 기대나 확신을 단순히 귀로만 들은 것이 아니고 가슴과 마음속에 깊숙이 젖어들었습니다. 초등학교로부터 박사학위를 마칠 때까지 남의 선망을 받을 만큼 수학을 잘 할 수 있었던 것은 어머님이 실천하신 자아성취예언 때문임을 저는 의심하지 않습니다.

가끔 남편이 사업계획을 세워서 우선 아내에게 의견을 물어 봅니다. 자기 딴에는 있는 성의를 다하여 짜낸 사업의 계획을 부인은 한마디로 꺾어 버리는 경우가 있습니다. "그만 두세요. 그런 사업은 뭐 아무나 하는 줄 아세요?" 자기 몸처럼 가깝고 믿는 아내로부터 영점의 기대의식을 전달받고 사업을 착수할 용기를 얻는 남편이 몇 분이나 되겠습니까? 직원들은 상사나 업주가 자기에게 큰 기대를 하고 있는 줄을 알면 성취욕이 더욱 커지고 일도 더욱 열심히 하게 됩니다.

GM사는 둔감하고 고객들의 기대에 적응을 못한다는 일반적인 의식을 불식시키고 소비자로부터 진실된 신뢰감을 회복하기 위하여 테네시주에 새턴(Saturn)차의 공장을 세웠습니다.

이 새턴공장은 다른 GM의 공장과 전혀 다른 경영체제를 확립했고 실천을 했습니다. 직원들 중에는 다른 자동차 공장에서 해고되었거나 마약사용 등의 이유로 감원된 사람들이 많았습니다. 가장 중요한 경영철학은 직원들의 우수성을 강조하고 그 점을 직원들이 느끼게 하는 것이었습니다. 말단직원에게까지 권한을 주었고 직원들의 의견과 건의를 받아들여 공장의 운영에 많이 반영을 했습니다. 무엇보다 GM이 50억 달러를 투자한 새턴차와 그를 생산하는 종업원들에게 전회사의 기대를 걸고 있다는 기대의식을 종업원들에게 심어 주었습니다.

오늘날 모든 미국제 자동차 중에서 새턴이 가장 고장도 덜 나고 소유자의 만족도가 높다는 평가를 받고 있는 훌륭한 업적은 우연의 결과가 아니라고 믿습니다. 저는 전 새턴공장의 종업원들이 자기들에게 지대한 기대를 걸고 있다는 사명의식을 한사람 한사람이 가슴속에 느끼고 있기 때문에 그린 성공을 거두었다고 믿습니다.

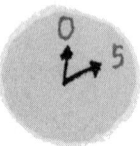

## 눈높이 경영

눈높이 교육이라 함은 배우는 학생의 입장과 시각에 의해서 가르치는 교육방법을 말합니다. 경영도 직원들의 입장과 시각으로 하여야 충성심과 성취의욕을 북돋아 줄 수가 있습니다.

순종 경마용 말을 기르는 한 가정에서 수백 만 달러를 호가하는 말 한 마리를 잃었습니다. 온식구가 나서서 찾아볼 만한 곳은 모두 찾아보았지만 찾을 수가 없었습니다. 모두 실망에 잠겨 집으로 돌아왔는데 해가 질 무렵에 열두 살짜리 그집 아들이 그렇게도 애타게 찾던 말을 이끌고 집으로 오는 것이 아닙니까? 그 아이의 아버지는 너무도 기뻐서 신발도 신지 못하고 그 아이에게 달려갔습니다. "얘야, 그렇게도 찾기 어려운 말을 어떻게 찾았느냐?" 그러자 아이가 대답을 했습니다. "식구들이 모두 집으로 돌아간 후 저는 풀밭에 누워 하늘을 보면서 나 자신에게 물어 보았습니다. '내가 말이라면 어디로 가겠는가?' 하고. 그랬더니 말이 간 곳을 짐작할 수 있었습니다."

우리는 부모나 경영인의 역할을 수행하면서 입장을 바꿔 놓고 생각할 줄 알아야 합니다. 부모는 10대의 아이들이 속을 썩일 때 내가 지금 10대의 아이로서 지금의 처지에 있다면 어떠한 마음을 갖게 될까? 하고 반문해 보는 여유를 가져야겠습니다. 윗사람으로서 부하직원에게 좀 못마땅한 점을 지적해 주고 싶을 때 내가 만일 저 사람의 입장이라면 이 메시지를 어떻게 받아들일까를 자문해 보고 말을 하면 같은 내용의 말이라 할지라도 좋은 효과를 내는 대화가 될 것입니다. 즉 눈높이 교육의 정신으로 말을 듣는 사람의 입장에서 사물을 보는 경영인이나 부모들은 좋은 결과를 볼 것입니다.

엄마가 아끼던 접시를 깬 아이는 야단을 듣기 전에 몹시 괴롭습니다. 그런 심정을 무시한 채 '어이구 이 주책이야, 너는 왜 그릇 하나 똑바로 못드냐?'고 야단을 치면 그 아이의 가슴에는 살을 여미는 고통이 생길 것입니다. 말 한마디 실수를 하여 계약을 놓친 직원에게 '자네 가지고는 안 되겠네. 사표 쓰게.' 하면 그렇지 않아도 자기의 실수로 괴로워 하는 가슴에 또 한 번의 일침을 가하는 잔인을 저지르게 됩니다. 가정에서나 기업에 있어서 고의로 하는 실수는 없습니다. 잘 하려다가 보면 실수도 있기 마련인데 실수를 할 때마다 야단을 치면 야단을 받는 심사가 어떨지 경영인들은 입장을 바꿔 놓고 생각해 봐야 할 것입니다.

그렇다고 모든 실수를 다 덮어두라는 말씀은 아닙니다. 고의로 하는 말썽이나 또는 회사나 가정을 해치려는 의도적인 행위는 마땅히 응당의 조처를 받아야겠습니다. 회사를 해치려고 고의적으로 행하는 나쁜 행위는 사보타주(sabotage, 노동쟁의 등에서 기계류의 파괴, 재료의 낭비 등의 생산저해 행위)입니다. 윗사람의 명예를 해치는 유언비어를 퍼뜨리는 행위나 완성품을 포장하여 선적할 때 바나나를 집어넣고 상자를 봉하는 일 등은 분명히 사보타주입니다. 저는 오랫동안 미국에서 직장생활을 하면서 이상과 같은 사보타주의 경우를 경험한 바가 있습니다. 회사를 해치는 고의적인 행위는 지체 없이 처벌을 하여 사태가 더 이상 악화되지 않도록 해야 합니다.

그렇지만 성의를 다하여 노력하는 사람에게 구박을 하는 일은 잔인에 가깝습니다. 많은 남성들은 다른 남성처럼 아내와 자식들에게 좀더 좋은 집을 마련 못해 준 것과 좀더 돈을 많이 벌어 오지 못하는 것을 괴롭게 생각합니다. 그런 남편에게 '아무게 아빠는 …' 하고 말문을 열고 나서 '이러 저러고 한다는데 당신은 왜 항상 이 꼴이요?' 라고 부인이 말을 하면 그 괴로운 남성의 마음이 얼마나 쓰라릴지 입장을 바꿔 놓고 부인들은 생각을 해야 할 것입니다. 심리학자들은 말합니다. 절대로 남편을 다른 남편과 비교하지 말라는 것입니다.

나와 똑같은 사람은 이 세상에 없습니다. 한 사람의 남편이나 아내와 똑같은 사람은 이 세상에 없다는 점을 다시 생각해 보아야겠습니다. 지도력을 연구한 어떤 학자가 말을 했습니다. "나는 남보다 낫지도 않고 남보다 못하지도 않다. 이 세상에서 나와 똑같은 사람은 없다는 사실 자체가 나의 힘이요, 장점이다." 개개인의 특유성을 인정하면서 모든 대인관계에 있어서 입장을 바꿔서 보는 소위 눈높이 경영을 하면 사업도 날로 향상할 것입니다.

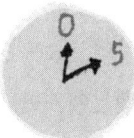

## 실패를 두려워 말자

실패를 겪어보지 못하고 성공을 이룩한 사람은 성공의 진미를 모릅니다. 성공과 실패는 상대적인 용어입니다. 소위 실패라 하는 것은 성공을 구축하는 토대를 굳게 해 주는 시멘트가 될 수도 있습니다.

여러분들 중에는 밥루스가 누군지를 알고 있는 사람이 많을 것입니다. 그는 아론이 갱신하기까지 미국 프로야구에서 한 시즌 동안 가장 많은 홈런을 친 전설적인 인물이었습니다. 지금은 프로팀이 162게임을 치르지만 밥루스때만 해도 150게임밖에 치르지 않했습니다. 그러므로 150게임으로 된 야구 역사에서는 지금도 밥루스가 714개의 홈런으로 아직도 기록을 유지하고 있습니다.

1927년의 여름, 일기 청청한 토요일의 오후였습니다. 3만 5,000명의 열광적인 야구팬들이 필라델피아의 시베파크 구장을 메웠습니다. 그들은 상대방 팀의 4번 타자인 밥루스에게 야유를 퍼부었습니다. 필라델피아팀의 투수는 야구 역사상 최우수 우완투수의 하나였던 밥그로브였습니다. 그는 이번에도 밥루스를 삼진으로 꺾었습니다. 베이스에는 이미 두 사람의 주자가 나가 있었기 때문에 두 번째의 삼진은 필라델피아의 팬들에게는 더욱 고소했습니다.

밥루스는 소나기 같은 야유를 받으며 벤치로 돌아와서 관중을 향하여 미소를 지으면서 모자를 약간 올려 정중한 인사를 했습니다. 그의 이마에는 땀이 흐르고 있었고 대수롭지 않은 듯이 냉수 한 잔을 마셨습니다.

8회전에서 밥루스는 세 번째로 투수와 대결하게 되었습니다. 필라델피아팀인 아틀레틱스는 밥루스의 팀인 양키스를 3 대 1로 리드하고 있었습니다. 투아웃에 만루였으므로 긴장은 최고점에 달했습니다. 밥루스는 자기가 좋아하는 타봉을 들고 서서히 걸어갔고 관중은 일제히 일어섰으며 온구장은 흥분의 도가니가 되었습니다.

그로브는 총알 같은 속구를 던졌습니다. '스트라이크 원' 심판이 큰소리로 말했습니다. 두 번째도 역시 속구였습니다. '스트라이크 투' 사자 목소리 같은 심판의 목소리였습니다. 밥루스는 어찌나 힘있게 타봉을 휘둘렀는지 자기의 힘에 밀려 비틀거리며 쓰러졌습니다. 관중들은 더욱 열광적이었습니다. 다시 일어선 밥루스는 먼지를 털고 손의 땀을 헝겊으로 씻은 후 다음의 투구를 기다렸습니다. 그로브는 또 한 번의 삼진을 목적으로 있는 힘을 다하여 공을 던졌습니다. 공이 얼마나 빨랐는지 그 공이 관중들에게는 보이지 않았습니다. 그러나 이번에는 공을 제대로 때렸습니다. 하늘 높이 날아가는 그 백구는 다시 돌아오지 않았습니다. 만루홈런을 쳤던 것입니다.

훗날에 기자가 밥루스에게 물었습니다. "공이 맞지 않는 슬럼프에 빠질 때에 당신은 어떤 기분입니까?" 그때 밥루스는 대답했습니다. "나는 확신을 가지고 타봉을 휘들르는 거지요. 왜 내가 걱정을 합니까? 결국 괴로움을 당할 사람은 투수들인데." 이와 같은 확신과 실망없는 자신감 때문에 밥루스는 역사에 남는 훌륭한 야구선수가 된 것입니다.

여기서 한 가지 짚고 넘어가야 할 사실이 있습니다. 밥루스가 714개의 홈런을 날린 기록 뒤에는 1,330번의 삼진을 당한 기록도 역시 보유하고 있다는 사실입니다. 그는 1,330번이나 야지속에서 벤치로 걸어가야 하는 굴욕을 겪었던 것입니다. 그렇지만 실패의 두려움이 그를 좌절시키지 못하였고 그의 노력을 약화시키지도 못했던 것입니다. 그가 실패를 했을 때에 밥루스에게는 또 한번의 노력이었던 것입니다.

배고파 보지 못한 사람이 음식의 고마움을 모르듯이 실패를 겪어보지 못한 사람은 성공의 맛을 모릅니다. 성공하는 사람은 실패를 실패로 여기지 않고 낙심과 좌절감을 갖지 않으며 또 한번 일어서는 강인한 의지를 갖고 있는 사람들입니다. 실패란 당하는 사람이 실패로 여길 때까지는 실패가 아니며 성공의 밑거름이라는 진리를 역경 속에서 사업하는 모든 경영자들이여 확고히 믿기를 바랍니다.

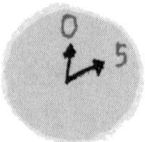

# 칠전팔기

다음 이야기의 주인공을 여러분은 잘 알고 있을 것입니다.

그는 젊었을 때 주 하원의원으로 출마하여 참패했습니다. 그후 사업에 손을 댔다가 실패하여 못된 동업자 때문에 지게 된 빚을 갚는 데에 17년이나 걸렸습니다. 그는 젊고 아름다운 여인과의 사랑에 빠져 약혼까지 했는데 그 여인은 곧 병에 걸려 세상을 떴습니다. 정치에 다시 뛰어들어 연방 하원의원에 출마했으나 또 참패를 했습니다. 그후 미 연방정부의 토지국에 지원했다가 거절을 당했습니다. 이번에는 미국 상원의원에 출마했습니다. 그러나 그는 패배를 했습니다. 2년 후에 또 다시 상원 진출을 시도했으나 더글라스라는 사람에게 패배를 당했습니다. 이와 같이 그는 패배와 패배를 연거푸 당했으나 절망하지 않고 노력하고 또 노력했습니다. 그는 드디어 미국의 대통령으로 당선됐습니다. 정말로 훌륭한 대통령이었습니다. 그는 바로 링컨 대통령입니다.

영국의 메이저수상은 서커스의 곡예사의 아들로 태어나서 어렵게 자랐고 대학의 문턱에도 못 가본 사람입니다. 독학과 좌절 없는 수련을 거쳐서 대영제국의 재정상을 거쳐 드디어는 영국의 수상이 되었습니다. 그의 생애에는 말 할 수 없는 멸시와 푸대접을 받은 역사로 가득했을 것입니다. 쓰러지면 일어서고 또 쓰러지면 일어서는 강인한 성품을 연마해서 오늘의 영광을 얻은 것입니다.

닉슨 전 대통령도 경제적으로 어려운 가정에서 태어나서 어렸을 때부터 작은 상점을 경영한 아버지를 돕기 위하여 새벽잠을 못 자고 일찍 일어나서 물건을 받아오고 가게를 청소한 후에 초등학교와 중학교에 갔다고 했습니다. 그도 많은 고난을 겪었고 캘리포니아주의 주지사의 선거와 대통령 선거에 패배하였고 워터게이트(Water Gate)라는 사건으로 대통령직을 사임해야만 했지만 그가 남긴 교훈과 소신은 '결코 자포자기 하지 말라'는 말이었습니다.

레이건 대통령도 알코올 중독자의 아버지 때문에 그가 자라던 1930년대의 공황 동안 극심한 가난과 굶주림을 이겨야 했었습니다. 그의 전기에 기록된 바에 의하면 정육점이 문을 닫을 무렵 그곳을 찾아가서 고기를 자르던 톱날에 끼어 남은 고기를 긁어서 집으로 가져와 부모와 동생과 함께 국을 끓여 먹었다고 회상하였습니다.

현 미국 대통령인 클린턴 대통령도 애기였을 때 아버지를 잃고 재혼을 거듭한 어머니를 따라서 많은 서러움을 겪으면서 자랐습니다. 그가 어느 날 케네디 대통령을 만난 후 자기도 대통령이 되겠다는 목표를 세운 후 주지사의 선거에서 패배도 했지만 좌절하지 않고 초지일관의 진력을 한 보람으로 40의 초반의 젊은 나이로 미국의 대통령이 되었습니다.

이와 같이 역경을 이기고 칠전팔기의 투지로서 위대한 결과를 성취한 예는 한국을 비롯해서 세계 각국에서 일일이 열거할 수 없을 만큼 많습니다.

1994년 5월 3일에 남아공화국에서 있었던 역사적인 전인종 선거에서 승리한 만델라씨를 보십시다. 인종차별이 극심했던 남아공화국에서 흑인들의 권리와 인종차별의 폐지를 위하여 운동을 하다가 27년이나 옥고를 치렀던 그였습니다. 까만 머리를 갖고 옥에 들어갔던 그가 27년 후에 출옥을 했을 때에는 백발의 노인이었습니다. 그런 고난 중에도 좌절하지 않고 자기가 신봉한 신념과 원칙을 위하여 진력한 결과는 모든 인종이 자유롭게 참가한 선거에서 압도적인 표로서 당선을 했던 것입니다. 그의 선거연설은 많은 감동을 남겼습니다. 원한도 많았겠지만 그는 그를 몹시 괴롭혔던 백인들과 그의 경쟁족인 줄루족까지 모두 정부에 기용해서 화목한 정부를 설립하겠다고 했습니다. 또 그 약속을 지켰습니다.

여러분들의 인생성공은 성공 자체보다는 그 성공에까지 가는 고난의 역정과 그 모든 것을 좌절 없이 극복한 칠전팔기의 정신 때문에 우리들에게 큰 의의를 준다고 하겠습니다. 사업을 하다 보면 예기하지 않던 불상사와 곤경이 있을 수 있습니다. 훌륭한 경영인과 보잘 것 없는 경영인은 고난과 역경이라는 분수령으로서 결정된다고 하겠습니다. 일정한 온도로만 달궈진 쇠는 값진 칼을 만들지 못합니다. 뻘겋게 달은 쇠가 찬물에 갑작스럽게 담겨지는 시달림을 받은 쇠라야 장군이 자랑스럽게 차고 다닐 장도가 된다는 진리도 다시 새겨 보아야 하겠습니다.

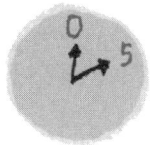

## 정확한 상황판단

　오래된 이야기입니다만 헐리우드의 어느 거리에서 고양이 한 마리가 지나가던 차에 치었습니다. 죽지는 않고 다리만 부러진 고 양이가 신음을 하고 있었는데 마침 그곳에 억만 장자인 휴즈씨가 차를 타고 지나가고 있었습니다. 부상을 당한 고양이를 보고 휴즈 씨는 옆에 있는 한 사람에게 많은 돈을 주면서 빨리 가축병원에 데리고 가서 치료를 해 주도록 간절하게 부탁했습니다. 그런 갸륵 한 장면을 보고 있던 어떤 신문기자가 그 광경을 카메라로 찍었 습니다. 그때에 휴즈씨는 자기가 행한 행동을 제발 기사화하지 말 아 달라고 사정했습니다. 그런 후에 휴즈씨의 측근 한 사람이 왜 그 때에 자기의 미담을 기사화하지 말라고 했는지 물어 보았습니 다. 그의 대답은 "내가 고양이한테 그런 호의를 보였다는 기사를 휴즈사의 직원들이 읽으면 어떤 마음이 생기겠나? 고양이한테는 잘해 주는 사주가 종업원들에게는 짜다고 생각할 것이 아닌가?"

라고 했다 합니다. 역시 대사업가답게 사태를 정확하게 판단했다고 하겠습니다.

한 청년이 우체국으로부터 소포를 찾아가라는 통지를 받았습니다. 통지서를 내 보이자 우체국 직원이 물었습니다. "당신이 이 소포의 주인이라는 증거를 보여 주시오." 그러자 통지서를 가지고 간 청년이 물었습니다. "아니, 무슨 증거를 필요로 하십니까?" "당신이 이 소포의 주인인지를 확인해야 할 것 아닙니까?"라고 우체국 직원이 대답을 했습니다. 그러자 그 청년은 "나는 별다른 증거는 없지만 이걸 보면 나를 확인할 수 있을 거 아니요?" 하면서 호주머니에서 자기의 사진 한 장을 꺼내 보였습니다. 사진을 받은 우체국 직원은 사진과 그 청년을 번갈아 가면서 몇 번을 본 후 "당신이 주인임에 틀림없군요" 하면서 소포를 건네 주더라는 우스게 이야기가 있습니다. 그 우체국 직원은 자기 딴에는 신중하게 판단한답시고 사진과 그 청년을 대조했지만 사실은 아무런 의미가 없는 판단을 했지 않습니까? 경영의 결정을 할 때에 아무런 객관성이 없는 주관적 판단을 하여 화를 당하는 수가 많습니다.

상황을 판단함에 있어서 객관성을 너무도 강조하다가 주관적 관념을 잃어버리는 수도 있습니다. 2차대전 전에 한국에는 이상이라는 필명을 가진 문인이 있었습니다. 그는 30세도 되기 전에 요절을 한 작가였는데 몹시 가난했던 문인 중의 한 사람이었습니다. 하루는 그의 친구 한 사람이 자기 아내의 얼굴 생김을 불평하는 말을 했습니다. 그의 친구의 말인즉 자기 아내의 얼굴이 오른쪽으로 삐뚤어져 있어서 보기가 흉하다는 것이었습니다. 그 친구에게 한 이상의 말을 읽은 기억이 납니다. '여보게, 세상의 여자들의 얼굴이 똑바로 잡혔다고 보면 자네의 아내 얼굴이 오른쪽으로 삐뚤어져 있다고 말하는 것이 맞네마는 자네 아내의 얼굴이 똑바로 잡혔다고 보면 세상의 여자들의 얼굴이 다 왼쪽으로 삐뚤어진 게 아닌가?'

사물을 정확하게 판단하려면 침착해야 합니다. 제가 여러 직장의 종업원들을 훈련하는 워크숍을 할 때 자주 질문을 합니다. 여러분도 이 간단한 질문에 대답해 보십시오. "야구게임의 한 회에 아웃이 몇 개입니까?" 셋이라고 하면 물론 틀렸습니다. 한 회전에는 이쪽 팀과 상대방 팀의 아웃을 포함해서 여섯 아웃이 있습니다.

또 하나 질문하겠습니다. "어떤 목동이 양을 19마리 치고 있었습니다. 그런데 전염병이 유행하여 아홉 마리를 빼놓고는 다 죽었습니다. 몇 마리나 살아 남았습니까?" 물론 아홉 마리가 살아 남았지요.

질문을 하나만 더 할까요? 어느 모텔의 직원이 세 사람의 손님을 맞이했습니다. 하룻밤의 숙박료가 얼마입니까? 하고 손님 셋이서 묻자 모텔의 직원이 '30달러입니다' 라고 대답을 했습니다. 세 사람의 투숙객은 한 사람 당 10달러씩 내서 30달러를 직원에게 건네 주었습니다. 30달러를 받은 직원이 안으로 들어가서 주인에게 보고했습니다. 그런데 주인은 숙박비가 25불이라고 하면서 5달러는 돌려 주라고 했습니다. 1달러짜리 다섯 장을 갖고 나오던 직원이 생각해 보니 5달러를 세 사람에게 나눠 주기가 어려울 것 같았습니다. 그리하여 2달러는 자기 호주머니에 넣고 1달러씩 세 사람에게 나눠 주었습니다. 자 잠깐 계산을 해 볼까요?

손님 한 사람은 10달러를 주었다가 1달러를 돌려 받았으니 9달러를 냈지요? 한 사람이 9달러를 냈으면 세 사람은 3×9는 27이므로 27달러를 냈겠지요. 모텔 직원은 호주머니에 2달러밖에 안 넣었습니다. 다 합쳐 보면 27달러에 2달러를 합쳐서 29달러밖에 안 되지요. 1달러는 어디로 갔습니까? 계속하여 생각해 보기를 바랍니다.

이상의 예에서 급한 성격 때문에 사물을 잘못 판단하기가 쉽습니다. 식당에 앉아서도 밥과 찌개가 나오기 전에 김치 접시를 다 비우는 성급한 사람들이 많습니다. 어디 가나 기다리기를 싫어하는 우리들은 사물의 정확한 판단을 위해서도 참을성 있게 기다리고 침착한 점만은 타민족으로부터 배울 바가 많다고 보는데 여러분의 생각은 어떻습니까?

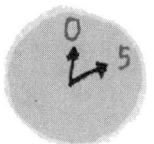

## 남을 속단하지 말자

제임스라는 흑인 여자는 버지니아 주의 보건 인력자원부 장관입니다. 하루는 흑인 여성들과 낙태에 관한 토론을 하고 있었습니다. 관중 속에 있던 한 여자가 일어서서 장관에게 비난의 화살을 던졌습니다. "당신 같이 중산층 이상의 사람들은 밑바닥에서 사는 흑인들을 도저히 이해하지 못합니다. 젊은 흑인 여자들의 참상을 당신이 이해한다면 그들에게는 낙태가 유일한 선택임을 알게 될 것입니다."라고 흥분된 어조로 말을 했습니다.

그 여자가 말을 마치자 장관이 물었습니다. "정부가 주는 보조금으로 생활을 하는 아주 가난한 흑인 어머니가 있는데 그는 이미 네 아이를 낳았고 남편은 알코올 중독자이며 돈벌이도 못합니다. 설상가상으로 그 가난한 어머니가 다섯 번째의 아이를 가졌다면 당신은 그 흑인 어머니에게 어떠한 제언을 주겠습니까?" "낙태를 하라고 말하겠습니다. 임신한 아이가 태어난다 해도 그 아이의 일생은 암담할 것이기 때문입니다." 아까 일어섰던 여인이 자신 있게 말을 했습니다. 장관은 신중한 어조로 대답을 했습니다. "당신의 대답이 그렇게 나올 줄 알았습니다. 제가 말씀드린 그 가난한 어머니는 바로 나의 어머니였고 그 여인이 임신한 다섯 번째의 아이가 바로 저입니다. 저의 어머님은 저 다음으로도 아이를 하나를 더 낳았습니다. 제 인생이 암담하냐구요? 천만에요. 제 인생은 어디다 내 놓아도 이만하면 괜찮을 정도입니다." 참으로 인생의 앞날을 속단해서는 안 되겠습니다.

위대한 발명가, 에디슨은 말년에 그가 청각을 상실한 것을 축복이라고 했다 합니다. 청각을 상실했기 때문에 사람들의 부정적인 말을 듣지 않게 되어 긍정적인 마음의 태도로 발명에만 전념할 수 있었다고 했습니다.

에디슨은 학교에서 성적이 항상 밑바닥이었습니다. 그의 아버지조차도 에디슨은 미련한 아이라고 믿고 있었습니다. 선생님도 그렇게 생각을 했기 때문에 에디슨도 자기가 미련한 아이라고 생각할 뻔했습니다. 그러나 그의 어머니는 언제나 에디슨에게 인자했고 깊은 이해를 가지고 있었습니다. 그녀는 에디슨을 속단하지 않았습니다.

하루는 담임선생님이 장학관과 에디슨에 대해서 이야기하는 것을 에디슨이 들었습니다. 즉 에디슨의 머리는 썩어 있다고 그들은 말하고 있었습니다. "이런 아이는 학교에다 더 이상 두어 봤자 시간과 노력의 낭비일 것입니다." 이렇게 그들은 말했습니다. 에디슨은 너무도 마음이 아파서 울음을 터트리고 집으로 돌아와서 자기 엄마에게 자초지종을 말했습니다. 그의 어머니는 위대했습니다. 그의 어머니는 강한 보호자였습니다. 에디슨의 어머니는 자기 아이를 데리고 그 즉시 담임 선생님한테 갔습니다. 그리고 그녀의 아들은 그 담임 선생보다 두뇌가 더 좋다고 선언을 했습니다. 그 때를 회상하면서 훗날에 에디슨이 말했습니다. "그때 제 어머니가 선생님에게 나를 두둔하는 것을 보고 어머니가 자랑스럽게 여길 수 있는 사람이 되고 어머니의 신임을 어기지 않는 사람이 될 것을 결심했습니다." 에디슨의 담임 선생은 자기만의 시각으로 에디슨을 속단했던 것입니다.

경영이나 사업을 하는 여러분들께서 직원들의 숨은 재능이나 가치를 미처 몰라보고 가망이 없는 사람으로 속단하는 실수를 범하지 않도록 조심해야 하겠습니다. 아이아코카라는 사람은 포드 자동차사에서 성장한 사람입니다. 그가 승진을 계속하여 포드사의 사장까지 올라갔으나 회장의 눈 밖에 나서 결국은 사장 자리를 내놓고 말았습니다. 포드사의 회장이 그의 참 가치를 몰랐기 때문에 그를 속단했던 것입니다. 포드사로부터 본의 아니게 물러난 그가 클라이슬러 자동차사의 회장으로 취임한 후 보여준 행적은 세상이 다 알고 있습니다. 기울어 가는 회사를 그의 뛰어난 수단으로 상하원의원들을 움직여서 정부로부터 지불 보증을 얻어냈고 회사를 회생시켰을 뿐만 아니라 클라이슬러사를 GM사나 포드사보다 높은 이윤을 내는 회사로 전환시켰던 것입니다.

사람은 외모나 성적표만으로 속단해서는 안 됩니다. 누구나 적절한 동기부여만 할 수 있다면 기대하지 않았던 업적을 이룩할 수 있습니다. 아인슈타인 박사나 아이젠하워 장군도 학교의 성적은 좋지 않았습니다. 그들을 성적만으로 속단하여 사회가 그들을 버렸더라면 어떨 뻔했습니까?

지명도가 낮은 학교를 나왔다고 속단했더라면 트루먼 대통령, 닉슨 대통령, 레이건 대통령도 나올 수 없었을 것입니다. 외모가 시원치 않게 보이는 직원이 있을 때마다 이상에 말씀드린 분들 외에도 조지바이런, 헬렌컬러, 베토벤을 생각하고 속단하는 과오를 범하지 않도록 해야 할 것입니다.

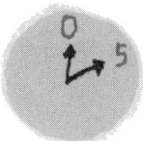

# 시간낭비

시간의 낭비는 원하는 일을 하는 데에 시간이 더 걸리게 하든가 일을 하는 사람의 관심이나 주의를 원하는 일 이외의 방향으로 쏠리게 하는 행동에 기인합니다. 시간의 낭비는 앞에서 언급한 바와 같이 일과의 계획도 없이 좌충우돌 식으로 이리저리 뛰어다니거나 할 일의 중요 순위를 아랑곳하지 않고 닥치는 대로 일을 하기 때문에 생깁니다. 그러다 보면 별로 중요하지 않은 일에 너무 많은 시간을 보내게 되고 정말 중요한 일을 할 시간이 없어져 버리기도 합니다. 밥을 굶는 한이 있더라도 그날 중에 꼭 완성해야 하는 일은 A로 표시하라고 제안을 한 적이 있습니다. A항목을 다 완성하지 않은 한 A항목 아닌 다른 일을 하는 것은 역시 시간의 낭비입니다.

시간관리의 전문가는 다음과 같은 7가지 낭비벽을 들었습니다.

첫째, 중요성에 관련이 없이 좋아하는 일에 애착하지 말라고 했습니다. 너무도 골프를 치고 싶어서 일을 반나절만 하고 골프장에 나가든지 지난주에 봐 둔 블라우스를 사러 대낮에 백화점에 가는 것은 이런 낭비벽에 속합니다. 아무리 좋아하는 일이라도 그 일이 그날의 A항목의 과업을 완성하는 데에 도움이 되지 않으면 하고 싶은 충동을 참아야 합니다.

둘째, 교제의 충동을 조심하라는 것입니다. 공연히 친구한테 전화를 하고 싶다든지 친구한테 찾아가서 잡담이나 실컷 해 보고 싶은 충동을 이겨야 할 뿐만 아니라 그런 친구로부터의 시간낭비의 시도를 기술적으로 회피할 줄 알아야 합니다. 만일에 A항목을 하기에 바쁜데 친구가 찾아와서 월드컵축구나 어제 TV에서 본 영화이야기를 말하기 시작하면 그 친구를 어떻게 무례의 인상을 주지 않고 내보낼 수 있겠습니까? 좋은 방법을 하나 가르쳐 드리겠습니다. 어느 누가 당신을 찾아오더라도 반드시 자리에서 일어나서 방문객을 맞이하는 습관을 기르십시오. 제가 은행 직원들이나 다른 기업체에서 훈련이나 교육강좌를 할 때에 빼놓지 않고 역설하는 제안입니다. 어느 누가 찾아오더라도 반드시 자리에서 일어나서 맞이하라는 것입니다. 서 있는 자세로 방문객이 무슨 용건으로 찾아왔는지 먼저 말을 꺼내도록 합니다. 만일에 잡담용의 방문인 것이 확실하면 자리를 권하지도 말고 앉지도 말며 서 있는 자세로 친절하게 말을 주고받습니다. 아무도 서서 오래 말을 하기를 좋아하지 않습니다. 그는 말을 짧게 하고 자리를 뜰 것입니다. 만일에 친구가 전화로 시간을 낭비하려고 하면 '지금 전화하고 있는 곳이 어디야? 그래? 곧 다시 전화해 줄 게.' 하면 무례의 인상을 주지 않고 전화를 종결할 수 있습니다. 아주 중요한 전화가 아니면 일단 이름과 전화번호를 적어 놓았다가 점심 직후에 다실 걸어 주는 것이 좋습니다. 점심 직후에는 식곤증 때문에 졸음이 오려고 하는 경향이 있으므로 오전에 온 전화의 답전을 해 주면 잠도 깨고 친분도 잃지 않게 될 것입니다.

셋째, 신문이나 잡지를 읽고 싶은 충동을 조절해야 합니다. 아무리 좋아하는 신문이나 잡지라도 처음부터 끝까지 다 읽으려는 충동은 생산성에 도움이 되지 못합니다. 쌓여 있는 신문 또는 잡지를 때에 따라서는 제목만 훑어보고 과감히 버릴 줄 알아야 합니다. 신문이나 잡지에 시간을 많이 빼앗기는 것을 회피하려면 운전 중에 라디오의 주파수를 뉴스에 주로 맞춰서 뉴스를 많이 들어야 합니다.

넷째, 다른 사람에게 시킬 수 있는 일이나 컴퓨터가 할 수 있는 일을 손수하려는 충동을 극복해야 합니다. 비서가 있는 사람들은 편지를 직접 손수 쓰지 말고 요점을 비서에게 주어서 편지를 쓰도록 하고 사인만 하면 많은 시간을 절약할 수 있습니다. 네 살이나 다섯 살 된 아이들에게도 집안일의 일부를 책임지여 주고 그들에게 맡은 책임을 수행하도록 하면 아이의 교육에도 좋고 엄마의 시간도 많이 절약이 됩니다. 아이들의 책임을 적은 일과표를 냉장고 문에 붙여 두고 책임완수의 표시를 엄마가 내일하여 그 성석에 따라 다음주의 용돈을 정해 주면 가정의 화평이 향상되는 것을 경험하게 될 것입니다.

다섯째, 과도완수의 충동을 회피하는 것입니다. 상사에게 아주 좋은 인상을 주려고 보고서를 작성했다가 찢어 버리는 일을 반복하면 시간만 버리고 100% 만족스러운 보고서를 만들지도 못합니다.

만족의 표준을 정해 놓고 그 이상을 추구하는 미련함을 범하지 말아야 합니다.

여섯째, 중요하지 않은 시찰은 피하라는 것입니다. 상사가 지점에 시찰을 나가면 얼마나 많은 인력을 소비하는지 명심해야 합니다. 특히 한국의 대기업의 총수 한 사람 나들이를 할 때 그 수행원이 얼마나 많은지 본 사람들은 혀를 차지 않을 수 없습니다.

일곱째, 공상하지 말라는 것입니다. 주말에 친구들과 할 일을 화요일이나 수요일부터 생각하고 머릿속에 공상하면 시간도 낭비 되고 일손이 잡히지도 않습니다.

'시간이 돈이다'라는 말을 우리 모두 잘 알고 있습니다. 보람있는 삶과 허송하는 삶과의 차이는 주어진 시간을 얼마나 효과 있게 사용하는가에 달렸다고 해도 과언이 아닐 것입니다.

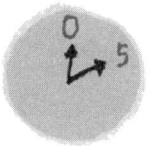

## 경영인과 집착

색안경을 끼고 보면 모든 사물이 안경의 색깔같이 보입니다. 심한 열등의식에 사로잡혀 있는 사람은 모든 사람이 자기를 무시하는 것같이 보이고 우월의식을 갖고 있는 사람에게는 모든 사람이 시시하게 보일 수밖에 없습니다. 접촉하는 모든 사람들이 일률적으로 교만하게 보인다든지 모두 바보처럼 보인다든지 하면 일단 자신의 마음상태를 점검할 필요가 있습니다.

한 정신과 의사에게 환자가 찾아왔다 합니다. 의사는 반듯한 줄을 하나 종이 위에 그리고 나서 그 그림을 보고 무슨 생각이 나느냐고 환자에게 물었습니다. 환자는 즉시 "sex"를 연상시킨다고 말했습니다. 의사가 이번에는 원을 하나 그리고 같은 질문을 했습니다. 환자는 이번에도 "sex"라고 대답을 했습니다. 그 다음에는 삼각형을 그렸습니다. "sex"라는 답이 또 다시 환자의 입에서 나왔습니다. 의사는 사각형을 그렸습니다. 그리고 물었습니다. "이 그림은 무엇을 생각나게 합니까?" 그러자 그 환자는 다시 "sex"라고 대답을 했습니다. "당신은 sex집착증에 걸려 있습니다." 그말을 들은 환자는 답답하다는 듯이 말을 했습니다. "아니 의사선생, 선생이 이모든 음란한 그림을 그려 놓고 왜 나더러 문제가 있다고 합니까?"

이와 같이 집착이 지나치면 모든 문제의 탓을 다른 사람에게 돌리고 다른 사람을 고치려고 하기 때문에 문제가 해결되지 않습니다. 대인관계에 있어서 사이가 나쁜 관계도 내가 먼저 태도를 고침으로써 사이가 좋아질 수 있고 떨어진 신용도 자신의 태도를 고침으로써 회복될 수가 있습니다.

독자께서 종이 위에 가로세로로 점을 세 개씩 아홉 개를 그려 보십시오. 연필이나 펜을 들고 펜을 종이로부터 떼지말고 단 네 번만의 동작으로 아홉점을 다 지나도록 해 보십시오. 네 줄만으로 아홉점을 모두 통과 못하신 분들은 일종의 집착 때문입니다. 아홉 점으로 된 사각형 안에서만 해결을 하려면 네 번만의 동작으로 아홉 점을 모두 통과할 수 없습니다. 그러나 사각형 밖으로 나가도 괜찮다는 생각으로 이 문제를 풀면 쉽게 해결이 됩니다. 많은 사업상의 문제를 기존 테두리 안에서 해결하려면 도저히 해결이 안 되는 경우가 많습니다. 그렇지만 기존 테두리 밖으로 나간 시각에서 해결을 하려고 하면 상상하지 못했던 해결책이 나오게 됩니다.

또 한 가지 간단한 게임을 해보겠습니다. 영어 공부입니다. 꼭대기를 영어로 뭐라고 합니까? 네, 'top'이지요. 뻥 터지는 소리를 영어로 뭐라고 합니까? 네, 'pop'이지요. 걸레를 뭐라고 합니까? 네,

'mop'이라고 합니다. 신호등이 파란 것으로 바뀌면 어떻게 합니까? 'stop'이라고 하셨으면 틀렸지요. 파란 신호등에서는 'go'이니까요. 즉, top, pop, mop을 발음하다 보면 교통신호에 습관대로 Stop이라고 하게 되는 수가 많습니다. 사람의 습관은 좋게 들면 긍정적인 결과를 초래하지만 잘못들면 발전의 저해를 초래합니다.

동양 사람들은 국수를 먹을 때 쭉쭉 들여 마시는 소리를 내면서 먹는 습관이 있습니다. 이 습관을 버리지 못하면 미국인 상사로부터 무례한 사람으로 인정을 받아 승진에 지장을 받는 경우도 있습니다. 미국 사람들은 국수를 집어 숟가락 위에 둘둘 말아 올려서 소리나지 않도록 하면서 입에 넣습니다. 수프나 국물을 마실 때에도 동양인에게는 소리내면서 마시는 것이 흉이 아니지만, 미국인들에게는 같이 앉아있는 사람에게 실례가 됩니다. 좀 까다로운 미국인은 소리내면서 국수나 수프를 먹는 사람하고는 다시 동행해서 식당에 가는 것을 회피합니다. 세계화의 시대를 맞이하여 우리의 전통적인 습관이나 집착을 교정 내지는 탈피해야 할 줄로 믿습니다.

우리는 대인관계에 있어서 불필요한 집착 때문에 해를 보는 일이 없도록 하기 위해서는 공자의 제자인 증자의 교훈을 실천함이 좋을 것 같습니다. 즉, 증자는 말했습니다. "나는 매일 내 자신을 세 가지로 반성한다. 남을 위해서 의견을 제시해 주는 데 있어서 정성을 다했는가? 벗들과 더불어 서로 사귀는 데 있어서 신의를 다했는가? 제대로 익히지 못한 것을 남에게 전하지는 않았는가?"

사업을 하는 경영자들이 지나친 집착 때문에 기대하시는 결과에 차질이 없기를 바랍니다.

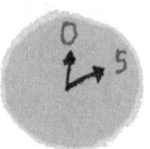

## 희생정신

　사랑이 손바닥이라면 희생은 손등입니다. 즉 손바닥과 손등이 한 손의 양면인 것처럼 사랑과 희생은 분리할 수 없습니다. 독재와 독선에 의한 경영의 시대는 지나갔습니다. 사랑과 이해로 경영을 해야 할 시대는 이미 도착하여 매일 자리를 굳게 하고 있습니다.

　자녀가 질병에 걸렸거나 수술을 받을 때 고통을 받는 것을 보고 그 고통을 대신 받아주고 싶은 심정을 갖지 않은 부모는 없을 것입니다. 1990년에 미국연방 상원의원직에서 은퇴를 한 제이크 간의원은 우주왕복선을 타고 지구권 밖으로 다녀온 유일한 상원의원이며, 그의 정치적 능력과 의정활동의 탁월성은 널리 인정받은 사람입니다. 그가 상원의원에 재직하고 있을 때 자기의 출가한 딸이 신장이식을 받아야 할 처지에 놓였습니다. 아버지인 의원은 서슴없이 자기의 신장 하나를 딸에게 기증했습니다. 그 행동이 감동적이라고 해서 신문기자들이 인터뷰를 요청할 때 의원은 말했습니다. '자녀가 신체의 장기가 필요할 때 자기의 장기를 떼어주지 않을 부모가 어디 있겠는가' 하고 반문을 하면서 인터뷰에 응하지 않았습니다. 자기의 팔다리나 장기를 언제든지 자식에게 줄 희생정신을 갖고 있기 때문에 부모의 사랑은 하늘같다고 하지 않습니까?

제가 얼마 전에 읽은 기사가 생각납니다. 한 소녀가 대수술을 받았는데 그 소녀의 체형에 맞는 혈액형을 갖고 있는 사람은 그 소녀의 다섯 살 난 남자동생뿐이었습니다. 다른 사람은 같은 혈액형을 갖고 있지 않기 때문에 누나를 살리기 위해서는 그 남자동생의 피를 뽑아야 하겠다고 말을 하자 그 아이는 잠시 주저하다가 "그렇게 하세요." 하면서 채혈대에 누웠습니다. 두려움을 잊으려는 듯이 그 남자아이는 눈을 시종 감고 있었습니다. 채혈과 수혈이 잘 되어 수술은 성공이었고 수술을 받은 소녀는 마취에서 깨어났습니다. 물론 누구의 피로 수혈을 했는지를 알려 주었고 그 남자동생에게도 자기의 누나는 이제 죽지 않게 되었다고 의사가 말해 주었습니다. 그 즐거운 소식에 그 다섯 살짜리 남자동생은 잠시 만족의 미소를 띤 후 의사에게 떨리는 듯한 말로 물었습니다. "의사 선생님, 저는 몇 분 후에 죽게 되나요?" 그 아이는 자기의 피를 뽑으면 죽게 되는 줄도 알고 있었고 자기의 생명을 희생하여 누나의 생명을 건지려는 마음씨였던 것입니다. 얼마나 순수한 희생정신이며 얼마나 숭고한 사랑입니까?

신문이나 TV에서는 르완다의 비극이 많이 보도되었습니다. 비극중의 비극은 수많은 아이들이 굶어서 죽거나 콜레라에 걸려 죽어가고 있는 모습이었습니다. 전염병에 걸려 죽어가는 르완다의 어린

아이들을 껴안고 비통한 모습을 하고 있는 엘리자베스 돌 여사와 콜레라에 걸려 있는 어린아이의 얼굴을 씻겨 주고 있는 고어 부통령 부인의 모습을 보고 감명을 받지 않은 사람들은 없었을 것입니다. 비록 그 행동이 TV 카메라 앞에서 이루어진 것이라 할지라도 콜레라를 앓고 있는 아이의 얼굴을 손수 씻겨 줄 수 있는 행동은 사랑과 희생정신이 없으면 할 수 없습니다.

현재 유타주에서 유명한 법조인에게 다음과 같은 실화가 있어 많은 사람의 존경을 받고 있습니다. 그가 동부의 명문대학의 법과대학에 지원할 때 그 대학에서 전액 장학생을 한 명 뽑게 되어 있었습니다. 수많은 장학금 지원자 중에서 최종까지 남은 두 사람은 공교롭게도 위에 말한 법조인과 동기동창이며 절친한 친구였습니다. 최종선발을 위해서 인터뷰를 한 위원들이 한 학생에게 유일하게 또 하나 남은 학생을 어떻게 생각하느냐고 물었습니다. 그는 서슴없이 대답을 했습니다. "그 친구가 나보다 자격이나 실력과 인격이 더 좋은 사람이므로 그 친구에게 장학금을 주십시오"라고 했습니다. 위원들은 이번에는 그의 친구에게 똑같은 질문을 했습니다. 놀랍게도 그 친구도 최종후보자인 자기의 친구가 마땅히 장학금을 받아야 한다고 하면서 친구를 극찬하였습니다. 학교 당국은 이 두 사람에게서 너무도 감동을 받아 본래의 계획을 바꿔서 그 두 사람을 모두 전액 장학생으로 뽑았습니다. 자기의 이익보다 친구의 복리를 앞세우는 희생정신이 오늘날보다 더 절실히 요구되는 시대가 있겠습니까?

많은 기업이 경영난에 허덕이고 있습니다. 물론 불경기의 영향으로 돌리면 아무도 나무랄 수가 없겠습니다만 대부분의 경우는 상부의 간부들이 경영을 잘못해서 회사가 고난을 겪고 있는 것입니다. 그런데도 문제를 해결하려면 왜 제일 먼저 불쌍한 말단직원을 감원시킵니까? 일본의 히다치사는 직원수가 20만 명을 넘는 대회사입니다. 회사의 업무가 부진해지자 최고 간부직에 있는 100명의 경영인들이 10%씩 봉급을 감축하였습니다. 그리하여 한 명의 감원도 없이 위기를 넘겼다고 합니다. 본받을 만한 경영인들 아닙니까? 그들은 참으로 사랑과 희생정신으로 경영을 하는 사람들이었습니다.

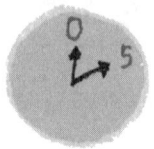

## 효과적인 시간관리

하나님은 공평하십니다. 누구에게나 하루에 24시간을 주셨습니다. 출산을 알리는 베이비 통지(baby announcement)를 받아 보면 사내아이 또는 여자아이라는 통지 외에 기타의 정보가 있다면 겨우 이름이 포함되어 있을 뿐입니다. 변호사가 태어났다는 발표나 의사가 태어났다는 발표도 없습니다. 출생후 어떤 생을 구축해 나갈 것인가는 주어진 시간을 어떻게 효과적으로 이용하느냐에 달려 있습니다. 지금까지 수많은 시관관리의 방법과 제안이 나왔습니다. 누구나 쉽게 실천할 수 있는 시간관리 방법을 소개해 드리겠습니다.

1. 아침에 일찍 일어날 것

잠이란 잘수록 더 자고 싶은 것입니다. 일찍 일어나서 샤워나 세수를 한 후에 일을 하면 다른 어떤 시간보다 더 능률이 오른다는 것을 경험해 본 사람들이 많을 것입니다. 또 직장이나 사무실이 집에서 멀리 떨어져 있으면 아침 일찍 운전하는 것이 여러 면에서 좋습니다. 저는 매일 4시 40분경에 집에서 나와 사무실까지 60마일을 운전했습니다. 그 시간에는 고속도로에 교통량이 적어 모든 차량이 시속 70마일 이상 달립니다. 고속 순찰대원들도 그 시간에는 70마일로 달리더라도 딱지를 떼지 않습니다. 저도 같은 길을 매일같이 근 20년 간 다녔지만 아침에 딱지를 받아본 적이 없습니다. 여러분께 교통법을 위반하여 70마일 이상으로 달리라는 말씀이 아닙니다. 단지 일찍 집을 나서면 그만큼 시간을 절약할 수 있다는 것입니다.

  2. 운전하는 시간을 실력향상을 위해서 사용할 것

  대부분의 LA 근교 거주자들은 하루에 2시간 정도를 차 안에서 보냅니다. 뉴스나 음악도 들어야 하겠지만 운전하는 시간은 테이프를 통하여 많은 공부를 할 수 있는 좋은 시간입니다. 영어나 외국어 공부 또는 들을 수 있는 책을 구입하여 새로운 지식을 얻는 좋은 기회가 바로 이른 아침에 운전하는 시간입니다. 저도 동기부여 프로그램이나 악센트를 줄이는 연습테이프 및 중국어 교습테이프를 열심히 들었습니다. 때로는 그 날 밤 강의할 것을 집에서 녹음해 두었다가 고속도로에서 제 음성을 다시 들어 보면서 강의하는 내용과 강의하는 말투를 정정하기도 합니다. 고속도로가 주는 시간이 굉장히 유익한 시간이라고 생각합니다. 여러분께 권고하고 싶은 것은 영어나 스페인어 등을 철저히 공부하겠다는 결심을 하고 해당 테이프를 구매하여 운전하는 동안 차근차근 공부하라는 것입니다. 요새는 테이프로 된 책이나 유용한 프로그램을 판매하는 곳이 많이 있습니다.

### 3. 혼잡스러운 시간을 피할 것

은행에 수표를 현금화하기 위해서 금요일 오후에 가면 줄이 길어서 많은 시간을 낭비하게 됩니다. 식품가게에 갈 때에도 남들이 저녁식사를 할 때 가면 붐비지 않고 계산대의 줄도 길지 않습니다. 회사내부에서 서류를 복사할 때에도 다른 사람이 이용하지 않는 점심시간에 하면 빨리 할 수 있으며, 음식점에 갈 때에도 11시 30분 정도나 오후 일찍 가면 줄도 길지 않고 더 좋은 서비스도 받을 수 있습니다. 저는 저녁에 강의할 때 학생들을 정해진 휴식시간보다 10분 일찍 내보내 줍니다. 그럼으로써 아래층에 있는 식당에서 줄 서지 않고 빨리 간식을 살 수 있게 해 줍니다. 비행기를 탈 때에도 하루의 중간시간을 이용하면 할인도 받기 쉽고 줄도 없거나 짧습니다.

### 4. 할 일을 미루지 말 것

어떤 현명한 분이 말을 했습니다. '나무를 심기에 제일 좋은 시기는 20년 전이다. 두 번째로 좋은 시기는 바로 지금이다.' 할일을 미루면 지금 당장 하는 것보다 능률도 오르지 않고 재미도 적어집니다. 또 미루다 보면 잊어 버리거나 아예 하지 않게 되어 예기치 않은 망신을 당하게 될 수도 있습니다. 전화비 내는 것을 미루다가 전화가 끊겨서 당황한 경험을 한 사람들이 적지 않습니다.

### 5. 전에 쓴 편지나 메모를 컴퓨터에 보관할 것

편지나 메모는 수신인의 인적상황 및 몇 가지의 특이한 것을 제외하고는 공통적인 문장과 표현이 많습니다. 전에 쓴 편지나 메모를 컴퓨터에 저장해 놓으면 불러오기도 쉽고 비슷한 것 하나를 불러내어 약간만 변경하면 새로운 문서가 됩니다. 시간도 절약하고 일을 잘 한다는 평도 얻을 수가 있기 때문에 여러분께서는 하루 속히 컴퓨터를 입수하여 사용하기를 추천합니다. 요새 나오는 소프트웨어는 배우거나 사용하기도 쉬워졌기 때문에 학벌이나 연령에 상관없이 누구나 손쉽게 사용할 수 있습니다. 가구를 사기 전에 컴퓨터를 먼저 사십시오. 절대로 후회하지 않을 것입니다.

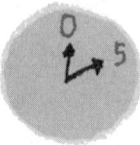

## 마지막에 한 번 더 하는 노력

남녀노소 또는 빈부를 막론하고 이 세상을 살아가기가 쉽다고 하는 사람은 많지 않습니다. 더구나 이민생활을 개척해 나가는 교포들은 다 집어치우고 싶은 충동을 한번쯤은 느꼈을 것입니다. 그러나 한번 더 노력을 해서 그때그때의 역경을 이겨 가면 그런 대로 보람된 생을 구축해 나갈 수 있습니다. 너무 힘들어 자포자기하고 싶을 때는 제가 드리는 이 말씀을 생각해 봐 주기를 간절히 바랍니다.

나폴레옹을 워터루 전쟁에서 패배시킨 웰링톤 공작은 말했습니다. "영국군이 워터루 전쟁에서 프랑스군을 패배시킨 이유는 영국 군인들이 프랑스 군인들보다 더 용감해서가 아니라 영국 군인들이 프랑스 군인들보다 5분 간 더 오래 용감했기 때문이다." 다시 말하면 프랑스 군인들보다 영국 군인들이 악착과 끈기가 더 있었다는 뜻입니다.

1976년의 올림픽경기에서 놀랄 만한 일이 있었습니다. 100m 경주에서 1등과 8등의 차이가 1/8초였습니다. 1984년 로스앤젤레스 올림픽의 장거리 여자 자전거경기에서 80Km의 장거리를 달린 후 금메달과 은메달과의 차이는 불과 신발 하나의 차이었습니다. 1985년의 시카고 마라톤 대회에서 우승한 스티브 존스가 1초만 빨리 들어 왔더라면 코스 신기록을 수립하여 5만 달러의 상금을 더 받을 수 있었습니다. 누가 일이 초나 몇 분의 일 초가 중요하지 않다고 합니까?

남보다 반시간 덜 자고 타민족보다 반시간 더 일하여 악착과 끈기로 마지막에 5분 더 용감한 인종이 한국인 아닙니까? 여러분은 물이 표준기압에서 섭씨 100도가 되면 끓게 된다는 사실을 알고 계십니다. 물이 99.9도에 이르고 거기에서 중단하면 샤워 이외에는 별 쓸모없는 물입니다. 비록 0.1도라 할지라도 조금만 더 열을 가하여 100도가 되면 물이 끓어 기관차도 움직이고 발전도 하며 수만 톤의 여객선도 움직이지 않습니까? 누가 0.1도의 온도 차이를 그까짓 것 아무 것도 아니라고 합니까?

훌륭한 사람과 보통 사람과는 눈부신 차이가 있지 않습니다. 연봉 50만 달러를 받는 사람과 5만 달러를 받는 사람을 비교해 보면 전자가 후자보다 열 배나 일을 잘 하는 것이 아님을 알게 됩니다. 양자를 자세히 비교해 보면 극히 사소한 차이가 있을 것입니다. 그러나 인간이 하는 일에는 그 약간의 차이가 하늘처럼 커 보이기 마련입니다.

흉악한 강도범도 극히 사소한 것을 훔치는 것으로 시작된다고 합니다. 어렸을 때 옳지 않은 짓을 할 때 바로 그 행동을 고쳐 주지 않으면 점점 더 나쁜 짓을 하게 되고 드디어는 끔찍한 범죄를 저지르게 된다는 것입니다. 상사가 정당하지 못한 일을 하면서 부하직원더러 옳바른 행동을 하라고 하면 그 영향력이 적어 그런 지시는 효력을 갖지 못할 것입니다.

30여 년 전에 제가 겪은 경험이 있습니다. 제 아내가 운전석 옆자리에 앉고 네 살짜리와 다섯 살짜리 두 아들이 뒷 좌석에 앉아 있었는데 그때 제 차를 주차하다가 약간 실수를 하여 서 있던 헌차의 옆을 살짝 긁었습니다. 그때 만일 제가 그냥 달아났더라면 저는 일생 동안 제 아들들에게 정직하라고 가르칠 자격을 상실했을 것입니다. 별같이 반짝이는 네 개의 눈알이 자동차의 뒷자리에 앉아서 아빠의 일거수 일투족을 주시하고 있었습니다. 그 순진한 저의 두 아들의 마음 속에 겨자씨만한 부정직의 인상도 감히 남길 수가 없었습니다. 저는 긁힌 헌차의 주인을 찾기 위하여 삼사십 개의 상점 문을 두들겼습니다. 드디어 헌차의 주인을 찾았습니다. 멕시코인이었습니다. 제 실수로 당신의 차를 긁었다고 하자 그는 오히려 웃었습니다. 왜 달아나 버리지 않았냐고 했습니다. 합의에 의하여 40달러를 그에게 주었지만 제 마음 속에는 법보다도 제 두 아들의 눈이 더욱 무서웠습니다.

잘못 자라기 시작하는 나무는 어렸을 때 쉽게 바로잡을 수가 있습니다. 잘못 뻗은 나무가지가 성장한 뒤에는 바로 잡기가 불가능합니다. 극히 작은 버릇이나 행동을 어렸을 때 고쳐 주기는 쉽습니다. 그러기 위해서는 아이들이나 종업원들의 언행을 깊은 관심을 갖고 주시해야 하겠습니다. 일하기를 좋아하는 어떤 할아버지가 손자를 툭하면 불러서 도와 달라고 했고 손자도 즐거이 할아버지에게 다가가 일을 도와주곤 했습니다. 아이의 아버지가 물었습니다. "얘야, 할아버지가 일을 도와주는 대가로 얼마나 주시더냐?" 그 아이는 대답을 했습니다. "네, 할아버지는 저에게 관심을 주십니다." 아이에게나 종업원들이 하는 작은 일에까지 관심을 가져 주면 윗사람의 뜻을 이루기가 쉬어질 것입니다.

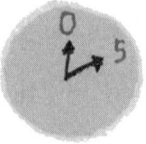

# 나이를 먹어 가는 즐거움

누군가가 말을 했습니다. "대부분의 사람들은 40세에 죽어서 70세에 땅에 묻힌다." 인간이 사는 것이냐 존재하느냐는 오래된 질문입니다. 살지 않고 존재만 하는 사람은 죽은 사람이라고 하겠습니다. 산다는 것과 존재하는 것과는 어떤 차이가 있을까요?

비타민 C를 발견하여 노벨상을 받은 헝가리 출신 지오르지 (Albert Szent-Gyorgi) 박사는 95세를 일기로 세상을 떠나기까지 무수한 연구와 저서를 냈습니다. 그가 90세가 된 어느 날 보스턴에서 그를 위한 성대한 생일파티가 열렸습니다. 어느 기자가 물었습니다. "박사님, 박사님은 90 평생을 보람있게 사셨고 쉴새없이 일을 했습니다. 만일 인생을 다시 산다면 어떻게 다른 생을 사시겠습니까?" 이 질문에 90세가 된 그 노학자는 지체없이 대답을 했습니다. "내가 인생을 다시 산다면 성행위(make love)를 더 하겠습니다." 이 박사를 통해 노인들을 좀더 바로 알게 될 수 있기를 바랍니다. 나이가 들었다고 해서 인간의 구실을 상실하는 것이 아닙니다. 박사의 말에서 짐작이 가겠지만 나이가 들었다고 해서 정력이 없어지는 것도 아닙니다.

제가 추모하는 분 중에 데밍박사가 있습니다. 1993년 11월에 93세로 작고하실 때까지 쉬지 않고 경영혁신과 품질향상에 진력을 했습니다. 돌아가시기 전날까지 강의를 했다 합니다. 그가 40여 년 전에 통계적 공정관리(statistical process control)라는 기발한 원리를 제창했을 때 미국의 기업들은 그의 말에 귀를 기울이지 않았습니다. 그래서 그는 일본으로 건너갔습니다. 일본기업의 간부들은 그의 말을 경청하였을 뿐만 아니라 그의 가르침을 실천에 옮겼습니다. 결과는 어떻게 되었습니까? '70년대와 '80년대에는 일본제품의 품질이 미국제품의 품질을 완전히 제패하지 않았습니까? 일본에서 가장 영광스럽게 여기는 기업상은 무엇인지 아십니까? '데밍상' 입니다. 일본의 기업은 데밍 박사를 일본기업을 소생시킨 은인으로 모셨습니다. '80년도 후반에 가서야 미국의 기업들이 데밍박사의 말에 귀를 기울이기 시작했습니다. 제너럴 모터스, 포드, 제너럴 일렉트릭사 등의 대회사들이 그를 초청하여 강의를 듣고 그의 가르침을 실천하기 시작했습니다. 그 결과 미국제품의 품질이 일본제품을 능가하기 시작하고 있습니다. 데밍박사는 또 유명한 데밍의 14법칙을 제창하여 뜻있는 경영인들의 길잡이가 되었습니다.

중국을 경제대국의 문전까지 이끌어 온 등소평도 90세가 넘어 타계하였고, 아데나워도 90세를 넘긴 나이에 패전 독일을 오늘날의 경제대국으로 인도하였습니다. 여러분도 다 잘 아는 처칠 수상이나 프랑스의 드골 대통령도 90세에 가까울 때까지 세계적 지도력의 수훈을 남겼습니다. 레이건 대통령도 세계적으로 지대한 존경과 사랑을 받았는데 저는 그분도 그의 주름살 덕을 본 분이라고 생각합니다. 위에 말한 지오르지 박사, 데밍 박사, 드골 대통령, 처칠 수상, 레이건 대통령 등은 이 세상에 '존재'한 분들이 아니고 이 세상에서 보람있게 '산' 분들입니다.

1900년에 미국인의 평균수명은 47세였지만 그 평균수명이 1993년에는 76세로 늘었습니다. 65세에 이른 노인들은 지금 현재 기대수명이 남자가 81세이고 여성이 85세이지만 그 기대수명이 2040년에는 각각 85세와 88세로 늘어날 전망입니다. 현재 미국의 인구 중 8명 중 1명이 65세 이상의 노인입니다. 이 비율은 2030년에는 5명 중 1명으로 될 추세입니다. 더욱 놀랄 만한 통계 하나를 소개해 드리겠습니다. 미국의 노인 1인당 국내총생산량은 15만 달러이며 이 액수가 2010년에는 19만 4,000달러로 늘어날 추산입니다. 노인의 나이가 된 한 사람으로서 다시 한번 말씀을 드립니다. 인간은 나이에 상관없이 이 세상을 떠날 때까지 얼마든지 일 할 수 있고 사회에 공헌을 할 수 있습니다. 미국에서는 정년은퇴제도를 폐지하고 있는데 한국에서는 아직도 정년퇴직제도가 있는 것을 서글프게 생각합니다.

제가 박사학위 과정에 있을 때 가장 인상깊게 강의를 잘 해 주신 분을 둘 꼽으라면 둘다 80 후반에 접어든 노교수였습니다. 명문대학에서 연구생활과 교수생활을 오래 하신 깊고 오묘한 그분들의 강의는 제 가슴속에 영원히 살아남아 있습니다. 몇 년 전에 사업을 크게 하는 어느 미국인 친구하고 점심을 같이 한 적이 있었습니다. 간단한 인사를 나눈 후 제가 말을 했습니다. "61세(그 당시의 제 나이)가 제일 좋은 나이인 것 같습니다. 아이들도 모두 성장했고 젊은 사람들이 할 수 있는 것은 거의 다 할 수 있으며 여행할 수 있는 여유와 자유도 있어서 정말로 61세가 최고야"라고 했더니 그분은 "아니야, 가장 좋은 나이는 64세(그분의 나이)야"라고 했습니다. 그렇습니다. 무슨 공헌을 하느냐가 중요하지 심신이 건강한 나이가 든 것은 장점은 될지언정 단점은 아닙니다.

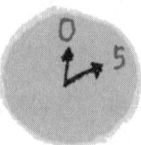

## 짜증과 보람

    저는 전라북도 고창군에서 태어났고 초등학교는 정읍군에서 다녔습니다. 제가 어렸을 때만 해도 동네 어르신들을 길에서 만나면 반드시 절을 하고 '안녕히 주무셨습니까?' 또는 '안녕하십니까?' 등의 인삿말을 꼭 하는 것이 불문율이며 관례였습니다. 그때 제가 꼬박 꼬박 인사드렸던 어른들 중에는 저의 집의 소작인들도 있었고 또 누구한테서도 존대어를 받지 못하는 직업을 갖고 있는 분들도 있었습니다.

    제가 7~8살 되었을 적으로 기억을 합니다. 제 아버님께서 하루는 저를 불러서 앞에 앉히고 말씀을 하셨습니다. "너는 보통집의 자손이 아니다. 가문의 체면을 위해서도 아무에게나 함부로 절을 하지 말아라."고 하시는 것이었습니다. 그런 훈시가 현대의 동등권 시대에서 그 적합성을 반박할 수도 있겠습니다만 그때 제 어린 마음

속에는 강한 자긍심이 심겨졌습니다. 아버님의 철두철미한 반일정신 때문에 일제시대에는 한국말을 못하게 하는 학교로부터 자진 퇴학까지 시키면서 집에서 한글을 가르쳤고, 창씨개명을 반대하셨기 때문에 많은 고통을 받았고, 해방이 된 직후에는 깊이 숨겨둔 한글 교본들을 꺼내서 초등학교에 기증하신 아버님으로부터 우리의 9남매는 비범한 가문에 태어났다는 자긍심을 갖고 자랐습니다. 그래서 가문에 불명예를 가져 올 가능성이 조금이라도 있는 짓은 감히 엄두도 못내고 살아 왔다고 생각합니다.

자긍심은 자만심이 아닙니다. 자만심은 남을 업신여기는 마음씨이지만 자긍심은 자기의 위치와 입지를 알고 자신의 명예와 가치를 귀중히 여기는 마음씨입니다. 영어로 말하면 'self esteem'이며 자만심을 뜻하는 'arrogance' 하고는 전혀 다릅니다. 자긍심이 강하면 짜증이 나지 않습니다. 짜증이 자주 나는 사람은 자긍심이 약해졌기 때문입니다. 자긍심이 강한 사람은 친절과 인사를 남한테 먼저 받는데에 신경을 쓰지 않고 자기가 먼저 친절과 인사를 건네 줍니다. 자긍심이 강한 사람은 화를 내지 않습니다. 자긍심이 강한 사람은 명랑합니다. 자긍심이 강한 사람은 내면적 미를 다듬고 외향적인 미는 내면적인 미를 보충한다고 믿습니다. 얼마 전에 저는 유명한 화장품 회사의 직원들에게 몇 마디 드릴 기회를 가졌습니다. 그때 그 분들에게 드린 제 말씀도 바로 이 점이었습니다. 화장품을 판매하는 그분들이 고객들에게 하는 공헌은 피부를 곱게 해 주는 일로 끝나지 않습니다. 그분들이 고객들의 피부를 곱게 해 줌으로써 고객들의 자긍심을 길러 주는 공헌을 한다는 점을 명심해야 보람되고 성공적인 화장품의 판매원이 될 수 있다고 말씀을 드렸습니다.

자긍심이 그다지 강하지 않은 부인이 있었습니다. 남편이 유명한 법과대학에 다니고 있었는데 학생부부로서 어렵게 사는 것이 지겹게 여겨졌습니다. 값싼 아파트에서 두 아이를 기르면서 얼굴에는 찌푸림이 가실 날이 없었습니다. 아이들이 뛰어 놀 뒷마당도 없었고 오락시설도 없었습니다. 그 아내는 입버릇처럼 말을 했습니다. "우리 애들이 뛰어 놀 잔디가 있는 뒷마당이 있으면 얼마나 좋을까?" 남편이 무리를 해서 파란 잔디가 자란 뒷마당을 갖춘 조그만한 집으로 세를 내서 이사를 했습니다. 그 아내는 아직도 행복하지 않았습니다. "무슨 놈의 잔디가 곱게 자라지도 않았고 왜 이렇게 잡초도 많을까? 좀더 큰집에서 잘 가꿔진 잔디밭을 갖고 산다면 얼마나 좋을까?" 그 아내의 짜증은 여전했습니다. 남편이 법대를 졸업하고 유명한 법률사무소에 취직을 하게 되었습니다. 그 아내가 그렇게도 원했던 큰집으로 이사를 했습니다. 정원사가 매주일 와서 잔디를 깨끗하게 가꿨습니다. 그러나 그 아내는 아직도 행복하지 않았습니다. 왜냐 하면 자기의 짜증의 탓을 할 곳이 없어졌기 때문에 짜증의 탓을 돌릴 잔디를 대신할 것을 계속 찾느라고 짜증이 났습니다.

자긍심이 강한 사람은 사물을 볼 때 깊고 넓게 봅니다. 두 어린 아이가 길을 가다가 벌레 한 마리를 보았습니다. 그 중 한 아이가 그 벌레를 발로 밟아 죽이려 하자 그 친구가 말했습니다. "그 벌레를 죽이지 마. 그 벌레는 곧 나비가 될꺼야." 벌레를 징그러운 벌레로만 보지 않고 아름다운 나비가 되는 생물로 볼 때 벌레를 대하는 태도도 아름다워집니다. 또 누군가가 말했습니다. "사과 한 개 속에는 몇개의 씨가 있는지는 헤아릴 수 있지만 한개의 사과씨 속에 몇 개의 사과가 있는지는 헤아릴 수도 없다." 이와 같이 자긍심을 강하게 기르면 세상의 모든 것이 위대한 가능성을 갖고 있음을 깨닫게 되고 짜증없는 보람된 생을 살 수 있다고 믿습니다. 경영인들도 종업원을 대할 때 철이 덜 든 벌레로 보지 말고 곧 나비가 될 아름다운 가능성을 가진 훌륭한 일꾼으로 본다면 그 사람의 공헌도 반드시 커질 것입니다.

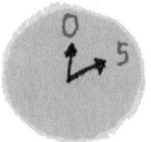

## 보람을 느끼는 자세

여러분은 거지 부자에 관한 이야기를 들어 본 적이 있는지요? 어떤 집에 불이 나서 야단법석이었습니다. 소방차가 오고 사람들은 아우성을 지르고 경찰은 사이렌소리를 울리며 교통을 정리하고 있었고 그때 그 혼란상황을 보면서 거지 아들이 거지 아버지에게 말했습니다. "아빠, 우리는 집이 없으니 저런 화재를 당할 염려가 없지요?" 그러자 거지 아버지가 말했습니다. "이게 다 애비 덕인 줄 알아라." 이런 거지 아버지의 논리를 우스개소리로만 듣고 넘길 수 없는 사고방식을 우리는 자주 보게 됩니다.

불 날까 봐 집을 장만하지 않겠습니까? 파산할까 봐 사업을 시작하지 않겠습니까? 해고될까 봐 취직을 하지 않겠습니까? 이혼을 피하기 위해 결혼을 하지 않겠습니까? 입학시험에 떨어질까 봐 아예 학교에 가는 일을 일찍이 포기하겠습니까? 부모들의 마음을 괴롭히는 자녀들의 행패가 언론매체에 오를 때마다 '무자식이 상팔자다' 라고 생각하십니까?

이런 사고방식은 패배주의요 기피주의 아니겠습니까? 가는 길이 어려워도 노력하는 보람을 느낄 줄 아는 것이 만물의 영장인 인간의 특징입니다. 엄마가 애기를 낳을 때 애기 낳는 것이 식은죽 먹듯이 쉬웠더라면 자기가 낳은 자식이 이다지도 귀엽겠습니까? 내자식이 다른 사람의 눈에는 어떻게 보일지 몰라도 나에게는 세상에서 가장 예쁘고 귀여운 이유는 그 녀석을 세상에 나오게 하는 과정이 그렇게도 힘들었고 자신의 생명과도 바꿀 수 있는 고통이 있었기 때문이 아니겠습니까? 저는 항공사 광고에서 착륙직전에 엄마와 옆에 고이 잠든 아이의 장면을 보고 또 봐도 마음이 흐뭇했습니다. 담요를 아이에게 덮어 주면서 엄마로서만이 느낄 수 있는 보람을 미소로 보여 주는 젊은 엄마의 모습은 아무리 보아도 싫증이 나지 않았습니다.

저를 포함해서 아버지들은 자식들에게 갖는 사랑과 보람된 느낌을 갖기는 어머니와 같겠지만 입덧도 해 보지 않고 무거운 몸으로 10개월 동안 거동의 부자유두 겪지 않았으며 산실에서의 고통도 당하지 않았음을 생각할 때 부모의 한 사람으로서 특권을 즐기기가 미안한 생각이 들기도 합니다.

암탉과 돼지가 길을 걷고 있었습니다. 같이 걸으면서 주변을 보면서 잡담도 하며 길을 가고 있었는데 길가에 크게 세워진 광고판이 보였습니다. 미국식 아침식사를 선전하는 광고였습니다. 넓적한 햄 한쪽 옆에 김이 무럭무럭 올라오는 계란 두 개가 있는 먹음직스러운 아침식사의 그림이었습니다. 암탉이 돼지의 옆구리를 살짝 치면서 말했습니다. "야 돼지야, 너는 저런 멋있는 아침식사의 그림을 보면서 가슴이 훈훈해지는 보람을 느끼지 않니?" 그런 말을 듣고 돼지는 깊은 한숨을 쉬면서 말을 했습니다. "암탉아, 너는 저런 아침식사를 보면서 보람을 느끼겠지만 나는 도살장에 가는 생각에 눈앞이 아찔해진단다." 똑같은 그림을 보면서도 위치와 생각에 따라서 보람이 될 수도 있고 한탄이 될 수도 있겠습니다.

국내외에서 생명까지 바쳐가며 대한민국의 독립을 위하여 투쟁하신 선열들께서 오늘날의 발전된 조국의 모습을 보면서 얼마나 큰 보람을 느끼고 계실까 생각해 봅니다. 애기를 낳는 엄마의 고통이 헛되지 않듯이 그분들의 고통은 보람스러운 조국을 형성하는 데 밑거름이 되었습니다.

아이들이나 직장의 직원들도 부모님이나 상사들이 자기들의 진정한 노력과 정성을 눈여겨 보아 주고 평가해 줄 때에 보람을 느끼게 됩니다. 누군가가 말했습니다. "아이들에게는 홀을 메운 관중보다 부모님이 더 큰 관중이다."라고.

어떤 대학교의 풋볼게임에서 한 팀이 형편없이 지고 있었습니다. 역전할 가능성이 희박하다고 느껴지는 그때 항상 벤치에만 앉아 있던 후보선수 하나가 코치에게 와서 말했습니다. "코치님, 나를 시합장에 넣어 주십시오. 오늘만은 꼭 부탁입니다." 아무래도 질 것이 분명한 경기였는지라 코치는 큰 기대없이 그 후보선수를 경기에 투입시켰습니다. 그런데 이게 웬일입니까? 지금까지 잘 하지 못했던 그 선수가 종행무진으로 달리면서 태클도 하고 터치다운도 하는 등 놀랄 만한 경기를 펼치는 게 아닙니까? 코치나 동료들도 상상할 수 없는 훌륭한 경기를 치른 그 후보선수 때문에 그 팀은 역전승을 거두었습니다. 너무나 놀랍고 기뻤던 코치가 물었습니다. "애야, 어찌된 영문이냐? 네가 그런 실력을 가지고 있는 줄 내가 모르고 있었구나." 그때 그 후보선수가 목메인 목소리로 대답했습니다. "코치님, 저의 아버님이 앞을 못 보시는 분인 줄 아시지요? 아버님이 지난 주에 돌아가셨습니다. 이번 게임은 저의 아버님이 처음으로 보실 수 있는 게임이었습니다." 비록 육신으로 보지는 않지만 아버님이 보고 계신다는 생각에서 열심히 노력한 그 선수의 보람된 느낌을 이해할 수 있지 않습니까?

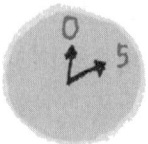

## 우리 스스로가 장군이 되자

구시대의 장군은 엄해야 했고 복종과 존경을 요구했습니다. 명령에 무조건적인 복종을 기대했고 부하들은 무조건의 복종을 바쳤습니다. 한국의 전 중앙정보부장이었던 김재규가 궁정동 안가에 들어가면서 자기의 부하들에게 명령을 내렸습니다. 첫 총소리가 들리면 대통령 경호원들을 모두 사살하라는 명령이었습니다. 그의 부하들은 그 명령의 이유도 묻지 않고 명령을 이행했던 일을 기억하고 있는 사람들이 많이 있을 것으로 믿습니다. 이런 장군의 스타일은 구식이고 현시대에는 적합하지 않습니다.

현시대의 장군은 인자하고 존경을 요구하는 것이 아니라 존경을 얻어냅니다. 부하들로 하여금 명령의 이유를 이해시키고 부하들이 마음속으로 우러나는 충성심에 의해서 복종을 하도록 합니다. 이런 정의에 의하면 별을 어깨에 달지 않고서도 장군의 역할과 성품을 가진 병사나 직원이 있을 수 있습니다. 그런 장군식 직원은 항상 명령만을 기다리지 않고 조직체나 회사에 필요한 사항이 시급히 요구될 때에는 스스로 동료들을 격려해서 할 일을 해내는 사람들입니다. 이런 병사 장군을 잘 설명해 주는 희랍의 고사가 있어서 여기에 소개해 드리겠습니다.

기원전 401년에 키루스라는 페르샤의 왕자가 왕권을 자기의 형으로부터 빼앗기 위하여 만 명의 희랍군인들을 채용했습니다. 키루스 왕자와 희랍군인들은 2,400Km나 되는 거리를 터키의 서단으로부터 시작하여 시리아의 사막을 지나 이라크로 진격했습니다. 지금의 바그다드지역에서 그들은 페르샤의 왕과 왕이 이끄는 군대를 접했고 전투에서 승리를 거두었습니다. 그러나 이 전투에서 키루스 왕자는 전사했습니다. 전투에서 이긴 희랍의 군인들은 총수를 잃고 어쩔줄을 몰랐습니다.

그들은 더욱 진격을 해야 할 목적도 잃었고 군량이 떨어져서 후퇴도 할 수 없는 지경에 이르렀습니다. 북쪽으로는 오늘날 카티스탄지대로 알려진 산악이 가로 놓여져 있었고 아르메니아 지역은 험악한 야산족들이 살고 있었습니다. 설상가상격으로 희랍군의 장군들은 안전보장하에 페르샤인들과의 회담에 참석하러 갔다가 전원이 암살을 당했습니다. 장군과 왕자를 잃은 만 명의 병사들은 페르샤군에 항복을 해야만 될 처지였고 그들의 운명을 페르샤인들의 자비에 의존할 수밖에 없었습니다.

그때 사병 한 사람이 앞으로 나와 동료병사들에게 말했습니다. 그 사병의 이름은 세네폰이었습니다. 그는 장군을 잃고 실망에 젖은 동료병사들에게 말했습니다. "여러분, 적군은 우리의 장군을 처치하기 전에는 감히 우리와 싸울 용기가 없었던 군대들이었습니다. 그들은 우리의 장군들이 죽었다는 사실 하나만으로 우리가 패배했다고 믿고 있습니다. 그러나 이제 우리는 그들이 우리의 장군들을 죽임으로써 우리 병사들을 장군으로 만들었음을 보여 줄 때입니다. 한두 사람의 장군 대신 만 명의 장군이 그들과 싸운다는 것을 보여 주어야 합니다." 이런 감동적인 말에 그 희랍군인들은 정신을 가다듬어 험악한 산악을 정복할 결의를 새롭게 했습니다. 세네폰은 비상한 전략가로 변신하여 새로 탄생한 만 명의 장군으로 구성된 희랍군대는 4,000Km를 걸어서 넉 달 후에는 안전한 곳으로 귀환했던 것이었습니다. 서양사를 통해서 가장 기록적인 행군이었습니다.

직장에서나 어떤 조직체에서 직분이나 직책은 그 단체를 강하게 만들지 못합니다. 그 조직에 속해 있는 종업원 한사람 한사람이 최고 책임자나 다름없는 책임감을 갖고 일할 때 그 단체는 강해질 수밖에 없습니다. 최고 경영자의 의견만이 일사불란하게 하달되고 건의나 제의가 상향하지 않는 단체는 아무리 외양이 잘 보이더라도 약한 조직입니다. 구소련이나 동유럽의 붕괴는 이런 원리를 잘 설명해 주고 있습니다. 최고 지도자의 한 사람에게 모든 충성과 추종을 바치는 단체는 조직체라고 할 수가 없습니다. 그런 단체는 도당에 지나지 않습니다. 조직체에 속한 종업원들이 특정인에게 충성을 하는 것이 아니고 그 조직체에 충성을 바칠 때 그 단체나 회사는 참으로 강한 조직이 되는 것이 아니겠습니까? 그런 조직의 힘은 무섭습니다.

긴 말채찍을 잘 사용하는 할아버지가 손자와 같이 길을 걸으면서 채찍의 솜씨를 보이고 있었습니다. "할아버지, 저 나뭇가지를 쳐 보세요." 손자가 말하기가 무섭게 할아버지는 휙 하는 소리를 내는 채찍으로 손자가 가르키는 나무가지를 꺾었습니다. 그렇게 재미있게 여러 나뭇가지를 꺾어가다가 손자가 벌집 하나를 발견했습니다. "할아버지, 저 벌집을 채찍으로 한번 쳐 보세요." 그러자 할아버지가 말씀하셨습니다. "애야, 그건 안 된다. 저 벌집은 무서운 조직임을 알아야 한다." 네, 그렇습니다. 구성원들이 각자의 사명을 아는 조직체는 힘도 있고 무서운 조직체입니다. 우리의 업체가 모두 그런 조직체가 되도록 노력해야겠습니다.

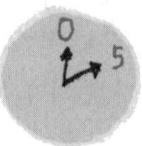

## 술과 좌절감

생존경쟁이 심한 현대인의 생활에서 스트레스나 좌절감을 전혀 느끼지 못하고 사는 사람은 없다고 해도 과언이 아닐 것입니다.

스트레스의 해소에 전문가인 심리학자 다니엘 김박사의 말씀에 의하면 좌절감이나 스트레스의 해소를 하려면 운동이 제일 좋다 합니다. 기타에도 김박사는 머리끝부터 발가락까지 긴장을 풀어 주는 방법을 가르쳐 줍니다. 그런 전문가의 강의를 들어 보면 누구나 실천할 수 있는 여러 가지 방법이 있지만 그 해결책 중에는 술이 포함되어 있지 않았습니다.

저는 대학교에 다닐 때 약간 술을 마셔 본 적은 있지만 지금은 술을 마시지 않습니다. 그러므로 음주의 권위자가 아닙니다. 그렇지만 술을 좋아하는 사람들은 가족 중에나 주변에 많이 있었습니다. 음주에 관련된 사실 하나는 분명한 것 같습니다. 즉 슬퍼서 술

을 마시면 더욱 슬퍼지고 괴로운 사람이 술을 마시면 더욱 괴로워
진다는 원리입니다. 술이 슬픔이나 괴로움을 덜어 준다면 왜 술을
마신 후에 엉엉 우는 사람과 술을 마신 후에 주먹을 휘둘러 싸우는
사람이 그렇게 많습니까? 분명히 김박사 같이 스트레스 해소의 전
문가들의 말씀이 옳다고 저는 믿습니다. 술로 스트레스나 좌절감을
극복할 수 없습니다.

좌절감은 왜 생기는 것일까요? 좌절감은 자신의 가치가 상실되
었다는 느낌에서 나옵니다. 즉 나는 이제 쓸모가 없는 인간이다는
느낌이 들기 시작하면 좌절감이 싹트기 시작합니다. 좌절감이 생길
때 그런 느낌을 극복하려면 자신의 가치관을 향상시켜야 한다고 봅
니다.

특히 미국에 이민을 와서 새로운 생활을 닦아 나가자면 언어나
돈벌이 하는 특기가 아직은 이곳에 적용되기가 어려우므로 자신의
가치관을 잃게 되기가 쉽습니다. 그렇기 때문에 그런 처지에 있는
사람들은 자신의 가치관을 향상시키는 일이 시급한 과업이 되겠습
니다. 이럴 때 내조나 외조의 힘이 어느 때보다 필요합니다. '제발
아무 일이라도 해서 돈좀 벌어 오세요. 많이 벌어 오라고 하지 않
으니 제발 집구석에만 앉아 있지 마세요.' 등의 말을 아내로부터 듣
는 남편은 좌절감이 더욱 악화될 것입니다. 아이들 뒤치다꺼리를
하는 일에 보람을 느끼기보다 답답하게 식모 생활을 하는 것처럼
느껴지는 가정주부들도 역시 좌절감을 갖는 수가 있겠습니다. 밖에
나가서 직장 생활을 하는 여자들이 부러워지는 경우도 있겠습니다.
모두 이해 할 수 있는 좌절감입니다. 남녀를 막론하고 그런 좌절감
을 없앨 수 있다고 제가 믿는 몇 가지 제안을 해 드리겠습니다.

첫째, 지식의 향상을 꾀하십시오.

우리 사회에서는 많은 강의가 재정적인 부담을 거의 주지 않고 매일처럼 개최되고 있습니다. 경영원리로부터 결혼생활의 요령 등의 귀중한 제목들이 하루가 멀다 하게 강의되고 있습니다. 강의를 듣고 지식을 습득하면 자신의 가치관이 향상될 것입니다.

둘째, 책을 많이 보십시오.

책을 볼 때는 비소설을 소설보다 많이 보아야 합니다. 좋은 책을 많이 읽으면 자신을 공정하게 검토할 수도 있고 자신의 가치관도 향상됩니다.

셋째, 매일 정기적으로 30분 동안 운동을 하십시오.

조깅이나 걷기를 추천합니다. 돈도 안 들고 건강에도 좋다는 사실은 제가 말씀을 드릴 필요가 없겠습니다. 약간의 여유가 있다면 헬스 클럽에 가입해서 운동과 사우나와 또는 에어로빅 같은 즐거운 운동절차를 밟으면 기분을 좋게 하는 엔도르핀도 몸에서 배출되기 때문에 기분도 좋아지고 스트레스나 좌절감도 극복할 수 있습니다.

넷째, 종교를 가지거나 종교에 깊은 관심을 가지십시오.

인간은 약하지만 신이나 초인간적인 존재를 믿고 기도 내지는 명상을 하면 좌절감이나 스트레스가 없어진다는 사실도 전문가들이 이미 증명을 했습니다.

다섯째, 어린아이들을 즐기십시오.

집에 어린아이들이 있으면 그 아이들과 같이 노는 시간을 많이 가지십시오.

여섯째, 될 수 있으면 지금보다 높은 학위를 위하여 야간 학교를 다니십시오.

한국에도 미국에서처럼 일하는 성인이나 가정주부들이 학사학위나 석사학위를 딸 수 있는 정식학교들이 생기고 있습니다. 학위를 위하여 공부하는 과정 자체가 좌절감을 없애 줍니다.

일곱째, 화려했던 과거에 집착하지 마십시오.

노인은 추억에 살고 청춘은 희망에 산다는 말이 있습니다. 희망을 갖고 산다면 좌절감은 없어집니다.

이상의 제안을 받아들이는 사람들은 좌절감이나 스트레스를 극복할 것임을 확언합니다.

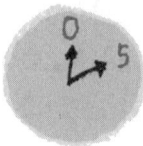

## 열성적인 태도를 기르자

　하늘 높이 치솟는 천연수를 가이저(geyser)라고 하지요. 그런 가이저와 진흙탕과의 차이는 열성입니다. 진흙물에 지나지 않는 천연수가 열성을 갖고 하늘로 치솟으면 엘로우 스톤(Yellow Stone) 국립공원처럼 명소로 지정이 되어 수백 만 명의 관광객들이 모여들어 치솟는 열성에 찬탄을 보냅니다. 누군가가 말했습니다. "인간에게 열성은 엔진의 휘발유와 같다." 아무리 잘 만들어진 엔진이라 할지라도 휘발유가 없으면 동작할 수 없듯이 아무리 좋은 신체나 지식을 가졌다 하더라도 사람이 열성을 갖지 못하면 보람있는 공헌을 할 수 없습니다.

　직장에서나 가정에서 부탁을 주고받을 때 마지못해 억지로 하는 태도는 일을 하는 사람이나 일을 부탁하는 사람에게 즐거움을 가져다 주지 못합니다. 이왕 할 일이라면 즐거이 열성적으로 일을 하면 부탁하는 사람이나 일을 하는 사람이 모두 즐겁고 보람을 느낄 것입니다. 대답을 할 때나 전화를 받을 때 힘없이 귀찮은 듯이 대답을 하면 상대방도 힘이 빠지게 됩니다. 열성적인 태도는 전염된다고 합니다. 열성적이고 적극적인 사람들과 접촉을 많이 하면 자기도 모르게 열성적이며 적극적인 태도를 갖게 됩니다. 저는 20년 이상 아침 조깅을 해 왔습니다. 몸무게가 늘지 않도록 하는 것이나 심장이나 폐를 튼튼하게 하려는 것은 제 이차적인 목적입니다. 제 일차적인 목적은 열성적이고 적극적인 사람들과 접촉하여 하루 동안에 필요한 열성과 적극적인 태도를 유지 또는 강화하려는 것입니다. 아침 일찍이 조깅을 하는 사람들 치고 소극적이거나 부정적인 태도를 갖고 있는 사람을 저는 아직 못 만나 보았습니다.

스톤(W. Clement Stone)은 열성적인 태도를 기르는 제안을 다음과 같이 했습니다.

"열성적인 사람이 되려면 열성적으로 행동을 하라. 열성적으로 행동을 하면 열성을 가슴에 느낄 것이다. 열성적인 태도를 얻고 열성적인 인상을 창조하려면 말을 할 때 첫째, 큰소리로 하라. 둘째, 평상시보다 빨리 말을 하라. 셋째, 중요한 어휘에는 강조를 하라. 넷째, 빨리 말을 하면서도 꼭 강조하고 싶은 말을 하려면 삼깐 멈추어라. 다섯째, 말에 미소를 넣어라. 미소를 갖고 말을 하면 말에 미소가 반영된다. 여섯째, 말의 피치를 올렸다 내렸다 하라."

스톤은 열성적인 태도를 발전시키기 위하여 다음과 같은 생활양식을 권하고 있습니다.

• 열성적이고 낙관적인 사람들과 접촉하고 사귀라.

- 재정적인 성공을 위하여 계획을 세우고 일을 하라. 재정적인 성공을 하려고 일을 하면 열성이 생긴다.
- 성공의 원칙을 통달하여 철저히 일상생활에 적용하라.
- 건강관리를 철저히 하라. 신체가 허약하면 열성을 갖기가 어렵다.
- 적극적인 정신상태를 유지하라. 자기가 하는 일에 적극적인 느낌을 갖고 일을 하면 다른 사람도 열성을 따라 얻게 된다.
- 남을 도우라. 남에게 유익한 일을 하면 일반적인 열성을 더욱 강하게 된다.

이상의 제안에 동의합니다. 저도 스톤의 제안 외에 제가 실천하고 있는 몇 가지 방법을 소개해 드리겠습니다. 저의 제안이 사소하고 무의미하게 보일지 모르지만 반평생을 실행해 본 경험에 의하면 분명히 효과가 있었습니다.

- 계단을 오를 때는 두 단계씩 밟고 오르든지 뛰어 올라갑니다.
- 에스컬레이터를 탔으면 남에 폐가 되지 않는 한 가만히 서 있지 않고 계단을 올라갑니다.
- 전화를 받을 때는 24시간 중 어느 시간일지라도 전화를 건 사람이 자다가 받는다는 인상을 절대로 받지 않게 큰소리로 똑똑하게 말을 합니다.
- 잠자리에서 일어날 때는 벌떡 일어납니다. 한눈씩 눈을 떠서 서서히 일어나면 이미 나태해지려는 몸의 취향에 패배했다고 할 수 있습니다.

- '피곤'이라는 말을 생각도 하지 말고 말도 하지 않습니다.
- 부정적이거나 소극적인 용어는 일상대화에서 완전히 제거해 버립니다. '안 될 것 같다' 대신 '되도록 노력하자'로 '망치지 말라' 대신 '성취시켜라'로 '차에 치일라' 대신 '안전히 다녀오너라' 같은 긍정적인 용어를 사용합니다.
- 정기적으로 운동을 하되 아침에 일찍이 합니다. 30~40분 동안 달린 후 샤워를 하고 나면 열성적인 느낌이 솟구쳐 나옵니다.
- 길을 걸을 때는 발걸음을 빨리 하여 걷습니다.
- 하루를 마치고 잠자리에 들기 전에 그날에 최선을 다했음을 만족하게 여기고 후회 없이 잠자리에 듭니다.

참고가 되었기를 바랍니다.

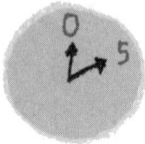

## 비범한 행동과 기지

　15세기말과 16세기초에 한 용감한 사람이 영국에 살고 있었습니다. 그의 이름은 월터 랠리(Walter Raleigh)였습니다. 그가 젊었을 때 런던의 시가지를 걷고 있었습니다. 그때만 해도 런던의 거리는 포장이 되어 있지 않아서 비만 오면 땅이 몹시 질었습니다. 랠리는 값진 옷을 입고 주홍색 외투를 어깨에 걸치고 젖어 있는 시가지를 조심조심 걸어가고 있었습니다.

　머지않아 그는 진흙탕으로 된 지점을 건너가야 하게 되었습니다. 길 한쪽에서 끝까지 흙탕물에 질퍽해진 지점이었습니다. 그 지점을 밟고 지나가면 신발도 더러워지게 되어 있었습니다. 그는 그 지점을 뛰어서 건널 생각을 하고 있었습니다.

　마침 그때 영국의 여왕이신 엘리자베스 여왕이 그 진흙 지점에 도달했습니다. 여왕은 뛰어 넘을 수도 없는 진흙탕 지점을 쳐다보며 난색을 하고 있었습니다. 그런 여왕의 모습을 보고 있던 랠리는 자신의 이해관계는 염두에 두지 않고 오직 여왕을 도와야 하겠다는 생각뿐이었습니다. 아무도 그 시점에서 뾰족한 수를 생각해 내지 못했습니다.

랠리는 값진 주홍색 외투를 벗었습니다. 잠시의 주저도 하지 않고 그 귀중한 외투를 진흙 지점에 깔았습니다. 그 덕분에 여왕은 옷이나 신발을 더럽히지 않고 길을 건널 수가 있었습니다. 여왕은 젊은 미남 청년인 랠리에게 감사를 표했습니다. 그녀가 기차에 오르면서 수행원에게 물었습니다.

"우리를 멋지게 도와준 저 용감한 신사가 누구인가?" "네 그의 이름은 워터 랠리입니다."

"음, 그 사람에게 포상하리로다." 여왕은 말했습니다. 그 후 머지 않아서 랠리는 여왕으로부터 작위를 받았습니다. 그후로부터 그는 여왕의 신임을 받은 신하가 되었다 합니다. 일순간의 기지와 값진 외투를 아끼지 않은 비범한 행동으로 랠리는 일약 대성의 길을 갔던 것입니다.

맥도널드 햄버거의 창업주인 레이크록(Ray Kroc)이 불신 검문식의 시찰을 다니다가 어느 한 곳의 맥도널드에 들렀다고 합니다. 손님 속에 섞여서 그 가게의 운영실태를 관찰한 결과 지배인이 카운터에 나와서 손님들하고 직접 접촉하지 않고 의자에 앉아서 이것저것 명령만 하고 있었습니다. 크록씨는 그런 지배인의 근무태도에 화가 치밀었다고 합니다. 그는 즉시로 전 맥도널드 가게에 명령을 시달했습니다. 지배인 의자의 등받이를 톱으로 짤라 버리라는 명령이었습니다. 뒤에 기댈 등받이가 없는 의자는 앉기가 편안하지 못할 것이므로 지배인이 앉아 있지 않고 카운터에 나가 손님들을 접대할 경향이 높아질 것이라는 생각에서 그런 명령을 내린 것입니다. 실로 비범한 행동이요 적시에 적용한 기지였다고 하겠습니다.

미국의 전술공군 사령관이었던 빌 크리치(Bill Creech) 대장이 순시를 하던 중 한 보급부대에 들린 적이 있었습니다. 그의 눈에 띈 것은 15년이나 공군에서 근무를 한 하사관이 낡아빠진 의자에 앉아 있는 모습이었습니다. 의자는 찢어져 있었고 균열된 부분은 포장용 테이프로 때워져 있었습니다. 바퀴는 세 개만 있었고 나머지한 개의 바퀴는 나뭇조각으로 대신 끼어 있었습니다. 크리치 대장은 그 의자를 상자에 포장시켜서 버지니아주에 있는 병참본부로 보냈습니다. 그후 자기가 직접 가서 그 병참본부의 사령관인 중장에게 그 부서진 의자를 주었습니다. 그리고 전체의 전술공군의 보급실태가 정리될 때까지 중장이 그 의자를 사용하도록 명령을 내렸습니다. 두말 할 것도 없이 보급 실태는 즉시로 향상되었습니다. 크리치 대장도 역시 비범한 행동으로 의도한 경영목적을 달성한 사람입니다.

노드스트롬(Nordstrom) 백화점의 사주인 노드스트롬형제 중의한 사람이 한 지역의 노드스트롬 백화점에 들렀습니다. 구두를 팔고 있는 부서에 갔을 때 선반이 여러 군데 비어 있는 것이 눈에 띄었습니다. 왜 그렇게 빈곳이 많은가를 담당 책임자에게 물었습니다. "네, 그것은 매진된 구두입니다. 모두 주문을 해 놓았습니다." 이렇게 대답을 한 직원은 자기 말을 증명하려고 주문서의 사본을 한아름 가지고 나왔습니다. 노드스트롬씨는 직원에게 지시했습니다.

"이 빈 공간에 자네가 가지고 온 주문서의 사본을 비치해 두게. 그리고 그 구두를 찾는 손님이 있으면 그 주문서를 발에다가 묶어서 보내게." 그런 지시를 받은 직원은 그날로 당장 백여 마일 떨어진 창고에 달려가서 주문한 모든 구두를 직접 실어와서 빈 공간을 채웠다고 합니다.

이와 같은 극적인 이야기는 성공적인 경영의 실례에서 많이 찾아 볼 수 있습니다. 똑같은 훈시를 계속하면 '또 하는 잔소리'라고 하면서 종업원들이 왼쪽 귀로 듣고 오른쪽 귀로 흘려 보낼 것입니다. 그러나 기지를 이용하여 비범한 행동으로 오래 남을 인상을 창조하면 효과적인 변화를 가져 올 수 있습니다.

# 인생을 풍요롭게 하는 지혜

# 제 3 장

감정이입적 경청
약속과 실천
말을 재치 있게 받아내는 효과
감사하는 마음
지나친 욕심
효과적인 대인관계
내빈사태의 해결책
노력과 대가
져 주고 이기는 지혜
인기와 평범
참다운 우정
지체없이 행하는 사람
좋은 의도와 좋지 않은 결과
문제를 해결하는 용어
걱정도 팔자
자신을 좋아하자
결혼 축하금과 조의금

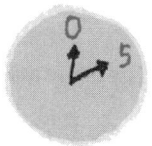

## 감정이입적 경청

　인간은 대화에 있어서 얼마나 말을 잘 하느냐보다 얼마나 상대방의 말을 잘 듣느냐에 의해서 사람을 더욱 감명시킬 수 있습니다. 상대방의 말을 잘 듣는 요령은 저절로 생기는 것이 아닙니다. 대부분의 사람들은 사람의 말을 들을 때 대답할 것을 생각합니다. 그러나 남의 말을 잘 들을 줄 아는 사람은 상대방의 말을 들을 때 말 하는 사람을 이해하려 합니다. 이해하려고 노력하며 듣는 형을 감정이입적 경청(empathic listening)이라고 합니다. 감정이입적 경청을 하는 사람은 언어로 표현되는 메시지만을 들으려 하지 않고 말 하는 사람의 동작이나 얼굴 표정으로 하는 의사까지 포착하려고 노력합니다.

　'이눔의 집구석엔 왜 이렇게도 할 일이 많아?' 라고 말하는 주부의 말을 귀로만 들으면 주부가 해야 한다고 믿는 일을 다 하지 못해서 언짢은 기분이겠지 정도로 넘길 수 있지만 감정이입적인 경청을 하면 '집안 일에 좀 도와주세요' 라는 호소가 담겨 있습니다.

'자네, 요새 일하는 게 힘드나? 도움이 필요하면 말해' 라고 하는 상사의 말을 귀로만 듣지 않고 마음으로 들으면 '자네 하는 일이 마음에 썩 들지 않네' 의 뜻이 포함되어 있다고 보아야 하겠습니다.

학교에 다녀온 아이가 '엄마, 나 이제 학교에 가기 싫어' 라고 하는 말을 귀로만 들으면 그 애가 공부하기 싫어진 것으로 들리겠으나 감정이입적 경청을 하면 '엄마, 나 학교에서 오늘 싸웠어' 또는 '엄마, 나 오늘 선생님으로부터 꾸중 들었어' 등의 보고일 수도 있습니다.

저는 제 강의를 듣는 모든 사람들에게 다음과 같은 제안을 합니다.

첫째, 사람과 대화를 할 때는 상대의 지위 여하를 막론하고 의자의 등받이에 기대 앉지 말고 앞으로 몸을 기울여서 들을 것. 이러한 자세는 말을 듣는 사람이 모든 주의와 정신을 쏟아 듣고 있다는 진지하고 겸손한 인상을 줍니다.

둘째, 말하는 상대방의 눈을 똑바로 볼 것. 듣는 사람의 시선이 딴 곳에 가 있으면 말하는 상대를 중요시 않는다는 인상을 줍니다.

셋째, 상대방의 말을 들을 때는 손에 펜이나 연필 이외는 아무 것도 갖지 말 것. 말을 들으면서 손에 서류를 뒤적거리거나 다듬고 있으면 빨리 말을 하고 나가라는 메시지를 발송하게 됩니다.

넷째, 가끔 말 하는 사람의 말을 되풀이 할 것. '어젯밤, 그 일을 끝내느라고 열 시까지 일을 했습니다.' 고 부하직원이 말을 할 때 '어이구 열 시까지 일을 했어?' 라고 반복해 주면 말을 하는 부하직원이 보람을 느낄 것은 당연합니다.

다섯째, 성의 있게 듣는 표정을 할 것. 말을 하는 사람이 어려움을 말할 때는 듣는 사람도 괴로운 표정을 그리고 말하는 사람이 자랑스럽게 말 할 때는 듣는 이도 대견스러운 표정을 지으면서 들어주면 양자의 마음에 공감대가 형성되는 것입니다.

여섯째, 사람은 참 의사를 말만으로는 반 이하밖에 표현을 못 한다는 사실을 인식할 것. 그러므로 듣는 이는 말로 미쳐 표현을 못한 의사가 무엇인지를 탐지하려고 노력을 해야 합니다.

일곱째, 말을 듣는 자신은 악의가 없는 사람이라는 평판을 확립할 것. 희극배우 돈리클은 자기 친구인 레이건 전 대통령을 포함해서 누구에게나 바보라는 뜻인 더미(dummy)라고 마구 불러대지만 그가 악의가 없다는 평판 때문에 아무도 그를 명예훼손죄로 고소하지 않습니다.

이상 말씀을 드린 바와 같이 사람의 말을 잘 듣는 요령은 쉽게 얻어지지 않습니다. 그렇지만 그 요령과 기술을 잘 연마해서 경영의 일선에서 활용하면 경영의 성공에 큰 기여를 할 것임을 화언해 드립니다.

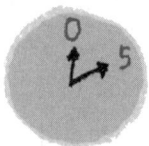

## 약속과 실천

유명한 작가 한 사람이 일찍이 이렇게 말했습니다. "정치가가 정직하다고 믿으려면 차라리 곡괭이를 들고 시베리아의 빙산으로 금을 캐러 가라."

정치인들은 지킬 수도 없는 약속을 자주 하고 그 약속을 힘입어 당선이 된 후에는 그 약속을 소홀히 하곤 합니다. 또 일반 유권자들도 정치인들이니 으레 그러려니 해서 약속 위반이나 약속 불이행을 대단하지 않게 생각합니다.

그러나 경영인들에게는 약속이행이 곧 생명입니다.

최근 한인 업체 중에는 도저히 지킬 수 없는 약속을 마구 하며 보도매체를 통해서 대중가요의 제목같이 '큰소리 뻥뻥' 치는 경우가 있습니다. 손님이 원하는 값으로 중고차를 사주겠다든가 모모를 먹으면 모든 성인병이 고쳐지고 여성의 피부는 예뻐진다는 약속을 서슴없이 하고 있습니다.

이러한 광고를 듣거나 읽으면서 경영인들에게 주어지는 격언이 생각났습니다. '약속은 능력보다 적게 하고 실천은 약속보다 더하라.'는 경영의 격언을 재음미해 보면서 업체에서는 능력 이상의 약속을 하는 일을 좀 자제하기를 바라는 마음이었습니다.

양의사들이 가장 많이 사용하는 용어가 무엇인지 조사해 보았다 합니다. 놀랍게도 양의사들이 가장 많이 사용하는 말은 '모른다(I don't know)'라고 합니다. 물론 미국의 사회에서는 의사의 의술 오류(mal-practice)의 고소가 잦고 또 고소하는 배상액수도 거대한 금액이므로 의사들이 확언을 회피한다고 이해할 수 있겠습니다. 그러나 우리 한인 사회에서 어떤 사람들은 불임증, 당뇨병 등을 포함한 어려운 병을 고친다고 하고 있습니다. 가끔 고치는 경우도 있겠으나 100%의 치적이 아니면 '틀림없이 고친다'는 인상을 함부로 주어서는 안 되겠습니다.

요사이 일기예보를 어떻게 하는지 여러분들은 잘 알 것입니다. 최신 최첨단의 컴퓨터를 이용해서 철저하게 분석한 결과일지라도 비가 올 확률이 40%라든지 60%라고 말을 함으로써 확률을 말하고 있습니다. 의사들도 암을 제거하고 키모테라피까지 받은 환자들에게 완치의 확언을 하지 않습니다. 그들은 다음과 같이 말을 하는게 보통입니다. '향후 5년 이상 살 확률이 70%입니다.' 확언을 듣기를 원하는 환자의 입장에서 볼 때는 그런 의사들이 야속하게 느껴지기도 합니다만 경영원칙에는 맞는 언사입니다. 약속에 관한 경영인의 격언을 다시 말씀드립니다. '약속은 능력보다 적게 하고 실천은 약속보다 더 하라.'

이즈모 시의 창의적인 시장인 이와구니 덴스오씨는 자기가 즉석에서 대답을 할 수 없는 질문은 3가지의 약속 기일을 준다고 합니다. 즉 24시간 내, 한달 내, 아니면 3개월 내로 확답을 주겠다는 약속을 한다 합니다. 즉 시의회를 통과해야 할 사항만 3개월의 기간을 주지만 기타의 모든 약속은 1일 내로 아니면 한 달 내의 기일을 주는데 언제나 약속 기일 이전에 해답을 준다고 합니다. 국민의 공복은 시민들을 접할 때에 앉아 있지 말고 서서 봉사해야 한다고 해서 그가 시청의 창문에서 대민 사무를 보는 모든 시청 직원들의 의자를 없앴다는 이야기도 이미 해드렸습니다만 그의 약속을 하고 실천하는 모범도 시민들의 절대적인 지지와 존경을 받게 된 이유 중의 하나였습니다.

최근에 세계적으로 유행어가 되어 버린 프로세스 리엔지니어링(process reengineering)이라는 경영혁신을 성공적으로 실행하려면 모든 하청업자들이 납품기일울 절대로 어기는 일이 없어야 합니다. 납품된 물품을 임시로 저장하는 재고비를 절약하고 생산성을 올리기 위하여 하청업자가 물품을 직접 조립단계나 실수요자에게 전달을 하게 되어 있는데 만일 그 중에 한 부품이라도 기일에 납품이 안 되면 전체의 생산에 타격을 주게 됩니다. 그러므로 지금까지 그럭저럭 살아남은 업체들 중 정신을 차리지 못하고 늦으면 늦은 대로 이르면 이른 대로의 태도로 작업을 하는 업자들은 살아 남지 못할 것입니다. 업체를 성공으로 이끌어 가고자 하는 경영인들은 지키지 못할 약속은 하지 말고 약속을 했으면 약속한 것 이상으로 실천을 해야 할 것입니다. 그런 약속의 중요성은 사업뿐만 아니라 배우자나 자녀에게도 똑같이 적용된다는 점은 제언을 필요로 하지 않을 것입니다.

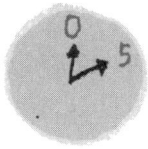

## 말을 재치 있게 받아내는 효과

얼마 전에 여행사에서 들은 이야기입니다. 한 부부가 항공표를 사러 왔었다고 합니다. 물론 한국에 가는 항공권이었겠지요. 부인이 남편에게 말을 하더랍니다. "여보, 저 포스터 좀 보세요. 유럽이 멋있지 않수. 우리도 유럽에 여행 한 번 갑시다." 그러자 몹시 무뚝뚝한 남편이 말하더랍니다. "유럽을 사진으로 봤으면 되었지 뭘하러 가?" 그렇게 대답을 하는 그 남편이 따분한 사람이라고 생각하는 것은 여러분이나 저나 동감입니다.

한번은 시카고의 어느 호텔의 엘리베이터를 탔는데 TWA항공사의 아리따운 여승무원들이 엘리베이터에 함께 탔습니다. TWA라고 쓰인 명찰을 보고 짓궂은 어느 미국 사람이 말을 했습니다. "Teenie Weenie Airline(조그만한 꼬마 항공사)의 승무원이군요?" 그랬더니 그 중의 한 승무원이 귀여운 미소를 지으면서 받아 넘겼습니다. "No, it is not a teenie weenie airline. It is Travel With

Angels.(아닙니다. 천사들과 함께 여행하는 항공사입니다)" 엘리베이터에 탄 모든 사람들이 재미있게 웃으면서 그 여승무원의 재치 있는 말솜씨에 좋은 인상을 받았습니다.

영국에서 국회의원 선거가 있었습니다. 한 수의사가 입후보를 하여 유세를 하는 동안 야유하는 소리가 앞자리의 한 사람의 입에서 나왔습니다. "여보시오. 당신은 수의사라면서요? 무엇 하러 국회의원이 되려고 합니까?" 그런 야유에 그 수의사 입후보자는 태연하게 물었습니다. "네, 그렇습니다. 나는 수의사입니다. 진단을 해드릴까요?" 멋진 응수이지 않습니까?

처칠 수상이 의회에서 연설을 했습니다. 한 야당 여성의원이 소리를 질렀습니다. "처칠 수상, 당신이 내 남편이었더라면 당신에게 독약을 주겠소." 그런 악의에 찬 여의원의 독설에 처칠 수상은 미소를 지으면서 대답했습니다. "부인, 내가 만일 부인의 남편이었더라면 부인이 주는 독약을 받아 즐거이 마시겠습니다." 의사당은 폭소가 터져 나왔고 얼굴을 붉힌 사람은 야유를 받은 처칠 수상이 아니라 야유를 한 그 여성의원이었습니다.

재치 있게 말을 하려고 하다가 악명을 남기는 경우도 있습니다. 이승만 대통령에게 지나치게 아첨을 하던 당시의 이모라는 내무장관이 있었습니다. 하루는 이 대통령과 낚시를 하는 도중 대통령이 요란한 소리를 내면서 가스를 방출했다 합니다. 그러자 그 내무장관은 재빨리 말을 했습니다. "각하, 시원하시겠습니다." 연세가 지긋하신 독자 여러분은 기억하시겠지만 1950년의 후반에 '각하, 시원하시겠습니다' 는 전국에 퍼져 사람들의 입에 제일 많이 오르내린 유행어가 되었습니다.

지난번 미국의 대통령 선거전에서 클린턴, 부시와 함께 공개토론을 했던 로스 페로는 그의 귀가 커서 볼품이 없다는 야유 비슷한 언급에 대응해서 멋지게 응수했습니다. "I am all ears." 즉 '나는 귀가 유난히 커서 국민들의 여론에 항상 귀를 기울일 것'이라는 의미를 담은 응답이었습니다.

경영에는 유도원리라는 말이 있습니다. 유도선수들은 자기의 힘으로 상대를 넘어뜨리지 않고 상대방으로 하여금 어느 한쪽으로 기울여지게 하면서 자기 자신이 스스로 넘어지도록 한다는 것입니다. 사업이나 경영의 지도자 역할을 이행함에 있어서 남의 말을 잘 듣고 그런 말귀를 재치 있게 받아넘기는 능력은 바로 유도선수가 상대를 스스로 넘어지게 하는 것과 같다고 하겠습니다.

미국은 유머가 생활의 중요한 요소입니다. 대화에 있어서 농담이나 짓궂은 듯한 언급에 가볍고 재미있는 유머로 받아넘기는 능력을 기르는 것은 경영을 하는 사람에게는 아주 중요합니다. 교포 서비스를 이용한 미국인들이 가장 많이 지적하는 점은 가벼운 농담을 해도 멋있게 받아 주지도 않고 미소가 적다는 것입니다.

한 청년이 새총을 갖고 참새를 겨누고 있을 때 지나가던 어른이 몇 마리나 잡았냐고 물었습니다. 그 청년은 "지금 겨누고 있는 새를 잡고 또 한 마리를 잡으면 두 마리를 잡게 됩니다."라고 재미있는 대답을 했습니다. 사업을 하는 분들도 허탕을 쳤거나 장사가 잘 안 될 때에 이 청년처럼 긍정적인 태도와 사태의 호전을 믿는 적극적인 자세로 힘과 격려를 얻기 바랍니다.

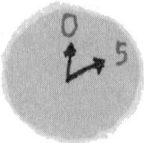

# 감사하는 마음

어떤 현명한 분이 말하기를 "'고마워(Thank you)'라는 말과 '미안해(I am sorry)'라는 말을 하는 데에 인색하지 않으면 이혼은 없어진다."고 했습니다. 고마움을 모르거나 고마움을 표현하지 못하는 데에 인간관계의 문제가 야기된다고 해도 과언이 아닐 것입니다.

생일을 축하해 주는 전통은 동서고금을 막론하고 어느 가정이나 사회에서나 보편화되어 있습니다. 그런데 축하와 선물과 찬사를 주고받는 일에 주객이 전도된 느낌을 종종 받습니다. 사람이 태어날 때 출생아는 아무런 노력이나 희생을 하지 않습니다. 반면에 낳아주시는 어머니는 입덧과 아리따운 몸매의 훼손을 말할 것도 없고 잉태에서 출산까지 당신의 목숨까지 바칠 각오와 정성으로 아기를 낳으시고 출산 후에도 한 아이에게 갈아주는 기저귀만 해도 평균 3,650번을 하지만 불평도 않고 보수도 바라지 않습니다. 그러기 때문에 아이가 잘났든 못났든 생일의 축하나 생일의 선물은 어머니가 받아야 당연할텐데 아무런 노력도 하지 않고 태어나는 아이가 받는데는 모순이 있다고 보아야 하겠습니다.

제 욕심 같아서는 생일이 올 때마다 생일의 주인공은 어머니이어야 하며 정성 드린 선물과 축하의 행사를 낳아 주신 어머니에게 해 드리는 전통으로 바꿨으면 하는 생각입니다. 오래 전에 작고하신 저의 장모님께서는 아이를 잉태하셨을 때 약간이라도 찌그러진 사과조차 안 드셨다 하며 제 처도 아이들을 곱고 예쁘게 낳기 위해서 잉태 중에 예쁘게 생긴 과일만 골라 먹고 마음속에도 선한 생각만 했다고 합니다. 자녀들이 자기들의 생일날이 오면 어머니에게 생일 카드나 감사의 상징을 보여 주는 것이 너무도 당연하지 않을까 생각합니다.

세상에서 부러울 것 없는 두 사람의 청년이 넓은 바다에서 조난을 당했다 합니다. 구명 보트에서 표류하는 동안 그 안에 있던 물도 음식도 다 떨어져서 죽음이 눈앞에 와 있는 듯했습니다. 하나님을 믿지도 않던 그 중의 한사람이 난생 처음으로 기도를 하기 시작했습니다. "하나님, 이번 한 번만 살려 주십시오. 살려만 주시면 저의 교만했던 행실을 고치고 부모님께 효도도 하며 불쌍한 사람들을 위해서 봉사활동노 많이 하겠습니다. 또한 교회에도 …"라고 말을 할 때 같은 구명 보트에 타고 있던 청년이 외쳤습니다. "잠깐, 하나님께 약속을 더 하지 마라. 지금 육지가 보인다."

우리 모두는 정도의 차이는 있을지언정 이 두 청년과 흡사한 점을 공유하고 있습니다. 개구리가 올챙이 시절을 기억 못한다는 속담이 있듯이 은공과 은혜를 잊거나 깨닫지 못하는 인물들은 훌륭한 경영인이 될 소질을 갖고 있지 못하다고 하겠습니다.

직장에서도 상사들의 생일이나 승진을 축하하는 데에는 많은 법석을 떱니다. 그러나 부하직원의 생일이나 의의 있는 날을 상사가 축하해 주는 사례는 비교적 적습니다. 부하직원의 도움 없이 상사가 잘 될 수 없습니다. 윗사람은 항상 부하직원들에게 고마움을 느껴야 하고 고마움을 자주 표시해야만 할 것입니다.

성탄절이 오면 많은 분들이 윗사람에게 선물을 보내기에 신경을 쓰고 정성을 많이 기울입니다. 그러나 아랫사람들에게 정성 들여 선물을 보내려 하는 사람은 그다지 많은 것 같지 않습니다. 수년 전에 제가 근무하던 직장에서 동료들이 상사에게 줄 선물을 사기 위하여 약간씩의 돈을 모으자는 제안이 나온 적이 있었습니다. 저는 그 제안에 반대하면서 말을 했습니다. "돈을 모아서 선물을 사되 우리 직장에서 제일 낮은 자리에서 우리 자신이 하기 싫어하는 일을 매일 하고 있는 청소부에게 그 선물을 주자."고 했습니다. 모두다 좋은 의견이라고 해서 준비한 선물을 청소부에게 주었을 때 준 우리나 받는 청소부가 함께 감격한 기억이 지금도 새롭습니다.

아랫사람이 윗사람에게 감사를 드리는 것은 특히 한인의 전통에는 당연지사로 여겨져 왔습니다. 그러나 이제는 시대나 사업경영의 차원이 달라졌습니다. 감사와 감사의 표시가 위로만 향하는 경영이나 지도체제로는 오늘날의 경쟁에서 살아남기가 어렵습니다. 이제는 윗사람이 아랫사람에게 감사를 느끼고 진심의 감사를 표시해야 할 때입니다. 아랫사람이 윗사람에게 잘 보이려고 노력을 할 때는 지났습니다. 이제는 윗사람이 아랫사람에게 잘 보이려고 노력을 하는 업체만이 성공을 하는 시대입니다.

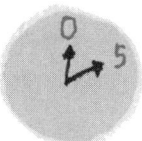

## 지나친 욕심

분수에 맞지 않거나 공익성에 위배하는 욕심은 탐욕입니다. 이러한 욕심을 영어로 말하면 'greed'라고 합니다. 한편 분수에 맞고 공익성을 내포하는 성취욕은 포부입니다. 영어로 말하면 'ambition'이라고 하겠습니다.

돈을 번다는 것은 경제의 엔진이지만 돈을 번다는 것이 큰 포부를 달성하기 위한 수단이어야지 돈을 번다는 자체가 목적이 되어서는 탐욕이라는 영역 내에 머물게 되겠습니다.

여러분께서는 마이다스 왕의 이야기를 잘 알고 계십니다. 왕은 세상의 누구보다 더 많은 황금을 갖고 있었습니다. 그러나 전 세계에 있는 황금 전체에 비하면 자기가 갖고 있는 황금이 대단하게 느껴지지 않았습니다. 그의 최대의 기쁨과 행복은 지하에 설치된 철통같은 금고에 가서 황금을 만져 보면서 황금 덩어리를 세어 보는 일이었습니다.

왕에게는 메리골드라는 귀여운 공주가 하나 있었습니다. 그 어린 공주는 아버지의 부보다 그녀의 정원과 정원의 꽃과 자연의 햇빛을 더욱 사랑했습니다. 그런데 하루는 왕이 언제나 갖고 있던 욕심의 꿈이 실현되었던 것입니다. 즉 왕이 손을 대는 모든 것이 황금으로 변하게 되었습니다. 침대, 포도, 꽃병도 손만 대면 황금으로 변하여 왕은 무척 기뻤습니다. 그런 왕이 자기의 욕심이 지나쳤음을 알게 된 것은 아침식사를 하려 할 때였습니다. 숟가락도 물도 또는 먹으려 한 모든 음식이 손을 대는 순간 황금으로 변해 버리니 배도 고프고 목도 몹시 말랐습니다. 조금 전까지만 해도 행복했던 왕은 비참하게 느껴졌습니다.

왕의 비참의 극치는 자기의 귀여운 딸을 안았을 때 그 공주가 금상으로 변해 버릴 때였습니다. 그렇게도 사랑스러웠던 자기의 딸이 이제는 아빠를 사랑할 수도 없고 귀여운 미소를 해 줄 수도 없는 물체가 되어 버린 것이었습니다. 왕의 눈에서는 걷잡을 수 없는 눈물이 쏟아져 나왔습니다.

그러던 중 왕에게 그 신비한 힘을 주었던 신비의 인물이 다시 나타나서 물었습니다. "왕이시여, 왕께서는 지금 황금을 원하는 대로 갖게 되어 행복하십니까?" 왕은 대답했습니다. "행복이라니요? 나는 가장 비참한 인간입니다. 내가 그렇게도 갖고 싶던 황금은 실컷 갖게 되었지만 나에게 참으로 귀중한 모든 것을 잃었습니다." 이제 참지혜를 찾은 왕에게 그 신비의 인물은 정원 옆에 있는 물에서 목욕을 한 후 그 물을 원물로 환원시키고자 하는 모든 것에 뿌리라고 했습니다. 왕은 지시를 받은 대로 해서 귀여운 딸과 정원의 꽃과 황금으로 변했던 모든 것을 실물로 환원시켰습니다. 공주를 품안에 안고 기뻐한 왕은 그후로는 아무런 황금도 원하지 않았습니다. 그가 원하는 황금은 오직 황금빛의 햇살과 딸의 황금빛 머리칼뿐이었습니다.

사업을 하는 많은 사람들이 돈을 더 많이 벌기 위해 분수에 넘는 욕심을 부리다가 사업 자체가 기울어지게 되는 경우를 종종 보게 됩니다. 또한 일을 하는 직원들도 분에 넘치게 자기 자신이 회사의 이익에 얼마나 공헌을 했는가는 아랑곳 하지 않고 지위나 장기 근무의 이유만으로 급료를 올려 받기를 바라거나 지나친 급료를 기대 또는 요구를 하는 수가 있습니다.

최근의 경영추세는 선임도나 지위에 입각한 봉급인상제도를 폐지하고 있습니다. 대회사를 포함해서 많은 기업체들이 직원들을 팀으로 만들어서 각 팀이 회사의 이익에 얼마나 공헌을 했는지를 분석해서 그 공헌에 비례하는 봉급인상제도를 실행하는 기업들이 기하급수식으로 늘어나고 있습니다. 그러기 때문에 근본적으로 나태한 직원이나 단합성이 부족하여 자기의 팀의 생산성에 도움이 되지 못하는 사람은 본인 스스로가 사임을 하든지 팀에서 그로 하여금 사임을 하도록 압력을 가하게 됩니다. 좀 인정이 적은 처사 같지만 한 사람의 상사가 자기의 부하직원을 해임시키는 것이 아니고 팀전원이 민주적인 방식으로 생산성이 부족한 직원을 사임시키는 현상은 사업 전체의 사기를 앙양할 뿐 저하시키지는 않습니다.

기업이나 직원 각자가 분수에 맞는 포부와 목표를 책정해서 단합

된 정신으로 사명감을 가지고 열심히 일을 하는 회사만이 번성할 수 있는 시대가 이미 우리의 문전에 도달했습니다. 구태의연한 지위의식, 권위의식, 선임의식, 또는 터값, 자릿값 등의 굴레에서 벗어나야 하는 시대가 도달했다는 말씀입니다.

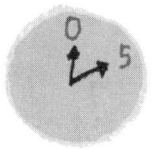

## 효과적인 대인관계

산업심리학자인 피셔(James Fisher) 박사는 효과적인 대인술 16가지를 제시했는데 여기에 간단한 설명을 붙여서 소개하겠습니다.

첫째, 친구를 갖고 싶거든 당신 스스로 친구가 되어야 한다.

우리는 아무개가 인사를 잘 안 한다고 불평을 합니다. 우리 자신이 먼저 인사를 하고 또 정다운 친구가 되면 차가웠던 사람도 인사를 하게 되고 친구가 됩니다.

둘째, 인간이 가장 갈구하는 것은 자기를 누군가가 필요로 한다는 느낌이다.

자살을 하는 사람들의 유언에 많이 기록되어 있는 말은 '아무도 나를 필요로 하지 않는다.'는 말입니다. 어떠한 사람일지라도 지위고하에 상관없이 일을 잘 시킬 수 있는 말은 '날 좀 도와주세요.'입니다.

셋째, 가장 훌륭한 미덕은 친절이다. 모든 사람을 사랑할 수는 없다. 그러나 모든 사람에게 친절할 수는 있다.

누구에게나 친절하면 결국은 누구든지 사랑할 수 있게 됩니다.

넷째, 남에게 큰 인상을 주려고 하지 말라. 그들로 하여금 당신에게 큰 인상을 주는 재미를 갖도록 하라.

멋있고 똑똑하고 유능하다는 언행으로 남에게 큰 인상을 주려고 노력을 하느니보다 남들이 나에게 그렇게 할 기회와 자리를 만들어주라는 제언입니다.

다섯째, 모든 일에 열성을 갖고 하라. 열성 없이 보람 있는 성과는 이뤄지지 않는다.

진흙탕과 가이저와의 차이는 열성뿐이라고.

여섯째, 긍정적인 사람이 되라. 긍정적인 사람은 사람을 끌어들이지만, 부정적인 사람은 사람을 멀리하게 된다.

물잔이 반쯤 비여 있다고 보는 것과 물잔이 반쯤 차 있다고 보는 차이는 긍정적인 견해와 부정적인 견해의 차이입니다.

일곱째, 당신은 남에게 어떻게 말을 잘 하느냐보다 남의 말을 어떻게 잘 듣는가로 말미암아 더욱 큰 영향을 줄 수 있다.

훌륭한 지도자는 남의 말에 귀를 기울이는 사람입니다. 말하기에 바쁜 사람은 말 하느라고 남의 말을 듣지 못합니다.

여덟 번째, 가십을 하면 가십의 대상인물보다 가십을 하는 사람의 인격이 낮아진다.

근거 없는 소문은 퍼뜨리지도 말고 근거가 있더라도 그 소문으로 단 한 사람이라도 해를 보게 될 가능성이 있으면 입을 다물고 있는 것이 좋습니다.

아홉 번째, 사람의 이름을 기억했다가 대화 중에 자주 그 이름을 사용하라.

한국인들에게는 성을 기억했다가 XX씨나 XX선생이라는 칭호를 붙여서 자주 사용하는 것이 좋습니다.

열 번째, 의사소통은 쾌활하게 하라.

쾌활한 언행은 주변의 모든 사람을 쾌활하게 합니다. 우울하고 짜증스러운 언행은 삼갑시다.

열한 번째, 의견이 맞지 않는 경우는 모두다 언젠가는 겪게 된다. 그럴 때는 예의바른 언행으로 의견차이를 해결하라.

의견이 맞지 않을수록 언성을 낮추고 정중한 말로 대화를 해야 의견의 차이를 해결하기 쉽습니다.

열두 번째, 어떤 사람을 대상으로 해서 우스운이야기를 하려면 그 대상이 바로 당신이도록 하라.

아무도 자기가 우수개이야기의 주인공이 되기를 원하시 않습니다. 그러나 우수개이야기를 하는 사람이 자기를 예로 들어 이야기를 하면 아무도 감정의 상처를 받지 않게 됩니다.

열세 번째, 진정으로 딴 사람에게 흥미를 가져라. 그들로 하여금 자기들에 대한 이야기를 하도록 하라.

어떤 유명한 경영학자가 말을 했습니다. '나' 라는 말은 경영인으로서 아예 쓰지 말라. 꼭 써야 할 경우에는 '우리' 라는 말을 쓰라.

즉 자기중심의 사고를 하지 않으려면 남에게 진정으로 흥미를 가져야 하겠습니다.

열네 번째, 미소는 아무런 값도 요하지 않는다. 그렇지만 그의 보상은 크다. 미소는 당신의 기분을 좋게 할 뿐만 아니라 딴 사람의 기분도 좋게 해 준다.

웃는 얼굴에 침 뱉을 사람은 없습니다.

열다섯 번째, '안녕하세요'라고 인사를 먼저 하라.

언제나 인사를 먼저 하면 반드시 인사를 받게 마련입니다.

열여섯 번째, 남에게 대접을 받고자 하는 대로 대접을 하라. 모든 대인관계는 이 황금률로 시작해서 황금률로 끝난다.

공자도 기소불욕은 물시어인이라고 해서 자기가 원하지 않는 것은 남에게도 하지 말라고 했습니다.

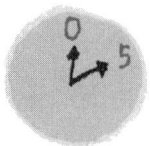

## 대립사태의 해결책

인생은 가정에서나 직장에서 대립상태를 접하지 않을 수 없습니다. 의견의 충돌이나 이해관계가 상반되는 사태를 접할 때 대부분의 사람들은 소위 '제로섬(zero sum)' 해결을 추구합니다. 즉 한쪽이 이기고 상대는 지도록 또는 한 쪽에 유리하고 상대방은 손해를 보는 식으로 상황을 해결하려고 합니다. 그러나 능력 있는 지도자나 경영인은 소위 'win-win' 즉 양쪽 모두 이기고 양쪽이 모두 유리하도록 사태를 해결합니다.

수년 전에 저는 팔로스 버르데스(Palos Verdes)마라톤에 참가하여 꽤 좋은 기록으로 완주했습니다. 제 기억으로는 그때 3시간 41분을 걸려 완주했는데 비교적 어렵다는 코스였고 나이도 나이였는지라 제 딴에는 만족스러운 성과였습니다. 이 마라톤에서는 완주한 사람에게만 T셔츠를 주는 전통이 있습니다. T셔츠에는 'Palos

Verdes Marathon Finisher'라는 문구가 앞가슴에 프린트되어 있습니다. 솔직한 고백입니다만 나이가 든 주제에도 그 T셔츠를 입고 길거리를 달리는 기분은 마치 유치원 졸업식에서 졸업장을 받아 나오는 아동처럼 우쭐한 기분이었습니다. 그런데 문제가 생겼습니다. 그 자랑스러운 T셔츠의 등에는 분명한 빨간 글씨로 맥주의 상명이 프린트되어 있었습니다. 맥주를 마시지 않는 저는 그 T셔츠를 입고 달리면서 등 뒤에 쓰여진 맥주의 이름을 광고하는 것을 도와주고 싶지가 않았습니다.

여기에 대립사태가 조성이 된 것입니다. 자랑스러운 T셔츠를 입고 달리고 싶은 충동과 맥주를 광고해 주고 싶지 않은 마음은 상호 대립되는 상황이었습니다. 이 대립사태를 감정적으로 처리하려면 그 T셔츠가 내 것이 된 이상 많은 사람들 앞에서 불에 태우는 시위를 할 수도 있었을 것입니다. 또는 아예 옷장에 넣어두고 안 입고 다닐 수도 있을 것입니다. 그렇게 하면 맥주의 광고를 하고 싶지 않은 마음은 흡족하겠지만 자랑스러운 T셔츠는 없어지게 되므로 'win-lose'의 해결책이 될 것입니다. 저는 생각을 하여 이상의 두 가지 욕구를 동시에 충족시키는 방법을 찾아냈습니다. 커다란 매직을 가지고 등뒤의 맥주 이름에 큰 X자를 그었습니다. 이젠 T셔츠도 자랑스럽게 입을 수도 있고 나는 맥주 광고를 하지 않는다는 메시지도 등 뒤에 달고 다니게 되었으므로 'win-win', 즉 양측이 모두 이기는 수습을 하였습니다.

저의 첫째 아들과 둘째 아들은 연년생으로 태어났습니다. 둘의 나이가 비슷하여 친구도 되었지만 자라나는 동안 다툼도 심했습니다. 지금은 40에 가까운 아버지가 되어 있는 그 두 아들이 7~8세

되었을 때로 기억합니다. 너무도 자주 싸우는 것이 제 신경을 지나치게 건드렸습니다. 비교적 참을성이 많다는 저에게도 더 이상 참기가 어려울 정도로 다툼이 심해졌습니다. 야단을 심하게 치거나 엉덩이를 몇 번 때려서 그 싸움을 중지시킬 수 있겠으나 그 해결책은 일시적일 뿐만 아니라 집안은 잠시 조용해지겠지만 제 아들은 몇 분 간 울고 있게 될 것이므로 'win-win' 방법은 아니었습니다.

저는 부지런히 운동구 상점에 가서 권투장갑 두 켤레를 사가지고 집으로 왔습니다. 권투장갑을 두 아이의 손에 끼어 주고 차고에 데리고 나가서 실컷 치고 때리라고 했습니다. 정말 두 아이는 있는 힘을 다해 치고 때리고 코피를 흘렸고 드디어는 둘다 무언의 휴전을 했습니다. 그 두 놈을 씻겨 주고 조용히 말을 했습니다. "얘들아, 이제부터 둘이서 싸우고 싶거든 권투장갑을 끼고 차고에 나가서 실컷 싸워라." 그후로 그 둘이서 다시 싸우지 않았습니다. 이런 방법도 싸우고 싶은 욕망을 충족시켰고 또 제 신경을 건드리는 아들의 싸움도 중지되었으므로 'win/win'의 해결책이었다고 생각합니다.

'win/win' 방법으로 대립사태를 해결한 경험을 한두 가지 더 알려 드리겠습니다. 제기 주관하던 모임에 꼭 한두 사람이 늦어서 정시에 시작할 수 없었습니다. 회사에서 많은 돈을 주고 데려오는 악센트 제거 전문가와 점심시간을 이용하여 교습을 받는 일이어서 일이 분이 중요했습니다. 잔소리나 야단을 치는 것은 'win-win' 방법이 아닌 것을 저는 알고 있었기 때문에 규칙을 하나 만들었습니다. 5분 이상 늦는 사람은 5달러를 종강회식 자금으로 기부하도록 했습니다. 또 동시에 이미 배운 발음이나 악센트를 틀리게 말을 하는 사람도 기부금을 내도록 했습니다. 재미를 겸한 조치였으므로 모두 즐거이 기부금도 냈고 시간도 전보다 훨씬 잘 지켰고 배운 것에 신경을 많이 기울이는 결과를 가져왔습니다. 그리하여 결과는 'win-win' 이었습니다.

회의는 꼭 해야 되겠는데 직원들은 회의를 싫어하는 경향이 있습니다. 회의가 길어지지 않도록 하기 위하여 저는 회의를 의자가 없는 방에서 자주 했고 점심시간 직전에 한 적도 많이 있었습니다. 누구도 서서 오래 말하기를 좋아하지 않습니다. 또 뱃속에서 쪼록쪼록 소리가 나는데 오래 말하기 좋아하는 사람도 없습니다. 그리하여 필요한 회의도 하고 그것을 짧게 마칠 수도 있었습니다. 역시 'win-win' 의 방법이었습니다.

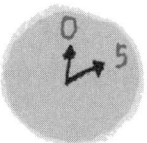

## 노력과 대가

마크 트웨인(Mark Twain)은 일찍이 다음과 같은 유명한 말을 했습니다. '모두다 천국에 가기를 원한다. 그렇지만 아무도 죽기는 원하지 않는다.' 천국에 가려면 일단 죽음이라는 단계를 거쳐야 합니다. 노력없이 위대한 대가를 기대할 수는 없습니다.

한 유명한 피아니스트가 훌륭한 연주를 했습니다. 감동을 받은 청중의 한 사람이 그 피아니스트의 사인을 받으면서 말을 했습니다. "내가 당신같이 피아노를 칠 수만 있다면 내 생명의 반을 주어도 아깝지 않겠습니다." 그러자 그 피아니스트가 대답을 했습니다. "저는 제 생명의 반을 이 피아노에 바쳤습니다."

필라델피아에 소재한 어느 회사는 화학물질과 건강약품을 생산하는 회사인데 그 회사가 독특한 신문광고를 낸 것이 있다. 그 광고가 단순한 동화이면서 우리에게 노력의 원리를 가르쳐 주기 때문에 여기에 소개합니다.

옛날에 작은 빨간 암탉이 땅을 긁다가 밀알 한 톨을 찾았습니다. 암탉은 옆의 친구들을 불렀습니다. "우리가 이 밀을 심으면 우리는 빵을 만들어 먹게 될 거야. 이 밀을 심는 데 누가 나를 도와주겠니?"

"나는 빼놓아."라고 소가 말했습니다. "나도 빼놓아."라고 오리가 말했습니다. "나도 빼놓아."라고 돼지가 말했습니다. "나도 빼놓아."라고 거위가 말했습니다.

"그러면 나 혼자서 심지."라고 그 빨간 암탉이 말했습니다. 그리고 밀을 심었습니다. 그 밀은 성장하여 노랗게 익었습니다.

"이 밀을 수확하는 데 누가 도와주겠니?"라고 암탉이 다시 물었습니다.

"나는 빼놓아."라고 오리가 말했습니다. "내가 하는 일의 등급에 맞지 않는 일이야."라고 돼지가 말했습니다. "내가 너를 도우면 선임도를 잃게 된다."고 소가 말했습니다. "내가 너를 도우면 실업수당을 잃게 된다."고 거위가 말했습니다.

"그러면 나 혼자서 수확을 하지."라고 암탉은 말하고 수확을 했습니다.

드디어 빵을 구울 때가 왔습니다. "빵을 굽겠는데 누가 도와주겠니?"라고 암탉은 또 다시 물었습니다.

"잔업수당을 주어야지 그렇지 않으면 난 안 도울래."라고 소가 말했습니다. "내가 너를 도우면 복지수당을 잃게 된다."라고 오리가 말했습니다. "나는 학교를 다니다 말고 그만 둔 사람이야. 빵굽는 일은 도울 줄 몰라"라고 돼지가 말했습니다. "나 혼자만 너를 돕는다면 그건 인종차별이잖아?"라고 거위가 말했습니다.

"그럼 내가 빵을 굽지"라고 암탉은 말했습니다. 암탉은 빵 다섯 개를 구웠습니다. 그리고 다 보도록 그 빵을 높이 들어 보였습니다.

모든 이웃 친구들은 그 빵을 분배해야 한다고 소리를 쳤습니다. 그러나 그 빨간 암탉은 말했습니다. "안돼, 안돼. 이 빵은 나 혼자서 먹을 거야."

"그것은 과잉 이익이다."라고 소가 외쳤습니다. "너는 자본주의 거머리다."라고 오리가 소리쳤습니다. "나는 동등권을 요구한다."라고 거위가 울부짖었습니다. 돼지는 툴툴거리고만 있었습니다. 그들은 '불공평'이라고 쓴 플래카드를 들고 욕지거리를 하며 암탉의 주위를 돌며 시위를 했습니다.

그래서 정부의 관리가 나와서 암탉에게 말했습니다.

"욕심을 너무 부리면 못써" 억울한 암탉은 애원했습니다. "이 빵은 제가 혼자서 제 힘으로 만든 빵입니다." 그러자 정부의 관리는 말했습니다. "내 말이 바로 그 말이야. 이 나라는 자유로운 기업체계가 있는 나라지 원하기만 하면 누구나 얼마든지 벌 수가 있는 거지. 그러나 우리 현대정부의 규정대로 하려면 생산을 많이 하는 사람은 게으른 사람과 자기의 수확을 나눠 가져야 해."

그래서 그들은 똑같이 나눠먹고 행복하게 살았고 암탉은 미소를
지으며 "고맙습니다, 고맙습니다"를 연속해서 말했습니다. 그런데
왜 그 암탉이 다시는 빵을 굽지 않는지 그 이웃들은 이상하게 생각
을 했습니다.

여러분, 스칸디나비안 국가들의 세율이 왜 60% 이상인지 아십니
까? 일 하지 않고 정부가 먹여 살리는 사람들이 너무 많기 때문입
니다. 일을 할 수 있다는 것은 부담이 아니라 특전입니다. 우리는
열심히 일 하는 사람들로 알려져 있습니다. 일을 싫어할 때 우리의
가치는 땅에 떨어집니다. 열심히 일하여 응당한 노력의 대가를 기
대합시다.

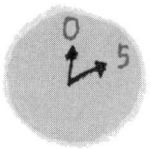

## 져 주고 이기는 지혜

사업이나 개인관계에서 언쟁이나 경쟁은 있기 마련입니다. 그런데 인간에게는 이겨야 한다는 잠재의식이 있습니다. 가장 멋있게 이기는 방법은 져 주면서 이기는 처술입니다.

수년 전에 당시 열 살 된 제 손자가 집에 왔습니다. 제 집에서 제 아들 집까지는 약 5Km의 거리였는데 손자아이는 자기집까지 달리기 경주를 하자는 것이었습니다. 20년 동안 일요일을 빼고 서의 매일같이 8Km씩 달려왔고 정식 마라톤을 30번 달린 이 할아버시를 제 손자가 이길 가능성은 전무였지만 의지와 투지가 기특해서 즐거이 응했습니다. 5Km를 손자와 힘있게 달리는 재미도 좋았지만 최선을 다하는 손자의 정신적 태도가 대견스러웠습니다.

드디어 종착점에 도달을 했습니다. 물론 손자가 약 두 발자국 먼저 들어왔고 그 아이는 할아버지한테 이겼다고 무척 기뻐했습니다.

저도 있는 힘을 다해서 뛰는 척 했고 손자가 기뻐하는 것을 보고 져 주는 기쁨을 맛보았습니다. 아마도 제가 더 기뻐했을 것입니다. 그러므로 저는 져 주어서 이긴 결과였습니다. 오늘날까지도 제 손자는 자기가 참으로 이긴 줄로 알고 있습니다.

부부싸움에는 이기고 지는 것이 없습니다. 오직 지는 자가 둘 생길 뿐입니다. 언성을 누가 높이는가로 승부가 결정되는 것도 아니고, 마지막 말을 누가 하는가로 승부가 결정되는 것도 아닙니다. 한 남편이 평소에 아내에게 갖고 있던 불만을 음식솜씨에 대한 불평으로 표현을 했습니다. "우리 어머니가 만드는 김치찌개는 맛이 좋은데 당신이 만든 찌개 맛은 왜 요꼴이야?" 이 말에 기분이 상한 아내가 질새라 응수를 했습니다. "우리 아버지는 돈도 잘 벌어 오든데 당신이 가져다 주는 봉급, 그것도 봉급이라고 가져 오세요?" 이쯤되면 아무도 이기지 못하고 둘다 패자가 되고 말 것입니다.

두 스님이 길을 가다가 다리가 없는 개천을 만났습니다. 그래서 바지를 걷어 올리고 막 개천을 건너려 할 때 고운 옷을 입은 처녀가 마침 그곳에 도착하여 물을 건널 수 없어 어쩔 줄을 모르고 있었습니다. 스님 한 분이 그 처녀에게 다가가서 등에 업히라고 했습니다. 그 고운 옷을 적실까 걱정을 하던 처녀는 고맙게 여기면서 스님의 등에 업혔습니다. 스님은 조심스럽게 처녀를 업고 물을 건너 내려 주었습니다. 그후로부터 동행하던 스님이 비난하기 시작했습니다. 여성의 몸에 절대로 접촉을 해서는 안 되는 승려의 철칙을 어겼다고 말하기 시작한 비난은 한 시간이 되어도 그치지 않았습니다. 듣다 못한 처음의 스님이 말을 했습니다. "나는 한 시간 전에 그 처녀를 내려 놓았는데 스님은 아직도 그 처녀를 내려 놓지 못한 모양이요." 이미 지나간 말의 꼬투리를 한없이 물고 늘어지는 사람은 말싸움에서 진 사람입니다.

자녀들에게 말을 할 때나 종업원들에게 지시를 할 때에도 회사나 가정에 커다란 해를 가져 오지 않는 한 윗사람이 져 주는 것이 현명합니다. 청소년 아이들이 부모들이 시키는 방향과 정반대로 나가는 듯한 행동을 취하고 부모들이 듣기에는 음악 같지도 않는 음악을 크게 틀어놓고 복장도 부모님들의 친구들에게 자랑스럽게 보이지 않을 정도로 단정하지 못하게 입고 다니는 경우가 흔합니다. 세대가 다른 부모입장에서 보면 기분이나 신경을 건드리지만 역시 청소년의 세계에서는 그런 행동이 정상이라고 해서 자기들을 이해 못하는 부모들이 따분하게 느껴질 것입니다.

저와 같이 60대의 한 미국인 친구가 하루는 다음과 같은 말을 했습니다. '내가 젊었을 때 나의 아버지로부터 제일 많이 듣던 말이 라디오에서 나오는 음악소리 좀 낮추라는 말이었는데 얼마 전에 내 아들이 틀어 놓고 듣는 라디오의 음악소리가 너무 요란하여 음악소리 좀 줄이라고 벌컥 소리를 질렀었다. 그리고나서 가만히 생각해 보니 50년 전에 나의 아버지로부터 그렇게도 듣기 싫게 듣던 똑같은 말이었음을 깨달았다.' 그 후부터는 라디오소리를 낮추라는 말을 하지 않는다고 그는 저에게 말했습니다.

어느 누가 말을 했습니다. '음악소리가 너무 크게 느껴지거나 웬만한 방의 불이 침침하게 느껴지면 본인이 늙었음을 알지어다.' 다시 말하면 늙은 사람 취급을 받지 않으려면 음악소리가 너무 크다고 잔소리를 하지 말라는 말인 것 같습니다. 또 잔소리와 대화와는 어떠한 차이가 있을까요? 잔소리는 말을 일방적으로 던지는(talk to) 식으로 하는 말을 의미하며, 대화(talk with)는 즉 상대방의 존재를 존중하면서 주고받는 어조를 말한다 하겠습니다. 대화를 하면 져 주고도 이기지만 잔소리를 하면 이기고도 지는 결과를 낳게 되는 것이 아니겠습니까?

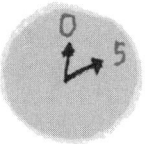

## 인기와 평범

트루먼(Harry Truman)이 대통령직을 물러난 후에 자기의 고향인 미주리주의 인디펜던스로 돌아왔습니다. 마침 트루먼 도서관의 개관날이어서 수많은 초등학교 학생들이 그곳을 찾아왔습니다. 트루먼 전대통령은 어린 아이들과 어울려서 질의응답을 하게 되었습니다. 평범하게 생긴 한 남자아이가 물었습니다. "대통령 할아버지, 어렸을 때 친구들 사이에서 인기가 높았습니까?" 트루먼 대통령은 대답했습니다. "아니다. 나는 잘 생기지도 못했고 키도 크지 못했고 운동도 잘 못했고 주먹도 세지 못했다. 거기에다 눈도 나빠서 안경을 끼지 않으면 아무 것도 볼 수 없었지. 나는 사실 못난이였어. 그런 내가 어떻게 인기가 높았겠니?" 그렇게 대답을 하자 질문을 한 아이가 손뼉을 치기 시작했고, 나머지 아이들도 모두 따라서 일제히 박수를 쳤다 합니다. 지도자는 태어나는 것이 아니라 만들어진다는 좋은 예입니다. 트루먼 대통령에게 질문을 한 그 평범한 아이는 대통령도 자기처럼 극히 평범한 사람이었다는 것을 알고 큰 위안과 격려를 느꼈던 것입니다.

저의 세 아들 중의 한 아이는 나이가 4~5세 될 때까지 잠옷을 적셨습니다. 물론 잠옷이 적시게 될 때마다 그 아이는 우울해졌고 화를 잘 냈습니다. 몹시 좌절감을 느끼고 있는 줄을 알고 있었는지라 하루는 그 아이를 옆에 앉히고 제가 조용히 말을 했습니다. "얘야, 아빠가 비밀 하나를 말해 줄께 아무에게도 말하면 안돼." 그랬더니 그 아이는 잔뜩 좌절되어 있던 터라 "그 비밀이 뭐야?"라고 말을 했습니다. "아빠도 너 만할 때 잠옷을 적셨단다." 그랬더니 그 아이의 얼굴이 환해지면서 "정말 아빠도 잠옷을 적셨어?" 하고 재확인을 하는 것이었습니다. "그럼, 아빠는 잠옷을 적신 후 키를 머리에 쓰고 옆집으로 소금을 얻으러 가야 했었지. 그러면 옆집 아줌마가 키를 부지깽으로 두들기며 몹시 창피를 주었단다. 너는 좋겠다. 그런 창피를 받지 않아도 되니까 말이다." 이렇게 제가 말해 준 그 다음부터 그 아이는 명랑해졌고 잠옷 적시는 것도 그쳤던 것으로 기억을 합니다. 그때 제 아이는 자기에게는 완전한 인간으로만 보였던 아빠도 자기처럼 잠옷을 적셨다는 사실로 위안과 안도의 느낌을 받았던 것 같습니다.

1902년에 〈*Atlantic Monthly*〉지의 편집자는 28세 된 시인이 보내 온 시를 거절했습니다. 그 시인은 다름아닌 로버트 프로스트 (Robert Frost)였습니다. 1894년에 영국학교의 웅변교사는 16세 된 한 소년의 성적표에다 '성공할 소지가 분명히 모자람' 이라고 썼는데 그 16세 소년이 다름아닌 처칠(Winston Churchill)이었습니다. 아인슈타인(Albert Eistein)도 아이젠하워(Eisenhower)장군도 학창

시절에는 성적이 좋지 않았다는 것은 잘 알려져 왔습니다. 그 훌륭한 지도자들도 평범한 사람들이었습니다.

제가 최근에 치노에 소재한 한 교포운영의 회사를 방문한 적이 있었습니다. 제1인자인 사장을 만났는데 그의 명함에는 총관리인(General Manager)이라는 직위가 찍혀 있었습니다. 그는 종업원들이 자기를 평범하게 대해 주고 동료처럼 여겨 주기를 바라는 의미에서 사장이라는 칭호를 잘 안 쓴다고 말했습니다. 종업원 수도 100명 이상이었는데 극히 부드럽고 자유스러운 분위기였습니다. 특히 감명을 받은 것은 점심시간 직전에 간부급 직원들이 기도실에 모여 모두 손을 잡고 기도를 하는 것이었습니다. 평범한 분위기 속에서 형제애가 넘치는 그 업체를 나오면서 그 업체의 밝은 앞날이 눈에 보이는 듯했습니다.

미국의 대통령이 업체나 군기지를 방문하면 꼭 줄을 서서 일반직원이나 사병들과 섞여서 식사를 하는 것을 보게 됩니다. 그의 평범함이 몹시 마음에 들었습니다. 훌륭한 지도자는 평범한 사람들입니다. 물론 성장하는 과정을 통해서 비범한 인품과 성품을 연마했겠지만 행동과 외형이 평범하면 누구에게서니 친밀감을 느끼게 될 것입니다. 또 훌륭한 지도자는 보통사람들과 잘 섞이고 어울립니다. 그러기에 그런 지도자에게는 인의 장막이 형성되지 않습니다. 말단 직원까지 직원들의 심리와 고충을 잘 이해하려면 누구나 그를 이질감 없이 만나고 대화할 수 있어야 할 것입니다.

제가 대학원에 다닐 때 저는 학교의 과제(project)로 대기업의 총수 한 사람을 면접한 후 보고서를 제출하도록 되어 있었습니다. 8

만 5,000명의 직원을 거느린 한 대회사의 총수 알렌 푸켓박사를 방문했을 때 그는 훌륭한 지도임을 알았습니다. 왜냐고요? 첫째, 무명의 방문객을 허물없이 만나 주었고 그의 사무실과 책상은 평직원들의 것과 같은 크기였습니다. 그리고 제가 그의 방에 들어갔을 때 저를 책상을 건너서 대하지 않고 의자를 가져와서 제 옆에 앉아 주었습니다. 그는 그렇게도 평범하였기에 특별히 훌륭하게 보였습니다. 다시 한번 말씀을 드립니다. 훌륭한 지도자나 경영인은 평범한 행동의 소유자인 것입니다.

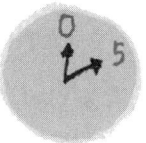

## 참다운 우정

문화가 발달하거나 생활수준이 높아질수록 진실된 우정이 사라져 가는 듯한 느낌을 갖게 되는 것은 저만의 생각일까요? 고관대작의 신분을 갖고 있을 때는 관혼상제때만 하더라도 방문객이 끊이질 않고 축하금이나 조위금이 상당량 들어 오는 것도 사실입니다. 그러나 그 높은 직위를 잃게 되거나 사업이 잘 안 되어 부도가 나면 방문객도 뚝 끊기고 혼사니 상을 당해도 몹시 외로운 처지가 되는 경우를 우리는 자주 보게 됩니다. 마치 우정이 재물이나 직위의 높이에 비례하는 듯한 인상입니다. 얼마 전에 젊은 한인 부부가 적절한 신고절차를 밟지 않고 많은 돈을 은행에 예금하여 그 돈도 압수를 당하였고 유죄판결을 받은 바가 있습니다. 그 신부의 아버지는 당시의 최고 통치자였고 신랑의 아버지는 대기업의 회장이었기 때문에 세인의 관심과 주의를 많이 받았습니다.

본인들은 그 돈이 불법 반출한 돈이 아니라 이곳에서 혼인 축하금으로 들어온 돈이라고 했습니다. 한국에서 외화 반출 혐의가 없다고 검찰이 결정한 것을 보면 본인들의 말이 맞는 것 같습니다. 양가의 정치적·기업적 위치를 고려해 볼 때 그 정도의 축하금이 들어 오고도 남을 것이라는 생각을 하게 되는데, 그래도 그럴 것이라고 수긍을 하는 제 입맛도 약간 씁쓸합니다. 참우정은 재산이나 권세와 전혀 관련이 없어야 하며 친구를 위하여 자기의 모든 것을 희생할 각오를 토대로 구축되어야 합니다.

희랍에 다음과 같은 전설이 있습니다. 억울한 반역죄명을 쓰고 사형선고를 받은 사람이 있었습니다. 그의 이름은 피시아스(Pythias)였습니다. 절망과 비통 속에서 처형을 기다리고 있던 피시아스에게 면회를 온 친구가 있었습니다. 둘도 없는 절친한 친구를 잃게 되어 상심한 친구의 이름은 다몬(Damon)이었습니다. 다몬이 피시아스에게 처절한 어조로 물었습니다. "피시아스, 자네를 위하여 내가 무슨 일을 해 주면 좋겠나? 자네 부모님께 가서 자네의 말을 내가 전해 주겠네." 그때 임금님이 살짝 방으로 들어온 것을 그들은 몰랐습니다. 피시아스가 다몬에게 말했습니다.

"다몬, 가망이 없는 소원이지만 내가 죽기 전에 내 부모님을 한 번만 더 볼 수 있다면 형장에서 아무런 미련없이 눈을 감을 수 있겠네. 나를 집에 보내 준다면 내가 꼭 돌아올텐데." 그때 껄껄 웃는 소리가 들렸습니다. 바로 임금님이 웃고 있었습니다. "멀리 있는 네 집에 갔다가 처형을 받기 위하여 다시 돌어온다는 것을 누가 믿겠느냐? 정신 나간 소리를 하지 마라."라고 임금님이 그 두 사람을 조롱하듯 말을 했습니다. "임금님, 저는 약속합니다. 반드시 돌아오겠습니다." 피시아스가 진지하게 말을 했습니다. "네가 반드시 돌아온다는 것을 어떻게 내가 믿을 수 있겠느냐?" 임금님이 물었습니다. 그때 다몬이 나서서 말을 했습니다. "폐하, 제가 대신 감옥에 남겠습니다. 만약 피시아스가 돌아오지 않으면 저를 처형하여 주소서. 저 친구는 반드시 돌아올 사람입니다.""그래? 네가 정말 저 사람 대신 죽을 각오를 갖고 있느냐?"라는 임금님의 질문에 다몬은 자신 있게 그러하겠다는 대답을 했습니다. 보기 드문 우정에 감명을 받은 임금님은 반신반의 하면서도 피시아스를 내보냈습니다.

사형 집행날이 도달했습니다. 그러나 피시아스는 나타나지 않았습니다. 그래도 다몬은 조금도 자기의 친구를 의심하지 않았습니다. "그는 지금 오고 있을 것입니다. 만일에 그가 제시간에 도착을 못한다면 오는 도중에 무슨 불가피한 사정이 생겨서 그럴 것입니다. 그는 틀림없이 올 것입니다."라고 말했습니다. 막 다몬을 처형하려는 순간 누군가가 소리를 쳤습니다. "피시아스가 왔다. 처형준비를 거둬라." 아니나 다를까 피시아스가 숨이 차서 말도 잘 못할 만큼 뛰어왔습니다. 오는 길에 폭풍이 휘몰아쳐 길과 다리가 끊겨서 하마터면 늦을 뻔했다고 말을 하며 다몬을 껴 안았습니다. 다몬은 "자네기 틀림없이 오리라고 나는 확신하고 있었네."라고 했습니다. 이 광경을 보고 있던 임금님은 말했습니다. "나도 저런 친구를 얻게 된다면 나의 재산을 모두 주어도 아깝지 않겠다." 그런 후에 두 사람을 모두 석방했다 합니다.

우리 주변에도 어제까지 큰 건물을 몇 개씩 소유하던 사람들이 부동산시장의 침체 때문에 하루 아침에 부도를 내는 경우가 비일비재합니다. 우리의 우정도 부동산처럼 왔다갔다 변하지 않는지 새롭게 검토해 볼 필요가 없을까요? 참우정은 어려워질 때 더 필요하고 더욱 고맙게 느껴지는 것이 아닙니까? 복잡하고 어려운 때일수록 변하지 않는 우정으로 멍에를 대신 매어 줄 친구가 아쉽고 또 우리는 그런 친구가 되도록 새로운 결의를 해야 할 것으로 믿습니다.

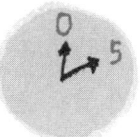

## 지체없이 행하는 사람

큰 사건이 터질 때마다 책임전가에 바쁜 사람들을 우리는 많이
보게 됩니다. 집안살림이나 회사의 경영에 있어서도 맡은바 임무를
남이 해 주겠지 하는 심리 때문에 납품기일을 놓치거나 일이 제대
로 되지 않는 경우를 우리는 많이 보게 됩니다.

종달새 한 마리가 보리밭 속에 둥지를 만들어서 새끼를 키우고
있었습니다. 보리도 점점 커지고 종달새의 새끼들도 커 가고 있었
습니다. 엄마 종달새는 열심히 먹이를 새끼 종달새에게 날라다 주
고 새끼 종달새는 엄마 종달새로부터 먹이를 받아먹는 재미에 세월
가는 줄도 모르고 지냈습니다.

그러던 어느날, 보리는 누렇게 익었고 황금빛의 보리밭은 바람에
파도치듯 출렁거렸습니다. 하루는 농부가 자기 아들하고 대화하는
것을 새끼 종달새들이 들었습니다. "보리가 다 익었으니 추수할 때

가 되었구나. 이웃과 친구들에게 도와달라고 해서 추수를 해야겠다."는 농부의 말이었습니다. 그 말을 듣고 있던 새끼 종달새들은 겁이 났습니다. 추수꾼들이 오기 전에 둥지를 빨리 떠나지 않으면 큰 위험이 오겠다고 생각했습니다. 엄마 종달새가 먹이를 가져왔을 때 새끼 종달새들은 자기들이 들은 농부의 말을 종알종알 모두 말했습니다.

"아이들아, 겁내지 말아라. 농부가 자기의 이웃과 친구에게 도움을 청하겠다고 했으면 이 보리의 추수는 곧 하지 않을 것이다."라고 엄마 종달새가 말했습니다. 아니나 다를까 추수는 곧 시작되지 않았습니다. 며칠이 지난 후 보리가 정말로 익어서 바람이 불기만 하면 보리알들이 새끼종달새의 머리위에 떨어지기까지 되었습니다. 이번에는 농부가 "추수를 즉시 하지 않으면 우리 농사의 반을 잃게 되겠구나. 내일 와서 바로 일을 시작하자구나."라고 말하는 것을 새끼 종달새들이 들었습니다. 엄마 종달새가 왔을 때 새끼 종달새가 농부의 말을 전달했습니다. "애들아, 즉시 피신을 가자. 사람이 스스로 무슨 일을 하겠다고 하면 그는 더 이상 지체를 안 하는 법이니라." 하고 종달새 식구는 연약한 날개를 펄럭거리면서 모두 피신했습니다. 그 다음날 농부가 추수를 하기 위해 보리밭을 치웠을 때는 텅빈 종달새의 둥지만 있었습니다.

이 동화는 근본적인 경영의 원리를 가르쳐 줍니다. 중요한 행동을 취하는 데 부지하세월로 무한정 기다릴 수 없다는 점과 남에게 의존하겠다고 하는 것보다 도끼자루를 스스로 들고 일을 하겠다고 작정하는 사람은 행동에 지체하지 않을 사람이라는 점입니다.

해야 할 일을 해야 할 때 지체없이 행하는 사람은 일을 잘 하는 사람입니다. 기일 내에 완성해야 한다는 집착하에 과도하게 자기희생을 하면 그 일의 압력이 스트레스로 변할 수도 있습니다. 일을 지배하기보다 일한데 지배를 받게 될 수도 있습니다. 열심히 일하는 사람이 가져야 할 마음가짐은 오늘의 일을 최선을 다하여 했으므로 스스로 만족하게 생각해야 하며 못다한 일은 내일로 넘기는 것을 담담하게 수용하여야 합니다. 습관적으로 게으름을 피웠거나 최선을 다하지 않고 할일을 못 마쳤으면 물론 자책감을 가져야 하겠지요.

치열한 전투 중에 연대장이 소대장인 소위를 불렀습니다. "소대장, 저 앞에 있는 고지를 점령하게." 그러자 소대장이 대답했습니다. "네, 연대장님, 저 고지를 명령하신 대로 점령하도록 노력하겠습니다." "이것봐, 소대장. 자네는 내 말을 잘 이해 못 한 것 같네. 다시 말하겠네. 소대장, 저 앞에 있는 고지를 점령하게." 소대장이 다시 대답을 했습니다. "네, 명령하신 대로 저 고지를 점령하도록 최선을 다 하겠습니다." "소대장," 이번에는 연대장이 소리를 한층 높였습니다. "자네는 아직도 내 말을 이해 못했어. 또 다시 명령하겠네. 저 앞에 있는 고지를 점령하게. 알겠나?" 그때서야 그 소대장이 제대로 대답했습니다. "네, 연대장님, 저 앞에 있는 고지를 명령하신 대로 점령하겠습니다." "그래, 이제야 자네가 내 말을 이해했네."라고 연대장이 말했다 합니다.

상사가 지시했을 때, 여러분은 어떻게 대답하십니까? '하도록 하겠습니다.' '곧 하겠습니다.' 또는 '지시한 일을 하도록 노력하겠습니다.' 등의 응답은 상사의 마음에 드는 대답이 못 됩니다. 미국이나 한국에서 상사들의 귀에 가장 즐겁게 들리는 응답은 '네, 즉시 지시하신 일을 하겠습니다.' 일 것입니다. 제가 아이들이 어렸을 때 가끔 무리한 요구를 받을 때 '훗날에 해 줄께'라고 대답을 하곤 했습니다. 그때 제 아이 하나가 한 말이 지금도 생각이 납니다. '아빠, 그런 훗날은 결코 오지 않아요.' 즉 나중에 해 준다는 말을 나는 믿지 않는다는 말이었습니다. 우리의 속담에도 '나중에 보자는 양반 무섭지 않다'는 말이 있습니다.

해야 할 일은 지체없이 합시다.

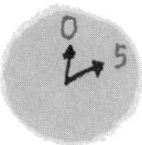

## 좋은 의도와 좋지 않은 결과

가정에서나 직장에서 좋은 의도를 가지고 잘해 보려던 일의 결과가 기대와는 반대로 나쁜 결과를 가져 오는 경우가 종종 있습니다. 그럴 경우에 부모나 관리의 책임을 맡은 경영인이 취해야 할 태도에 따라서 사태가 악화될 수도 있고 좋은 방향으로 선회할 수도 있습니다. 좋다는 것과 나쁘다는 것은 보는 사람의 주관입니다. 또는 오랫동안의 전통이 정해 주는 가치관이리고도 하겠습니다. 저는 미술적인 평가능력이 모자라서 그런지 지금도 피카소의 그림이 좋은 줄을 도저히 모릅니다. 아무리 지성인 척하려고 노력하면서 보아도 피카소의 그림은 마치 초등학교 1, 2학년 아이들이 마구 그려 놓은 그림같기만 합니다. 그런 그림이 수백만 달러에 팔리는 것을 보면 틀림없이 걸작일텐데 저는 그 가치를 아직도 모른다는 것이 솔직한 고백입니다.

제 생일에나 아버지날(미국의 경우)에는 유치원에 다니는 손자가 선생님의 지도하에 손수 그림을 그려 만든 축하카드를 가져 오는 경우가 많습니다. 그 그림은 손자가 저를 위하여 그린 그림이므로 내가 보기에는 피카소의 그림보다는 좀 나은 것 같고 카드를 만든 정성과 의도가 대견스러웠습니다. 30여 년 전에 미국생활을 처음 시작했을 때였습니다. 저의 가족은 West L.A.의 한 조그마한 아파트에서 살고 있었습니다. 일곱 살짜리 아들이 학교만 갔다오면 두서너 시간 없어지곤 했습니다. 며칠 후에 어머니날이 되었습니다. 엄마한테 선물을 해야 한다고 느낀 아들이 무척 고심을 한 모양이었습니다. 엄마에게 선물 살 돈을 엄마나 아빠로부터 달라고 하기도 격에 맞지 않는다는 것을 알았던 모양입니다. 나중에 알고 보니 저의 아들은 엄마의 선물을 사기 위하여 방과후 두 시간 정도 길에 나가서 신문을 팔았습니다. 어머니날에 그 일곱 살짜리 아들이 정성껏 포장해서 엄마에게 준 선물은 손에 바르는 로션이었습니다. 가격으로 치면 아무 것도 아니었지만 의도로 보나 정성으로 보나 그때 그 선물처럼 더 귀중한 선물은 제 아내는 받아보지 못했을 것입니다.

한 고등학생이 학교에서 귀가를 해 보니 자기의 방이 엉망이었습니다. 옷장에 있던 물건들이 온방에 널려져 있었습니다. 네 살짜리 동생이 한 짓인 줄을 잘 알고 있는 그 학생은 곧바로 나가 집앞에서 놀고 있는 동생을 큰소리로 불렀습니다. "야 임마, 이리 좀 와봐." 어리둥절한 어린 동생을 끌다시피하여 방으로 데려온 후 아수라장이 된 자기방을 가리키면서 한 대 쥐어박으려고 했습니다. 겁에 질린 어린 동생은 형을 눈물어린 눈총으로 보면서 말했습니다.

"형의 클로셋을 깨끗이 정리해 줬는데 왜그래?" 그때서야 형은 어린 동생의 착한 의도를 알았습니다. 방을 어지럽히려는 것이 아니라 클로셋을 정리하느라고 클로셋에 있는 물건들을 방으로 옮겨 놓았음을 깨달은 것입니다. 마치 제가 손자한테 받은 카드의 그림이 삐뚤삐뚤한 그림이었지만 그 의도가 기특했던 것처럼 형의 클로셋을 정리해 주려던 어린 동생의 의도는 너무도 기특했던 것입니다. 형은 동생을 안아주면서 고맙다고 하고 눈물을 닦아주었습니다.

미국의 우주왕복선을 건조하고 발사하는 과정에서 드라이버 하나를 실수로 떨어뜨려서 정밀장치에 손상을 입혀 발사가 지연된 사례도 수년 전에 있었습니다. 인공위성의 최종 조립단계에서 사다리를 옮기다가 수백만 달러의 훼손을 입힌 일이 있었음을 저는 목격도 했습니다. 두 사건이 고의로 한 사보타지(sabotage)는 아니었음에 틀림없습니다. 고의가 아니었으므로 당사자를 처벌해서는 안 될 것입니다. 그런 사고가 일어나지 않도록 안전조치를 미리 갖췄어야 했고 그런 조치를 마련할 책임은 간부직원들에게 있다는 것도 관리원칙입니다.

부모로서나 경영인으로서 우리는 성급하게 결과만으로 사물을 판단하려는 경향이 있습니다. 소학에서 감명깊게 읽은 이야기 하나가 생각납니다. 한나라에 '한유'라는 효자가 있었습니다. 나이가 50이 지난 후 잘못한 일이 있어서 어머니가 매로 때려 주자 유는 눈물을 흘리며 울었습니다. 이것을 본 어머니가 그전에는 매를 맞아도 울지 않더니 지금 우는 것은 무슨 까닭이냐고 물었습니다. 그러자 유는 이렇게 대답하였습니다. "전에 제가 잘못하여 어머니께서 때리시면 언제나 아팠는데 오늘은 전혀 아프지가 않습니다. 어머니의 근력이 그만큼 줄어 아프게 때리시지 못하는 것을 생각하니 저절로 눈물이 나옵니다." 눈물을 흘리는 결과 뒤에는 어머님을 섬기는 극진힌 효심이 있었던 것입니다.

우리는 모든 사물을 판단할 때 지나치게 결과만 의존하지 말고 의도가 좋고 정성이 기특했으면 결과가 나쁘다고 하더라도 칭찬해 주는 아량을 길러야 할 것입니다.

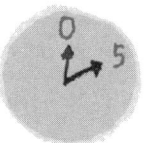

## 문제를 해결하는 용어

　수개월 전에 절친한 친구가 부인과 아들과 며느리를 데리고 서울로부터 남가주를 방문한 적이 있었습니다. 사업도 크게 하는 친구는 무척 가족적이었으므로 다른 주에서 공부하고 있는 딸과 사위까지 이 곳으로 오라고 해서 유쾌한 며칠을 지냈습니다. 특히 몇 개월 못 본 외손녀를 귀여워하는 친구의 기쁨과 흐뭇함은 같은 할아버지기 되어 보지 않고서는 이해할 수 없을 것입니다.

　하루는 가족 전체가 디즈니랜드에 가게 되었습니다. 가족들을 모두 디즈니랜드 앞에 떨어뜨려 놓고 친구와 저는 볼 일이 있어서 L.A.로 향했습니다. 물론 10시반에 만나기로 장소를 정해 놓았습니다. L.A.에서 볼일을 다 보고 약속된 시간에 지정된 장소로 갔었지만 그 친구의 가족들은 보이지 않았습니다. 걱정이 되어서 가 볼 만한 곳은 모두 가 보았으나 가족들을 찾지 못했습니다. 모노레일 정류장을 포함해서 있을 만한 곳은 모두 찾아헤매기 한 시간 반을 넘기자 친구는 걱정을 넘어 불길한 생각까지 들어 무척 초조한 듯했습니다. 걱정되고 두렵고 초조해진 우리 둘은 혹시나 하고 만나기로 된 호텔의 뒤에 있는 비슷한 구조물에 가 보았습니다. 그렇게도 열심히 찾던 그의 가족들은 전혀 기대하지 않았던 구조물 앞에서 그들은 그들대로 걱정을 하며 우리를 기다리고 있었습니다.

찾아서 안심은 되었지만 그때부터 아버지 되는 친구는 가족들에게 호된 꾸중을 했습니다. 물론 아버지의 반복되는 질책에 가족들은 죽어 있는 기를 살리지도 못한 채 지정장소를 잘못 알았다는 변명을 하고 또 했습니다. 한 시간 이상 쌓인 그 아버지의 화가 쉽게 가라앉지 않았고 고속도로를 가면서도 약 한 시간은 질책에 질책을 되풀이했습니다. 그런 와중에 애기를 안고 재우고 있던 그 친구의 딸이 "아버지 저희들이 잘못했어요. 죄송해요."라고 말했습니다. 그 한마디에 강철도 녹일 듯이 화끈 달았던 그 아버지도 양같이 온순해졌고 차안이 조용해졌습니다. '저희들이 잘못했어요. 죄송해요.' 라는 그 한마디가 무섭게 야단만 치던 그 아버지를 완전히 정복해 버리는 것을 보고 그 말이야 말로 문제해결의 마술적인 용어임을 저는 깨달았습니다.

'여보, 내가 잘못했소. 미안해요.' 한마디면 다 해결될 문제를 값싼 자존심 때문에 부부간에도 며칠씩 말도 않고 지내는 사람들이 적지 않을 것이라고 생각했습니다. '미안해요'의 표현만 잘 사용하면 이 세상에서 이혼은 없어진다고 어느 심리학자가 말한 것을 되새겨 봤습니다.

대인관계에서 또 하나의 마력적인 표현이 있습니다. '내가 갈께'의 표현입니다. 얼마 전 젊은이들 사이에서 유행하는 노래 중에 '그냥 걸었어'라는 노래가 있었습니다. 제일 마지막에 여자 친구가 '곧 나갈께'라는 말이 표현할 수 없는 모든 의미를 내포하고 있고, 무척 다정한 정서가 풍깁니다. 친구가 고민할 때 전화기를 통해서 들려 오는 '내가 곧 갈께'라는 말은 친구 이상의 우정, 마음과 마음이 통하는 위로 이상의 힘을 내포하고 있습니다.

시집 가서 첫애기를 낳아서 쩔쩔매는 딸이 친정엄마에게 전화를 합니다. '엄마, 간밤에 애기는 밤새도록 울고 난 잠 한숨 못잤어. 아주 피곤해서 죽겠어, 엄마.'라고 하소연하는 딸에게 들려 주는 엄마의, '알았다. 내 곧 가마.' 하는 말이 주는 격려와 위로의 힘을 애기엄마는 몸에 푹 젖도록 느낄 것입니다.

수년 전에 제 처남한테서 전화가 왔었습니다. 그때가 새벽 한 시가 넘었었습니다. 자기의 두 아들이 교통사고를 당하여 많이 다쳤는데 병원의 응급실에 있다는 비통한 전화통지였습니다. "내가 곧 갈께"라고 서슴없이 말했던 저의 말이 적지 않은 힘이 되었을 것으로 믿었습니다. 저는 손자들로부터 여러 가시 통지를 빕습니다. 아무날에 졸업식이라든가 다음 토요일에 학교의 연극에 출연한다든가 아무날에 태권도 승급시합이 있다는 등의 통지를 받을 때마다 '그래 내가 갈께'의 간단한 응답은 어린 손자손녀들에게는 적지 않은 격려의 힘이 될 것으로 믿습니다.

4. 29 폭동때 가게나 업소를 지켰던 분들에게 '내가 곧 갈께'라는 말처럼 눈물겹게 반가웠던 말은 없었을 것입니다. 고속도로에서

서 버린 차를 놓고 남편의 직장에 전화를 했을 때 '내가 곧 갈께' 라는 말이 얼마나 든든했고 믿음직스러웠는지를 웬만한 부인들은 경험했을 것입니다.

예기치 않았던 사고를 당했을 때, 집안에 상을 당했을 때, 집안의 수도파이프가 터져서 물난리가 났을 때, 아무 이유도 없이 외로울 때, 몸이 아파서 거동하기가 어려울 때, 친구나 형제나 부모로부터 '내가 곧 갈께' 라는 말이 새로운 힘을 북돋워 주는 마력적인 말임을 우리는 다 한번쯤은 느꼈을 것입니다. 이상 드린 두 가지 마력적인, 말 즉 '내가 미안하오.' 와 '내가 곧 갈께' 를 자주 사용하여 좀더 따뜻한 세상을 만듭시다.

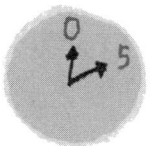

## 걱정도 팔자

'걱정도 팔자다' 라는 말을 우리는 자주 듣습니다. 걱정도 버릇입니다. 걱정을 자주 하면 걱정이 더욱 늘게 됩니다. 경영인이나 가정인으로서 하루하루의 일을 처리해 나가는 동안 순풍에 돛 단듯 순탄할 수만은 없습니다. 그러나 걱정을 하는 것과 관심을 갖는 것과는 크게 다른 바가 있습니다. 걱정을 하는 사람은 불안을 느끼면서 원치 않는 사태에 내비를 하지 않습니다. 관심을 갖는 사람은 원치 않는 사태에 대비를 하는 사람입니다.

걱정을 습관적으로 하는 사람은 육신이나 정신에 이로울 것이 없습니다. 유명한 영화배우 미키 로니(Mickey Rooney)는 말했습니다. "걱정을 하는 것은 휘발유의 호스를 남의 탱크에 꽂아 주는 것과 같다." 즉 자기에게 이로울 것이 없다는 뜻이겠습니다.

누군가가 걱정을 할 필요가 없다는 다음과 같은 논리를 전개했습니다. '사람이 살다가 걱정을 할 일은 병에 걸릴 것인가 안 걸릴 것인가뿐이다. 병에 안 걸린다면 걱정할 일이 안 된다. 만일 병에 걸린다면 단 두 가지만 걱정을 하면 된다. 즉 나을 것인가 안 나을 것인가뿐이다. 병에서 낫는다면 걱정을 할 일이 안 된다. 만일 병이 낫지 않는다면 단 두 가지만 걱정을 하면 된다. 죽을 것인가 안 죽을 것인가뿐이다. 안 죽는다면 걱정을 할 일이 안 된다. 만일 죽는다면 단 두 가지만 걱정을 하면 된다. 천국에 갈 것인가 지옥에 갈 것인가뿐이다. 천국에 가게 된다면 걱정을 할 일이 안 된다. 만일 지옥으로 가게 된다면 친구들이 많아서 악수하기에 바빠 걱정을 할 시간이 없을 것이다. 그러므로 걱정을 할 필요가 없다.' 물론 우스개소리입니다만 만사를 긍정적으로 본다면 걱정을 하지 않게 될 것입니다.

어떤 심리학자가 두 아이를 갖고 실험을 했다 합니다. 그 중 한 아이는 극히 긍정적인 태도를 가진 아이였고 다른 아이는 극히 소극적인 태도를 가진 아이였다고 합니다. 그 학자는 소극적인 아이를 어느 방에 앉혀 놓고 과자를 한아름 안겨 주었습니다. 그리고 문을 닫았습니다. 약 20분 후에 문을 열고 방에 들어가 보니 즐거워할 줄 알았던 그 아이는 울고 있었습니다. 우는 이유를 묻자 그 소극적인 아이는 대답을 했습니다. "내가 이 과자를 먹으면 부스러기가 여기 저기 떨어져서 엄마한테 야단을 맞게 될 거에요. 그래서 나는 이 과자를 먹고 싶은데 먹지 못하고 있습니다."라고 하면서 걱정과 슬픔이 가득했습니다.

이번에는 긍정적인 아이를 말똥이 가득찬 방에 넣어두고 문을 닫았습니다. 약 20분 후에 문을 열고 들어가 보니 말똥 안에서 불평을 하고 있을 줄 알았던 그 아이는 삽으로 마분을 이리 치우고 저리 치우느라고 땀을 뻘뻘 흘리고 있었습니다. 뭘 하고 있느냐는 심리학자의 물음에 그 아이는 신이 난 어조로 대답을 했습니다. "말똥이 이렇게 많은 걸 보니 이 방안에는 망아지가 있을 거예요. 나는 그 망아지를 찾고 있습니다."라고 하면서 희망과 기대가 넘치는 즐거운 모습을 하고 있더라는 이야기입니다. 정도의 차이는 있을지언정 우리의 생활도 이 두 아이와 비슷한 점이 많다고 하겠습니다.

대비와 대책은 사건의 문제를 해결하지만 걱정은 아무 것도 해결하지 못합니다.

원하지 않은 문제가 야기되면 소극적인 경영인은 허물을 돌리기 위하여 손가락질을 하기에 바쁩니다. 긍정적인 경영인은 문제의 해결책을 모색하기에 바쁩니다. 한국에서 성수대교 사건이 터지고 도세비리가 노출되며 페리선박이 침몰하는 등의 각종 사고가 날 때마다 모든 반응은 허물을 돌리기에 바빴으나 그런 대형사고를 미래에 방지할 대책은 거의 표현되지 않았음을 우리는 보았습니다. 정지 풍토나 기업의 풍토가 소극적인 양상에서 긍정적인 양상으로 급선회를 해야겠다는 바람을 여러분들도 갖고 계실 것입니다.

전문가들의 말씀에 의하면 모든 병도 걱정을 할 때 걸린다고 합니다. 걱정을 하면 위산도 많이 분비하여 속도 쓰리고 소화도 잘 안될 뿐만 아니라 심하면 위궤양으로 발전을 한다고 합니다. 걱정은 소위 스트레스의 현상입니다.

우리는 누구나 일을 해야 합니다. 과다한 책임이나 업무 때문에 스트레스를 받는다고들 합니다. 그러나 과다한 업무는 외부적 압력입니다만 스트레스는 그 압력에 지배를 당하는 내부적 현상이라고 합니다. 위에 말씀을 드린 두 아이의 이야기에서 말해 주듯이 외부의 압력이 어떠한 것이든지 그것을 대하는 우리의 마음 자세와 태도로 인하여 스트레스가 될 수도 있고 일을 더욱 잘 하고 싶은 긍정적인 자극도 될 수 있습니다. 복잡한 사회환경 속에서도 '세상아 비켜라. 내가 간다.'고 말할 수 있는 마음가짐으로 책임과 업무를 대하면 걱정도 생기지 않고 스트레스도 없이 신나는 나날을 보낼 수 있을 것입니다.

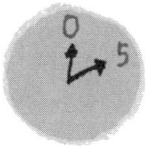

## 자신을 좋아하자

　대부분의 사람들은 자기의 모습, 옷차림, 가구, 또는 이름을 평가할 때 남의 것을 더 좋게 보는 경향이 있습니다. 자기의 사진이 여러 사람이 볼 수 있는 매체에 실렸을 때 그 사진을 만족스럽게 생각하는 사람은 많지 않습니다. 저도 예외는 아님을 최근에 깨달았습니다. 저에 관한 기사와 사진이 〈로스앤젤레스 타임즈〉에 게재되어 수많은 사람들로부터 축하를 받았습니다. 그럴 때마나 그 신문에 실린 제 사진은 잘 나오지 않은 사진이라고 번번히 변명을 하는 내 자신을 발견하고 놀라움을 금치 못했습니다. 왜 제가 '기사와 제 사진이 마음에 들었습니다.'라는 소감을 말하지 못했을까를 곰곰히 생각해 보았습니다. 제가 내릴 수 있는 결론은 아직도 제 자신을 충분히 좋아하지 않고 있다는 사실이었습니다.

　우리가 보람을 느끼면서 살아가려면 내 자신을 좋아하는 태도가 중요하다 하겠습니다. 남의 집이나, 가구나, 옷차림이나, 체격이 나보다 항상 나아 보일 때 자아의식에 문제가 있다고 하겠습니다. 낮은 자아의식을 가지고 일을 할 때 회사의 직원으로서나 경영인으로서 큰 성과를 내지 못할 가능성도 높다고 하겠습니다. 저는 최근에 어떤 분이 9학년때 낮은 자아의식을 높이는 경험담을 읽은 적이 있습니다. 극히 평범한 경험이고 우리 모두에게 생소하지 않은 것같은 경험이길래 여기에 소개해 드립니다.

매일 세 번째의 시간에 나는 항상 맨 뒷자리에 앉았습니다. 다리는 뻗을 수 있는 한 길게 뻗어 앉았습니다. 그렇게 앉으면 앞에 앉아 있는 선생님에게 잘 보이지가 않기 때문이었습니다.

금요일이 되면 새로운 뉴스거리를 앞에 나와 발표하는 날이었습니다. 학생들의 이름을 선생님이 부르면 두 가지 답변 중 하나를 하게 되어 있었습니다. 즉 '준비 했습니다' 아니면 '준비를 못했습니다' 입니다. '준비를 못했습니다' 라고 대답하면 선생님은 그 대답을 한 학생에게는 더 이상의 질문도 하지 않고 아무런 발표도 시키지 않았습니다. 나도 꾀를 부리는 재주를 재빨리 배워서 제 이름이 선생님의 입에서 떨어지기가 바쁘게 '준비를 못했습니다' 를 얼른 말했습니다.

그런데 제가 좋아하는 여학생이 바로 제 앞자리에 앉아 있었는데 그 여학생의 호감을 살 수 있는 재치있는 말을 언제나 생각해 보았습니다. 그러나 막상 그 여학생을 만나는 순간 생각했던 말을 다 잊어 먹기가 일쑤였고 생각이 나더라도 말이 입에서 나오지 않았습니다.

하루는 선생님이 제 이름을 불렀을 때 다른 여느 날과 마찬가지로 '준비를 못했습니다.'라고 대답했습니다. 그때 제 앞에 앉아 있던 그 여학생이 뒤로 돌아 나를 똑바로 보면서 말했습니다. '왜 준비를 못하니?' 그 말을 듣고 충격이 너무 커서 발표하는 학생의 말소리를 하나도 들을 수 없었습니다. 방과후 집에 온 뒤에도 계속해서 '왜 준비를 못하니'의 질문에 대답을 하려고 노력했습니다. 그러나 납득할 만한 대답은 나오지 않았습니다. 드디어 나는 신문에 나온 기사 하나를 오려서 호주머니에 넣고 일 주일 내내 읽고 또 읽었습니다.

그 다음 금요일에 나는 언제나 앉았던 자리에 앉았습니다. 선생님이 불러 나가는 이름이 제 이름에 달했을 때 이번에는 '준비 했습니다'라고 대답했습니다. 전혀 기대하지 않았던 선생님은 얼굴을 들어 저를 못믿겠다는 듯이 쳐다보았습니다. 나는 고개를 떳떳이 들고 자신있게 고개를 끄덕였습니다. 앞자리에 앉아 있던 여학생이 나를 보면서 미소를 지었습니다. 다른 학생들은 마치 '배반자'라고 말하듯이 나를 쳐다보았습니다. 약간 두려운 생각이 났지만 나는 중대한 진리를 하나 얻었습니다. 내가 해야할 일을 할 때는 약간 두려움이 나는 것도 괜찮다는 진리었습니다.

나는 학급 앞에 나가서 난생 처음으로 일종의 연설을 했습니다. 말 한마디 한마디를 모두 기억했으므로 실수 없이 발표를 마쳤습니다. 마지막 말이 내 입에서 떨어지는 순간 나는 내 자신에게 말했습니다. '나는 내가 좋다'고. 자리에 돌아와 앉았을 때 가슴은 터질 듯이 뛰었고 아무런 말도 들리지 않았습니다. 그러나 표현할 수 없는 감동적인 느낌이 가슴을 메꾸었습니다. 나는 혼자말로 여러 번

속으로 외쳤습니다. '이것이 정말 인생의 맛이로다. 앞으로는 내가 해야 할 일을 언제나 준비하리다.' 그후로부터 저는 나를 좋아하게 되었습니다.

이 평범한 이야기 중에 우리 모두가 배울 교훈이 많이 들어 있다고 봅니다. 성경에도 '이웃을 네몸같이 사랑하라'고 했지 '이웃을 네몸보다 더 사랑하라'고 하지 않았습니다. 우리 자신을 좋아하지 않고 남을 좋아할 수 있을까요?

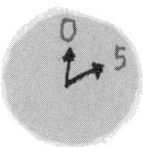

## 결혼 축하금과 조의금

    지위고하를 막론하고 결혼식과 장례식으로 지출되는 돈이 너무 많다고 투정을 하는 사람들이 많습니다. 결혼식에 초청을 받고 갈 때는 진심으로 축하를 해 주는 마음 이외에는 어떠한 부담도 갖지 말아야 될텐데 재정적인 부담을 느끼면서도 대부분이 참가를 한다니 무엇인지 잘못되어 가는 것 같습니다.

    피로연에 쓰는 비용도 막대하며 자녀의 결혼식을 한 번 치르고 나면 막중한 빚더미 위에 앉게 되는 사람들이 많다는 사실은 잘 알려져 있습니다. 그런데 지위가 높은 사람들의 자녀가 결혼을 하게 되면 들어오는 금액이 많아서 결혼식에 드는 비용을 모두 제하고도 큰돈이 남는다는 사실도 역시 잘 알려져 있습니다. 수년 전에 미국으로 유학 온 한 부부가 막대한 금액을 신고없이 은행에 예치했다가 돈세탁죄로 기소를 받아 유죄판결을 받은 바가 있었습니다.

미국에서는 현금을 만 달러 이상 예금을 하려면 그 출처를 밝히는 신고를 해야 합니다. 그때 그들이 주장한 돈의 내력인즉 자기들의 결혼식에 축하금으로 들어온 돈이라고 했습니다. 신부의 아버지는 그 당시 한국의 최고 통치자였고 신랑의 아버지는 한국의 굴지 대기업의 회장이라는 점을 감안할 때 그런 돈이 들어오고도 남을 만하였습니다.

그런 고위층 부유층의 자녀가 결혼을 할 때는 돈을 갖다 주어야 할 아무런 이유가 없다고 저는 생각합니다. 오히려 결혼식에 돈을 갖다 주려면 고생해 가며 남녀가 아르바이트를 해 겨우 살아가는 유학생들의 결혼에 주어야 할 것입니다. 그 때는 될 수 있으면 많은 축하금을 갖다 주어야 그들이 가구도 사고 축하객들에게 국수라도 한 그릇 대접할 수가 있습니다. 저는 단 한번만이라도 받아 보고 싶은 결혼 청첩장이 있습니다. 평범한 청첩장의 끝에 '축하금은 사절합니다' 라고 쓰여진 청첩장을 지명도가 높은 사람으로부터 한 번만이라도 받아보고 싶습니다.

미국에서 사는 동안 그곳에서 오래 살다 보니 일 주일이 멀다 하게 부고를 받았습니다. 저는 이제 60대의 중반에 진입을 했지만 70대에 진입을 하면 받는 부고 수가 더 많아진다는 경고를 어르신들로부터 들었습니다. 그런데 미국인들의 장례식에 가는 데는 아무런 재정적인 부담을 느끼지 않습니다. 미국인들은 고인을 기념하는 뜻에서 아동병원이나 자선 기관에 자의에 의한 기부를 부탁할 뿐 기타 아무런 금전은 갖고 가지 않는 것이 풍속입니다. 직장 친구가 사망을 했을 때는 한 사람 당 5달러씩 걷기도 하고 2달러씩 걷기도 합니다. 그렇게 모은 돈은 유가족이 지정한 자선단체에 고인의 기넘으로 보내게 됩니다.

우리의 전통은 미국인들과는 다르다는 점도 알고 있습니다. 어려운 분의 장례에는 될 수 있으면 많은 조의금을 모아서 장례비용에 도움을 주어야 하겠지만 모든 장례식에는 조의금을 가져가야 하는 한인사회의 전통에는 부분적인 수정을 가할 필요가 있다고 저는 생각합니다. 한국에서는 지위가 높은 사람이 상을 당하면 막대한 조의금이 들어 온다고 합니다. 상을 당하고 자손이 돈을 버는 결과를 낳게 된다는 사실을 생각할 때 가슴이 답답해집니다.

결혼 이야기가 나왔으니 제가 최근에 겪은 아름다운 경험담 하나를 말씀드리겠습니다. 아름다운 젊은 한 쌍이 저에게 주례를 부탁했습니다. 깨끗하고 사랑스러운 그 젊은 한 쌍의 행복한 일생에 실오라기 만한 영향이라도 되는 것이 즐거워서 승낙을 했습니다. 결혼식은 친지들만이 모여 간단하면서도 청초한 장식 속에서 이루어졌습니다. 주례인 제가 신부에게 결혼 선서를 시키는 뜻으로 물었습니다. '신부 아무개는 신랑 아무개의 아내와 반려자가 되어 그를 사랑하고 아끼고 존중할 것을 이 여러 증인들 앞에서 자유의지로 약속합니까?' 하고 물었을 때 또렷한 말로 '네. 약속합니다' 라고 대답을 했습니다. 지금까지 제가 본 모든 결혼식에서 신랑이나 신부가 '네' 라고만 했지 단 한 사람도 '네, 약속합니다' 라고 완전한 문장으로 대답하는 것을 처음 보았습니다. 그 결혼이 행복한 결혼이며 평생토록 행복할 것임을 의심하지 않았습니다.

결혼식에 초청을 받고, 있으면 있는 대로 없으면 없는 대로 아무 부담감 없이 참석하여 두 사람의 앞날을 마음속으로 축복해 줄 수 있고 결혼하는 당사자들도 무리하지 않고 케이크나 간단히 자르고 펀치나 마시면서 하객들을 부담감 없이 대할 수 있는 결혼이 왜 쉽지 않을까 생각해 보았습니다. 장례식에도, 없으면 없는 대로 가서 고인의 명복을 마음속으로부터 빌고 유가족과 함께 애통한 마음을 부담감 없이 나눌 수 있는 장례식이 왜 우리 주변에 없을까도 역시 생각해 보았습니다. 제가 이 세상을 떠날 때 저는 제 자녀들에게 '조의금은 사절합니다'의 문구를 반드시 써서 부고를 돌리라고 말해 놓고 떠날 생각입니다.

제**4**장

가정을 잃고 인생의 성공을 말할 수 없다

경영인과 가정
경영인의 아내
받는 사랑과 주는 사랑
접촉의 위력
성공의 추진력이 되는 가정
자녀의 탓과 부모의 탓
입장을 바뀌 놓고 보자
내조와 남편
효도로 하는 자녀교육
애처가와 공처가

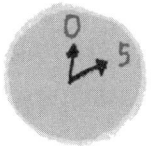

## 경영인과 가정

유명한 종교 지도자인 데이비드 매케이(David McKay)씨는 말했습니다. '가정의 실패를 보상할 성공은 없다.' 또 공자께서도 '수신제가 후에 치국평천하.' 라고 했습니다. 즉 자신을 가꾸고 가정을 올바로 관리한 후에 나라를 다스리고 천하를 평화롭게 할 노력을 하라는 말씀입니다. 영국의 존 메이저 총리도 총선패배로 실각이 기정 사실화된 데에 대한 심경을 묻는 기자들의 질문에 "총리식은 단지 직업을 갖는 것일 뿐, 중요한 것은 가정이다."라고 말했습니다. 사업에 치중하다 보면 사업의 성공이 우선순위 제일로 올라 갈 수도 있겠으나 우리는 특히 경영자들에게 가정의 행복보다 높은 우선순위를 차지할 일은 없습니다.

초등학교 2학년의 선생님이 자기 담임 아동들의 아버지를 초청했습니다. 흔히 없었던 이 아버지의 모임에 아버지들이 일을 일찍 마치고 학교에 왔습니다. 담임 선생은 아동들의 좋은 학습에 아버지의 관심의 중요성을 강조한 후에 아이들이 쓴 작문을 아버지들께 나눠 주었습니다. 제목은 '우리 아버지'였습니다. 작문의 내용은 두 가지로 나눌 수 있었습니다. '우리 아버지는 나하고 잘 놀아 주고 나를 많이 도와 주어서 나는 아버지를 좋아한다.'는 내용과 '우리 아버지는 너무 바빠서 나하고 잘 놀아 주지도 못 하고 나를 잘 도와주지도 못한다. 나는 우리 아버지가 나의 좀더 좋은 친구가 되어 주었으면 좋겠다.'는 내용이었습니다.

이 아버지 모임에 온 아버지들은 의사, 변호사, 노동자, 또는 사업가로 여러 종류의 차를 타고 왔지만 아이들의 작문을 읽고 나가는 아버지들은 두 종류의 아버지로 나눠졌습니다. 즉 아이들의 친구인 아빠들과 아이들의 친구가 아직 되지 못한 아버지들이었습니다.

어느 분이 말했습니다. "남자는 누구나 아버지가 될 수 있다. 그러나 특별한 남자만이 아빠가 될 수 있다." 아버지가 되는 것은 생리적인 현상이지만 아빠가 되는 것은 사랑의 현상입니다. 어린 애기들의 목욕을 시켜 주고 어린 딸의 긴 머리를 빗어 주는 극히 평범한 행동으로 아빠가 되는 토대를 쌓게 되며 퇴근 후에 아무리 피곤한 몸이라 할지라도 아이들을 등에 태우는 말이 되어 주고 숙제를 같이 해 주는 자상한 정성이 아빠를 만들어 줍니다. 아이들이 잠들기 전에 이야기책을 읽어 주는 일도 엄마만의 일이 아닙니다.

아이들의 교육과 훈육은 태아 때부터 시작해야 한다는 말을 우리는 자주 듣습니다. 한 엄마가 아동 심리학자를 찾아갔습니다. "박사님, 저는 제 아이를 정말 잘 기르고 싶습니다. 언제부터 교육을 시작하는 것이 좋습니까?" 하고 물었습니다. 그 심리학자는 "지금 당신의 아이는 몇 살입니까?" 하고 물었습니다. 두 살이라는 응답에 그 심리학자는 말했습니다. "당신은 이미 2년이나 늦었습니다. 빨리 집에 가서서 그 아이의 교육을 시작하십시오."

사업을 하는 많은 부모님들 중에는 '누가 자식들과 더욱 많은 시간을 가져야 하는 것을 모르겠는가? 그러나 사업의 존폐가 걸려 있는 상황에서 업체에 매달려 있지 않을 수 없지 않겠느냐'고 할 사람들이 많을 것입니다. 우리 자식들은 부모들이 자기들과 보내주는 시간의 양보다 질을 원합니다. 얼마나 자식들에게 정성을 들이는 질적 시간인지는 우리 어린이들이 현명하게 판단합니다. 우리 어린이들은 부모들이 생각하는 것보다 훨씬 현명합니다.

동시에 자식들과 더욱 많은 시간을 갖기 위해서는 권한위임에 인색하지 말아야 하겠습니다. 신임할 수 없는 사람은 아예 채용하지 말고 채용을 했으면 그를 신임해서 권한을 위임해야 합니다. 직원들의 대부분은 상사가 자기를 신임한다고 느꼈을 때 더욱 일을 잘하고 싶은 충동을 갖게 되며 생산성도 증가한다는 사실은 여러 경영학자나 행동과학자들이 이미 증명했습니다. 자식들을 잘 기르기 위해서 이민 왔다고 우리는 자주 말합니다. 다망 중에도 자식들의 신체적·정신적 복지를 위하고 가정을 지상의 천국으로 만드는 일을 우리 생활의 우선순위 제일로 삼아야 함을 잊지 마십시오.

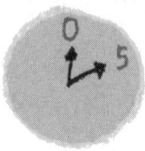

## 경영인의 아내

　사업체를 경영하는 사람 중 대부분이 남자들이기 때문에 아내에 대한 경영인의 마음가짐과 태도에 관해 말씀을 드리겠지만 제가 말씀을 드리는 원칙은 아내가 남편에 대해서도 같이 적용될 수 있다고 봅니다.

　수년 전에 미국의 대기업의 최고 경영자들의 결혼생활을 연구한 결과가 발표된 적이 있었습니다. 이혼이 증가 추세에 있고 결혼한 부부들 중 절반 이상이 이혼을 한다는 통계도 나와 있는 요즘의 실태인데도 미국의 100대 회사의 최고 경영자들 중 90% 정도는 결혼을 한 번밖에 안 했다는 결과가 나왔던 것입니다. 그뿐만 아니라 그 최고 경영자들은 행복한 결혼생활을 하고 있었고 불륜이나 혼외정사 등의 문제가 전혀 없다는 사실도 함께 나타났습니다. 여기에서 귀납법적으로 내릴 수 있는 결론은 화목하고 행복한 부부관계를 유지하는 사람들이 사업도 성공으로 이끈다는 것입니다.

살기가 좀 어려웠을 때는 화목했던 부부가 약간 또는 많이 부유해지면 화목했던 부부관계에 금이 가는 예를 우리 주변에 자주 보게 됩니다. 아내를 아끼고 귀중하게 여기는 철저한 마음자세가 되어 있지 못하면 아내를 향한 마음과 몸가짐이 표류하기가 쉽습니다. 한국의 옛 속담에 다음과 같은 말이 있습니다. '자식과 농사는 내것이 남의 것보다 나아 보이고 가구와 마누라는 남의 것이 내것보다 나아 보인다.' 물론 그런 속담에 항의할 사람도 많을 것이고 또 당연히 항의해야겠지만 아내에 대한 사랑에 매일처럼 영양을 공급하지 않으면 이 속담같은 경지에 빠지기 쉬운 것이 우리 인간의 약점이라 하겠습니다.

남편들이 아내에 대한 마음가짐에서 한 가지 빼놓아서는 안 될 사실이 있습니다. 남자들이 감히 상상할 수도 없는 고통과 희생으로 아이를 낳고 곱게 기르는 일 하나만으로도 아내는 우리가 줄 수 있는 모든 사랑과 존경을 받을 자격을 갖추었습니다. 그 이상의 모든 장점은 보너스로 여겨야 한다고 저는 생각합니다. 날씬했던 몸매가 약간 균형을 잃을 수도 있고 고왔던 피부에 주름이 생겼다고 해서 아내의 귀중한 가치가 조금이라도 감소될 수가 없습니다. 출산을 하느라고 늘어졌던 피부의 자국이나 눈가의 잔주름은 가족을 형성해 온 의의 깊은 역사책임을 생각하면 오히려 나이가 들어 가는 아내가 더욱 소중하게 보여야 할 것입니다. 이런 말씀을 드리는 저를 포함한 대부분의 남편들이 아내의 귀중함을 느끼고 있으면서 그 표현을 잘 못하는 데에 문제는 있는 것입니다. 자라 온 한국의 전통적 문화에 탓으로 돌려야 할지 남성 고유의 값싼 자존심을 지탄해야 할지는 잘 모르겠으나 무뚝뚝한 한인 남편들이 밖으로 표현하는 것보다 훨씬 더욱 아내를 사랑하고 있음을 아내들은 알아주시기를 바랍니다.

이제는 아내들에게 몇 마디 해 드리겠습니다. 사업체를 경영하거나 직장에 나가는 남편들이 사무실에 가면 어떤 여성들을 보고 같이 일을 하는지를 생각해 보라는 말씀을 하겠습니다. 직장에 나오는 여성들은 그날 그 계절에 가장 어울린다고 여겨지는 매력적인 옷을 입고 나옵니다. 머리도 예쁘게 가꾸고 향수나 화장품도 자기의 능력이 허락하는 한 최고품을 몸에 바르고 나올 뿐만 아니라 언행도 조심스럽고 아름답게 하려고 노력을 하면서 하루의 업무를 수행합니다. 그런 틈바구니에서 하루 종일 일을 마치고 귀가하는 남편은 어떠한 아내를 접하게 됩니까? 그런 남편이 집문을 들어올 때 아내가 직장의 여성처럼 예쁜 옷을 입고 머리모양도 잘 가꾸며 정말 반갑게 남편을 맞이할 필요는 없을까요?

아내들께서 시장에 갈 때나 교회에 갈 때 치장을 잘 하시지요? 물론 모든 사람에게 품위 있고 잘 보이도록 해야 하겠지요? 그러나 누구를 위한 치장이라야 하겠습니까? 다른 어떤 사람에게보다 예쁘게 보여야 할 사람은 남편이라야 할 것입니다. 어느 대회사의 회장 부인이 TV인터뷰에서 한 말을 잊을 수가 없습니다. 그 부인은 물론 가정이 부유해졌기 때문에 그럴 수 있었겠지만 남편이 귀가할 때 가장 아름답게 보이기 위해서 매일 오후에 미장원을 간다고 했습니다. 비록 미장원에는 매일 갈 수가 없다 하더라도 남편을 맞이할 때 최소한도 헤어컬러는 빼고 지워진 립스틱을 다시 바르는 배려 정도는 있었으면 하는 것이 남편들이 감히 아내들에게 표현 못하는 바람임을 감히 이 자리를 빌어서 말씀드립니다.

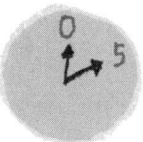

## 받는 사랑과 주는 사랑

여러분은 자식을 위해서 꼭 한 가지의 소원을 말하라고 하면 무엇을 원하시겠습니까? 그것도 5초 내에 말을 해야 한다는 조건이 있으면 언뜻 생각이 나지 않을 것입니다.

제가 대학에 다닐 때 독일어 시간에 배운 소설이 생각납니다. 1946년에 괴테상과 노벨 문학상을 받았던 헤르만 헤세의 작품 『어거스트(August)』를 읽어 본 사람은 모두 저와 같은 느낌을 갖고 있을 것입니다. 젊은 어머니가 유복자를 낳게 됩니다. 그런데 옆집에 사는 말없는 할아버지 한 분이 사셨는데 인자하시고 또 아기엄마와 아기에게 무척 자양을 베풀었습니다. 아이로 하여금 영세를 받게 알선을 해 주고 자진해서 대부가 되어 주기까지 했습니다.

하루는 아기의 엄마에게 그 할아버지가 말을 했습니다. "오늘밤, 내 창문을 통해서 나오는 음악이 꺼지기 전에 당신의 아기를 위한 소원 하나만 말하세요. 그러면 그것이 반드시 이루어지리다." 그 말을 들은 아기엄마는 가슴이 벅차고 어찌할 바를 몰랐습니다. 자기의 생명보다 더 귀중한 아들을 위한 소망이 너무도 많았기 때문입니다. 미모, 건강, 부유, 장수, 명석, 관운 등등의 아기를 위한 소망이 너무도 많아서 그 어느 하나도 결정하지 못했습니다. 드디어 밤이 되어서 옆집 창가로부터 음악이 흘러나오기 시작했습니다. 엄마의 가슴은 더욱 뛰었습니다. 아무리 생각해 보아도 그 많은 소원이 꼬리에 꼬리를 물고 뱅뱅돌며 엄마만 안타깝게 했습니다.

그러는 사이에 음악은 사라지기 시작했습니다. 음악이 끝나면 아기를 위한 소원을 말할 기회는 여전히 없어지는 것을 잘 알고 있었기에 엄마는 조급해졌습니다. 수많은 소원이 맴돌고 있는 사이에 음악은 아주 약해졌습니다. 이제 일이 초밖에 남지 않은 지경에서 엄마는 얼떨결에 외쳤습니다. "이 세상에서 무엇보다 그리고 누구보다 귀중한 내아들을 위하여 소원을 말합니다. 내 아들이 모든 사람으로부터 사랑을 받게 하소서." 이 말을 마치자마자 음악은 끝났습니다. 엄마는 자기가 말한 소원이 자기 아들에게 가장 적절한 소원이었을까를 되새기면서 그런 대로 자기가 말한 소원은 아기에게 좋은 소원이라고 생각했습니다. 그 소원은 아기가 자라면서 이루어졌습니다. 어디를 가나 모든 사람들은 아기를 보면 너무도 귀여워하고 잘생겼다고 칭찬을 했습니다. 엄마는 그 이상 자랑스러울 수가 없었습니다. 품팔이를 하는 바느질도 힘드는 줄 모르게 아기를 길렀습니다.

그 아들이 장성하자 돈 있는 여자, 권세 있는 여자를 비롯하여 그 아들에게 무엇이든 마구 갖다 주면서 그 아들의 인기는 최고였습니다. 동시에 방탕과 무절제의 생활이 계속되었고 세상의 모든 것을 고마워할 줄도 몰랐고, 남의 신세를 신세로 여기지도 않았습니다. 그런 모든 호색방탕의 생활을 하면서도 그는 행복하지 못했습니다. 그는 인기가 높아질수록 더욱 비참해졌습니다. 드디어 그 사람의 어머니는 늙어 죽게 됩니다. 마지막 숨을 거두기 전에 그 엄마는 다음과 같은 후회를 합니다. '내가 내 아들을 위한 소원을 말할 때 잘못했어. 모든 사람이 내 아들을 사랑하도록 원할 것이 아니라 아들이 모든 사람에게 사랑을 줄 수 있기를 원했어야 했어.'

가정을 이끌어 가면서나 사회활동을 하면서 사랑을 받기를 원할 것이 아니라 사랑을 줄줄 아는 태도를 연마해야 할 것입니다. 사랑을 주는 사람은 사랑의 뜻을 압니다. 그러나 사랑을 받기만 하는 사람은 사랑의 뜻을 모릅니다. 누군가가 말을 했습니다. '주고 또 주어서 내것으로 만들라.' 대중가요의 가사에서 '사랑이 뭐길래 믿지 않나요'라고 했듯이 모든 사람에게 사랑을 주는 사람에게는 미운 사람이 없습니다.

제가 박사학위의 과정을 받은 학교의 동창회 이사로 봉사를 할 때 조그만힌 안건이 하나 제안되었습니다. 학생식당의 개수를 하고 주변의 조경사업을 하는데 약 20만 달러가 소요된다고 하며 학교 당국에서 동창의 협조를 요구해 왔습니다. 미국에서 학교를 나온 사람들은 잘 알고 있겠지만 미국의 대학은 많은 자금의 조달을 동창을 통하여 하고 있으며 동시에 학교의 인사, 특히 체육관계의 코치를 채용할 때에 동창회는 막대한 영향을 행사합니다. 그때 20만 달러의 전액을 낸 사람은 잘 알려진 멕시코 음식점 체인의 회장이었습니다. 자기는 고등학교도 졸업을 못했지만 자기가 학교에다 약간의 돈을 내서 학생들이 혜택을 받게 된다니 한없이 기쁘다고 하며 더 필요하면 자기에게 말하라고 했습니다. 그 노인은 정말 멋진 인물이라고 생각했습니다. 그는 사랑을 주는 뜻과 기쁨을 아는 분이었습니다. 〈TV Guide〉의 발행자는 작년에 4억 달러 이상을 미국 정부에 내놓으면서 고등학생들을 올바르게 교육하는 데 써 달라고 했습니다. 그분도 사랑을 줄줄 하는 행복한 사람임에 틀림없습니다. 모든 사람을 사랑하는 성품은 훌륭한 경영인이 되는 제일 조건이라고 믿지 않으십니까?

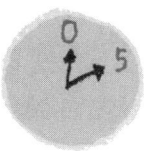

## 접촉의 위력

　가정에서나 직장에서 신체적 접촉의 위력은 대단합니다. 요새처럼 성희롱 성추행 소송이 잦은 시대에 말씀을 드리기가 위태함을 느끼기도 합니다만 아빠나 엄마의 어루만짐이 없었다면 이 세상은 몹시 삭막하고 지겨울 것입니다. 저는 어머니를 여섯 살 때 사별했습니다. 눈이 내리던 겨울날 그렇게도 사랑했던 어머님을 싣고가는 상여가 집을 떠나던 장면을 근 60년이 지난 오늘까지 눈에 선합니다. 엄마의 따뜻한 손길이 그리워서 얼마나 울었는지 모릅니다. 지금도 저의 엄마를 생각하면 환갑이 지난 이 나이에도 목이 메입니다. 사랑어린 큰누나의 등에 업혀 봐도 성의껏 해 준 계모님의 시중도 내 엄마의 어루만짐을 대신하지 못했습니다. 사랑하는 부모님의 따뜻한 손길은 백마디의 훈시보다 자녀를 올바른 길로 인도하는 데 더 큰 위력을 갖고 있다고 믿습니다.

후버(Edgar Hoover) 전 미 연방수사국장은 말했습니다. "범죄를 줄이는 일은 전기의자에 의해서가 아니라 유아용식탁의자(high chair)로 해야 한다." 유아용식탁의자에 애기를 앉히고 음식을 먹이면서 엄마와 주고받는 사랑의 교환이 이 세상을 바로잡는 데 무엇보다 중요하다고 믿습니다. 한번은 제 네 살짜리 외손자가 주말에 찾아와서 자고 가겠다고 말했습니다. 저의 손자들은 저의 집에 와서 자고 가겠다는 말만 하면 그만입니다. 아마도 자기 집에서보다 늦게까지 놀 수 있어서 할아버지집을 좋아하겠지요. 잘 시간이 되어서 손자아이더러 잠자리에 들라고 했습니다. 그랬더니 그 녀석이 저에게 야단을 쳤습니다. 같이 기도도 안 하고 왜 자기보고 자라고 하느냐고 하면서 침대옆에 무릎을 꿇고 저더러 옆에 같이 무릎을 꿇으라고 했습니다. 어린 손자가 기특하기도 했지만 그 아이를 그렇게 교육시킨 제 딸이 자랑스러웠고 이 손자아이가 매일밤 기도를 드리고 취침을 하는 한 그 아이는 올바른 사람으로 성장할 것이라는 확신을 가졌습니다.

밤마다 어린 딸에게 이야기 책을 읽어 주어야 하는 한 아버지가 묘안을 생각해 냈습니다. 매일밤 읽어 주는 이야기 책은 '아기돼지 삼형제(The Three Little Pigs)'였는데 그는 그 이야기를 멋지게 읽어서 녹음을 했습니다. 그리고 자기의 딸에게 녹음기를 작동하는 방법을 가르쳐 주었습니다. 그 방법이 하루 이틀은 효과를 보는 것 같았습니다. 그러나 하룻밤에는 딸아이가 녹음기를 밀어제치고 이야기 책을 아빠에게 주면서 읽어 달라고 했습니다. "애야, 너 녹음기를 작동할 줄 알지 않아?"라고 아빠가 말을 하자 딸아이가 대답을 했습니다. "아빠, 그렇지만 녹음기는 내가 앉을 무릎이 없지 않아?" 그 딸에게는 아빠가 읽어 주는 이야기보다 이야기를 읽어 줄 때 앉을 수 있는 아빠의 무릎이 더욱 중요했던 것입니다.

심리학자의 조사에 의하면 대부분의 남편들은 아내에게 안겨 보고 싶은 마음이 강하다고 했습니다. 남자의 뚝심 때문에 말은 못하지만 가끔 안아주는 아내의 따뜻한 손길과 체온에서 살맛나는 기쁨과 인생의 보람을 느낀다고 합니다. '이거 왜이래?' 하면서도 살짝이 다가와서 사랑의 품으로 남편을 안아주는 아내를 진주처럼 또 보배처럼 생각하지 않을 남자는 이 세상에 단 한 사람도 없다고 단언을 합니다. 직장에서도 성별이 다른 직원 사이에는 조심을 해야 하겠지만 '주말 잘 지냈어?' 하면서 말로만 인사하고 지나치는 것보다 한 손을 가볍게 어깨 위에 올리면서 인사를 교환하면 무언의 친분과 충성심이 생기게 됩니다. 저는 30여 년 간 대기업체에서 많은 부하직원이나 동료직원들을 상대해 왔습니다. 위에서 말한 가벼운 접촉과 아울러 인사를 하는 것이 습관처럼 되어서 그랬는지 몰라도 은퇴를 할 때까지 사이가 나쁘게 지낸 직원이나 동료는 단 한 사람도 없었다고 말할 수 있습니다.

자녀와 대화를 할 때에도 옛날 서당에서처럼 무릎을 꿇리거나 차렷자세를 유지하도록 하지 말고 안아 준다든가 또는 머리를 쓰다듬어 준다든가 해서 가벼운 접촉을 하는 것이 위력을 갖고 있음은 의심할 여지가 없습니다. 저의 며느리들은 시어머니를 만나면 꼭 시어머니에게 키스를 하는데 옆에서 보기에도 마음이 흐뭇했습니다.

'저사람은 차다' 든가 '저사람은 인사성이 없고 너무 잘난 척한다' 는 평을 받는 사람들을 잘 관찰해 보면 대인관계에서 접촉을 전혀 하지 않는 사람들입니다. 우리의 전통은 접촉을 피하는 문화였습니다. 악수도 서양에서 들어 온 인사이며 머리를 수그려서 인사하는 것이 고작이었습니다. 그러나 우리는 지구촌에서 살고 있습니다. 친분은 인종과 국경이 없습니다. 많은 사람들과 친분을 맺고 마음을 주고받는 충성심과 신임을 받는 사람만이 사업에서나 가정에서 성공을 할 것입니다.

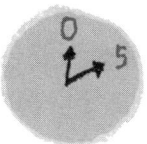

# 성공의 추진력이 되는 가정

아무리 돈을 많이 벌었다 해도 또는 아무리 학벌을 쌓았다 해도 가정에서 실패를 하면 성공했다고 할 수 없습니다. 엄마 아빠가 서로 사랑한다는 것을 감추지 말고 아이들 앞에서도 가장 친한 잉꼬부부처럼 서로 아껴 주는 가정에서 그리고 부모와 자녀 간에 화목한 가정의 자녀들이 학업도 우수하다는 연구결과가 나와서 여기에 소개합니다.

〈*리더스 다이저스트*〉의 10월호 잡지에 실린 조사결과는 다음과 같습니다. 수학 · 사회 · 지리 · 역사 등의 지식을 시험해 보는 문제를 40개 내 놓고 30문제 이상의 정답을 한 학생이 얼마나 되는지를 조사해 보았다고 합니다.

양친과 함께 사는 학생은 53%가 고점수인 반면 편모와 함께 사는 학생은 41%가 고점수였습니다. 12%의 차이가 났습니다. 가족이 다함께 모여 식사를 하는 날이 일 주일에 네 번 이상 된다는 학생들은 60%가 고점수였고, 세 번 이하 함께 식사를 한다는 학생들은 42%가 고점수였습니다. 18%의 차이입니다. 가정생활이 좋거나 아주 좋다고 한 학생들 중에는 54%가 고점수였고, 가정생활이 그저 그렇다고 하거나 나쁘다 또는 비참하다고 한 학생들중에는 36%가 고점수였습니다. 18%의 차이가 나왔습니다.

남학생들이 여학생들보다 성적이 좋았지만 여학생만을 상대로 조사를 해 보았는 데도 같은 결과를 보였습니다. 가족이 모두 모여서 일 주일에 네 번 이상 식사를 한다는 여학생들은 51%가 고점수였는데 반해서, 세 번 이하라고 대답한 여학생은 32%만이 고점수였습니다. 양친과 같이 산다는 여학생은 44%가 고점수였는 데에 반해서, 편모와 같이 산다는 여학생은 30%만이 고점수였습니다. 가정생활이 좋다고 하거나 아주 좋다고 한 여학생은 42%가 고점수인 반면에, 가정생활이 그저그렇거나 나쁘다 또는 비참하다고 대답을 한 여학생은 26%만이 고점수였습니다.

같은 조사에 의하면 미국에 거주하는 멕시코인(Hispanic) 학생들은 38%만이 고점수였고, 흑인학생은 16%만이 고점수였습니다. 백인이거나 동양인 학생은 58%가 고점수였습니다. 백인학생과 동양학생을 비교해서 조사를 했더라면 동양학생들의 성적이 우수한 것으로 나타났을 것같아 그 결과가 없는 것이 약간 안타까웠습니다.

양친 중 최소 한 사람만이라도 대학을 졸업한 가정의 학생은 59%가 고점수인 반면에 양친 모두 대학에 가지 않은 가정의 학생들은 42%만이 고점수였습니다. 양친의 영향력은 흑인학생들에게 더 크다는 결과가 나왔습니다. 양친과 함께 사는 흑인학생은 22%가 고점수인 반면에, 편모하에 자라는 흑인학생은 9%만이 고점수였습니다.

한 달에 한 번 이상 교회에 간다는 멕시코인 학생이나 흑인학생은 18%가 고점수인 반면에, 일 년에 한두 번 가거나 전혀 교회에 가지 않는다고 대답을 한 학생은 겨우 9%만이 고점수였습니다. 백인이나 동양인 학생들 중 남녀를 비교해 볼 때 남학생이 12%나 많은 학생이 고점수인 데 반해서, 멕시코인이나 흑인학생들은 남학생이 여학생보다 28%나 많은 학생이 고점수를 나타냈습니다.

어떤 학자들은 여학생의 점수가 낮은 이유로써 여학생들은 남학생에 비해서 열등의식을 갖기가 쉽기 때문이라고 했습니다. 부모나 가족들의 사랑표현이 여자아이들에게 더욱 절실히 필요로 한다는 경고로 여겨야 되겠습니다.

이런 조사결과를 보고 놀랄 사람은 없을 것으로 믿습니다. 튼튼한 가족없이 자라나는 아이들의 정서나 지능이 발달하여 우수하기를 기대한다는 것은 무리입니다. 전문가들은 제안합니다. 아이들에게 학교에서 무엇을 배웠냐고 저녁식사를 하면서 물어 보라는 것입니다. 숙제도 같이 해 주고 도서관에노 같이 가 주는 부모의 관심과 정성은 아이들의 정서를 건전한 토대 위에 세워 주기 때문에 학업성적도 우수하게 된다는 것입니다.

직장에서도 마찬가지입니다. 행복한 가정을 갖지 않고 훌륭한 직원이 될 수 없습니다. 부부싸움을 심하게 하고 능률이 나는 작업을 할 수 있는 사람은 없다고 해도 과언이 아닐 것입니다. 저는 직장

에서 부하직원들에게 미리 말해두곤 했습니다. 당신네 가족의 긴급
상황이 생겼을 때에는 언제든지 허가를 받지 않고 귀가해도 좋다는
저 개인의 지시였습니다. 미국인 관리인들은 부하직원의 가정문제
에 절대로 개입하지 않습니다. 그러나 저는 다른 의견을 갖고 있습
니다. 직원의 생산성을 올리는 의미에서도 윗사람이 개입하여 가정
의 화목을 증진하는 데 협조하는 것이 좋겠다고 생각합니다.

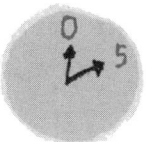

## 자녀의 탓과 부모의 탓

여러분께서는 자녀들에게 말하는 그대로를 녹음해서 들어본 적이 있습니까? 많은 부모님들이 자녀들에게 말을 쏘거나 던져 줄 뿐이지 대화를 하지 않습니다. 또는 말을 하면서도 그 말을 자녀가 충분히 이해했는지조차 확인하지 않고 명령만 하달하기 때문에 문제가 야기되는 경우도 많습니다.

한 엄마가 다섯 살짜리 아들에게 단단히 일렀습니다. "너 밖에 나가서 놀아도 좋은데 길모퉁이를 지나서 놀면 안 된다."라고 지시를 주고 아이를 밖에 내보냈습니다. 한참 있다가 엄마가 밖에 나가 보니 길모퉁이를 훨씬 지난 곳에서 그 아이가 놀고 있었습니다. "내가 너더러 길모퉁이를 지나서 놀면 안 된다고 했잖아?" 하면서 언덕이를 두어 번 때려 주려고 손을 들었습니다. 그때 약간 무서움이 섞인 눈초리로 엄마를 보면서 어린아이가 물었습니다. "엄마, 길모통이가 뭐야?" 무엇이 잘못인지를 모르고 저지르는 잘못을 아이나 부하직원들에게 돌리는 것은 무리일 수밖에 없습니다.

파리에서 전형적인 가구와 부엌장비를 비치해 두고 어린아이들의 거동을 살펴보았다고 합니다. 그 실험에서 참으로 흥미로운 사실을 발견했습니다. 어린 아이들의 손이 왜 더러운가를 알았습니다. 싱크대가 아이들의 눈보다 높았고, 수도꼭지를 스스로 틀 수 없었기 때문이었습니다. 왜 어린아이들이 식탁에서 우유를 엎지르는지를 알았습니다. 우유병이 너무 커서 어린 아이들이 제대로 잡을 수가 없었기 때문이었습니다. 어린아이들이 왜 입던 옷을 옷걸이에 걸어 놓지 않는지를 알았습니다. 옷걸이가 손에 닿지 않는 높은 곳에 있었기 때문이었습니다. 왜 그애들이 다리를 가만히 두지 않는지를 알았습니다. 앉아 있는 의자가 너무 높아서 발이 방바닥에 닿지 않았기 때문이었습니다. 여기에서 볼 수 있듯이 어린아이들의 행동을 어른의 시각에서만 판단해서는 안 되겠습니다.

아동 심리학 박사는 '어른들의 말투로 인해서 어린아이들이 굉장히 속을 앓는다. 어른들이 아이들에게 하는 어조는 잘못을 돌리고, 모욕을 주고, 설교만 하려 하고, 조소하고, 경시하고, 위협하고, 라벨을 붙이고, 또는 뇌물로 아이들을 꼬실려고 한다.'고 그는 말했습니다. 혹시 다음과 같은 표현을 여러분들께서도 자녀들에게 하지 않았나 생각해 보기 바랍니다.

"너는 언제나 철이 들래?"

"너는 왜 항상 요꼴이냐?"

"몇 번이나 말을 해야 알아듣겠니?"

"너는 귀머거리냐?"

"이런 것 하나 제대로 못하냐? 쯧쯧"

한 엄마가 심리학자를 찾아와서 말을 도저히 듣지 않는 아들에 관해서 상담을 했습니다. 그 심리학자는 그 엄마에게 휴대용 녹음기를 하나 주면서 하루종일 켜 놓고 있으라고 했습니다. 물론 하루종일 그 엄마가 하는 말을 모두 녹음했던 것입니다. 그 엄마는 그 다음날에 심리학자와 같이 자기의 말을 녹음기를 통해서 듣고 깜짝 놀랐습니다. 그녀의 어조는 '이거 해라. 저거 해라. 이거 하지 마라. 저거 하지 마라.' 등의 명령조뿐이었습니다. '내가 아이에게 이렇게도 명령만 하는 말씨를 쓰는 줄은 전혀 몰랐습니다. 내가 내 아들이라고 해도 그런 어조로 명령만 하는 엄마 말을 듣고 싶지 않겠습니다.' 라고 그 엄마는 말했습니다.

어느 대형 식품마켓에서 다섯 살짜리 아이가 엄마를 잃었습니다. 많은 사람 중에서 엄마가 보이지 않자 그 아이는 겁이 났습니다. 그 아이는 큰 소리로 '김혜숙, 김혜숙' 하고 큰소리로 외쳤습니다. 김혜숙이라는 이름은 그 아이의 엄마의 이름이었습니다. 자기 이름을 목이 터져라고 부르는 아이한테 엄마가 찾아왔습니다. '애야, 엄마라고 부를 것이지 왜 엄마 이름을 불러대니?' 하면서 엄마는 야단치듯 말했습니다. 그 어린아이는 눈물을 닦으면서 말했습니다. "이 가게 안에는 엄마들로 가득차 있지 않아? 나는 내 엄마만을 찾으려고 엄마 이름을 불렀어." 얼마나 영특한 어린아이입니까?

가정에서는 자녀들이 그리고 직장에서는 부하직원들이 저지르는 잘못이 100% 그들에게 있지 않습니다. 일을 시키는 부모나 상관의 지시가 분명하지 못할 때 기대하지 않았던 결과가 나올 수 있습니다. 지시를 내리는 부모나 상사는 지시를 받은 사람이 정확하게 지시를 이해했는지를 확인하는 습관을 길러야 합니다.

세 사람이 소음이 요란한 트럭을 타고 영국의 어느 길을 운전하고 있었습니다. 그 중의 한 사람이 물었습니다. "윔블던(Wimbledon)이야?" 그말이 'Wednesday야?'로 알아들은 옆친구가 "아니야 Thursday야"라고 말하자 그말이 'Thirsty'로 알아들은 세 번째 사람이 말했습니다. "나도 목마르다. 잠깐 내려서 코카콜라나 사 마시자."라고 했다는 우스개이야기가 있습니다. 잘못을 저지르는 사람의 탓은 꼭 그에게만 있지 않을 수 있음을 우리는 다시 한번 인식해야 할 것입니다.

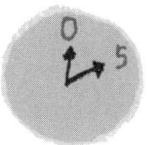

## 입장을 바꿔 놓고 보자

던(Paul Dunn) 박사가 쓴 평범한 듯 하면서도 모든 남성이 들어 볼 만한 경험담이 있습니다. 하루는 자기의 아내가 쇼핑을 할 일이 있다고 하면서 집 좀 봐달라고 했습니다. 그에게는 딸이 셋 있었는데 둘은 10대였고 다섯 살짜리가 막내였습니다. 그 날 집에 있으면서 그간 밀린 책도 읽고 서재에서 정리할 것도 있어서 대수롭지 않게 생각하고 아내에게 천천히 쇼핑을 잘 하고 오라고 했습니다. 다음은 아내가 집을 비운 뒤에 그가 행한 일의 통계입니다.

전화를 열다섯 번 받았습니다. 그 중에 열세 번은 십대의 딸들한테 온 전화였습니다.

'켈리에'야 라고 큰소리로 마흔세 번 소리를 질렀습니다. 켈리에는 다섯 살짜리 막내딸의 이름입니다.

젤리 샌드위치를 열아홉 번이나 만들었습니다. 제일 어린 딸의 친구들이 같이 집에서 놀고 있었기 때문입니다.

싸움 말리기를 아홉 번 했습니다.

코 닦아주기를 열두 번 했습니다.

신발 끈을 여덟 번 매워 주었습니다.

문을 열고 닫기를 쉰세 번 했습니다.

손가락에 밴데이지를 발라 주기 여섯 번 했습니다.

아이들의 질문에 117번 대답을 했습니다.

대충 계산을 해 보니 집 밖에 나가 보지도 않은 채 2마일 반을 걷거나 달렸습니다.

며칠 있다가 던 박사는 아내 대신 식료품 가게에 딸들을 데리고 가서 장을 보게 되었습니다. 보는 것은 다 사려는 듯이 이것 저것에 손을 대려는 아이들을 말리는 일 자체도 힘들고 지치는 일이었는데 그러는 와중에 셋째 딸이 눈에 띄지 않았습니다. 바쁘게 왔다 갔다 하는 손님들 사이로 집이 떠나갈 듯한 어린애의 소리가 들렸습니다. '아빠!!!' 어린 딸의 목소리였습니다. 던 박사는 주부가 하는 일이 얼마나 힘들고 신경이 쓰이는지를 새삼스럽게 느꼈다고 했습니다.

한 엄마가 전화로 친구와 이야기를 하면서 깔깔대며 웃고 있었습니다. 전화가 끝난 후 어린아들이 엄마에게 다가와서 순진한 얼굴로 물었습니다. "엄마, 엄마는 왜 나하고는 그렇게 웃지 않아?" 어린아이의 눈에는 항상 야단만 치는 엄마가 친구들하고 유쾌하게 웃는 것이 부러웠던 것입니다.

직장에서 승급을 한 사람들이 공통적으로 겪는 현상이 있습니다. 지금까지 흉금을 털어놓고 이야기를 하던 동료들이 한 단계 높아진 자기에게 말문을 닫아 버리는 현상입니다. 승급을 하고도 과거의 동료들과 허심탄회하게 말을 할 수 있는 사람은 경영인으로서도 성공한 사람입니다. 어떨 때는 부모 측에서 아이들하고 대화를 하고 싶지만 아이들이 대화를 피하려 합니다. 말이 안 통한다는 무언의 메시지인 것입니다. 아이들하고 대화를 친구처럼 하기 위해서는 부모들이 자녀와 입장을 바꿔 보거나 마음속으로부터 그들의 세계를 이해해야 합니다. 회전목마도 같이 타고 재미있다는 과장 표현도 해야 합니다. 아들을 보이스카우트에 가담시켜서 일 년에 한두 번쯤은 스카우트캠프에도 가 보는 자세를 가지면 아이들하고 대화도 쉬어지고 효과적인 의사소통이 되기 마련입니다.

저는 스키를 탈 줄 모릅니다. 배울 기회도 없었고 배우고 싶은 생각도 나지 않았습니다. 그렇지만 아이들한테서 스키장에 데려다 주지 않는 아버지라고 비난을 받지 않기 위해서 아이들과 아이들의 친구들을 차 안에 가득 태우고 빅베어의 스키장에 수없이 다녀왔습니다. 물론 스키를 못 타는 저는 아이들이 즐겁게 스키를 타는 모습을 보며 즐기는 팬이 되어 준 것이지요. 다 장성한 저의 아이들은 지금도 저를 스키장에 잘 데려다 준 아버지로 기억을 하고 있습니다. 학교에 가거나 만나는 친구들 사이에서 스키 이야기만 나오면 얼마나 스키가 타고 싶었을까 하는 생각을 아이들의 입장에서 생각해 보았기 때문이었습니다.

특히 타국에서 타 인종들과 함께 또는 그들을 상대로 사업을 하면서 내가 저 사람이라면 나와 거래를 하거나 내 업체에 들어 왔을 때 어떠한 느낌과 바람이 있을까 하는 생각을 항상 해야 할 것입니다. 무심코 한 말 한마디나 행동 하나로 예기치 않았던 처지를 당하여 한인의 이미지에 자랑스럽지 못한 사건들이 여러 번 외국의 언론매체에 보도된 바가 있습니다. 빈민들을 상대로 하면서 웰패어를 타는 월말에 값을 비싸게 받는다든가 마리화나를 피는 장치 같은 것을 가게에서 파는 교포상점을 그 인종의 부모의 입장에서 어떻게 보일까를 생각해 보아야 하겠습니다. 빈부를 막론하고 인종에 관계없이 손님은 귀중합니다. 어떤 손님에게도 신임을 잃는 행동이나 언동을 하면서 사업이 잘 되기를 기대하는 것은 무리입니다. 모든 손님을 존경하고 입장을 바꿔서 보는 시각을 갖고 한 번 찾아오는 손님을 평생손님으로 만드는 데 관심과 정성을 쏟으시기 바랍니다.

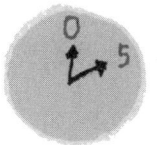

## 내조와 남편

제가 5분 경영교실 프로그램을 방송하기 시작한 것은 1994년 4월 4일이었습니다. 내용이 좋았다는 평은 도처로부터 받았으나 제 말의 속도에 대해서는 각양 각색의 충고와 평가가 있었습니다. 모두 저를 아껴 주는 충정이었으므로 저한테 주신 모든 제언에 진심으로 감사했습니다. 어떤 분은 제 말이 너무 빠르다고 했습니다. 그래서 제 말의 속도를 약간 늦추어 보았습니다. 그랬더니 어떤 분은 기력이 없게 들린다고 좀 빨리하라는 충고를 해 주셨습니다.

처음 한 달 동안 저는 말의 속도를 여러 번 변경해 보았습니다. 그래서 하루는 제 아내로 하여금 방송을 직접 들어 보라고 했습니다. 방송을 듣고 난 후 아내는 "여보, 지금 저 속도가 빠르지도 않고 늦지도 않으며 당신에 적절한 속도여요."라고 하는 것이었습니다. 그 후로부터는 제 말의 속도가 결정되었고 속도를 변경하지 않았습니다.

왜 제가 이런 개인적인 말씀을 드리는지 의아하게 생각하는 사람들도 있을 것입니다. 남자는 세상의 어떠한 여론이나 의견보다도 아내의 격려와 이해로부터 가장 큰 힘과 용기를 얻는다는 말씀을 드리기 위해서 제 개인에 관한 말씀을 드린 것입니다.

남편이 실망했을 때 아내되는 여러분들은 어떤 반응을 보입니까? 속으로 울고 있는 남편의 한숨에 같이 한숨만 쉬고 있겠습니까? 그렇지 않으면 땅을 치며 통곡을 하겠습니까? 남자의 좌절감을 극도로 악화시킬 수 있는 힘도 절망의 구렁으로부터 뛰쳐나올 힘을 줄 수 있는 위력이 아내에게 있음을 알고 있어야 하겠습니다.

1850년에 매사추세츠주의 한 세관에서 근무를 하던 청년이 실직을 하고 절망된 기분으로 귀가를 했습니다. 아내에게 자기가 해고를 당했다는 말을 하면 아내가 그 실망적인 소식을 어떻게 받아들일지가 걱정이 되었습니다. 그때 미국에는 공황에 가까운 불경기였었고 직장을 구하기가 무척 어려울 때였습니다. 해직되었다는 소식을 아내에게 말해 주면서 그 청년은 한숨을 쉬어야 할지, 대수롭지 않은 듯한 태도를 보여야 할지, 또는 눈물을 글썽거려야 할지 괴롭기만 했습니다. 그는 용기를 내서 그 슬픈 소식을 아내에게 전했습니다. 그랬더니 그의 아내는 손뼉을 치면서 기뻐했습니다. 어리둥절한 사람은 남편이었습니다. "아니, 해직되었다는 말을 듣고 왜 그렇게 좋아하오?" 하고 남편이 물었습니다. "여보, 이제는 당신의 재능에 맞는 문학에 전념할 수 있게 되었군요. 당신은 문학에는 천재에 가까운 사람인 것을 나는 알고 있어요. 이제부터 당신은 아무 걱정 말고 문학작품을 쓰기에 전념하세요."라고 그의 아내는 말을 했습니다. "여보, 내가 일을 하지 않으면 우리는 무엇을 먹고 산단 말이요?"라고 그 청년이 다시 묻자 그의 아내는 서랍에서 보따리 하나를 꺼내 왔습니다. 그리고 말을 했습니다. "이런 날이 올 것으로 믿고 나는 당신이 벌어다 준 돈에서 조금씩 떼어서 지난 수년 동안 이만한 돈을 모았어요. 이 돈으로 우리는 최소한도 일 년은 염려 없이 생활을 할 수 있습니다."

그런 아내의 고무적인 말과 반응에 그 청년은 별도 잡고 달도 따올 힘과 용기가 났습니다. 그리고 그는 펜을 들어 문학작품을 쓰기 시작했습니다. 일 년이 지나서 탈고를 하여 발표를 했습니다. 그 청년의 이름은 호손(Nathaniel Hawthorne)이고 그 해에 그가 발표한 작품은 세계적인 걸작으로 남게 된 '주홍 글씨(Scarlet Letter)'였습니다. 훌륭한 성공을 한 남자 뒤에는 훌륭한 아내가 있다는 격언이 생각납니다.

소크라테스나 공자는 심술이 몹시 나쁘고 소위 '바가지'를 많이 긁는 아내를 갖고 있었다 합니다. 만일에 그들이 호손의 아내와 같은 아내로부터 내조를 받았더라면 그분들의 업적은 얼마나 더욱 훌륭했을까 하는 호기심도 생기지 않습니까?

이젠 밸런스를 맞추는 의미에서 스미스(Roy L. Smith)라는 사람이 쓴 남편에게 주는 십계명을 소개해 드리겠습니다.

1. 그대의 아내는 그대의 파트너이지 그대의 재산이 아니다.
2. 그대의 아내가 돈벌이와 아내 역할을 동시에 다 잘 할 수 있을 것으로 기대하지 말라.
3. 그대의 사업에 아내가 참견을 해서는 안 된다고 생각을 하지

말라.

4. 아내의 사랑을 얻을 때와 똑같은 방법으로 그녀의 사랑을 유지하도록 노력하라.

5. 그대의 가정을 짓는 일을 첫째의 사업으로 만들라.

6. 자녀들의 훈육에 있어서 그대의 아내와 협력을 하라.

7. 집에 들어올 때는 쾌활한 모습을 지니라.

8. 어느 누구도 그대 앞에서 그대의 아내를 비판하는 것을 용납하지 말라. 그대의 부모나 형제자매나 친척이라 할지라도 안 될지니라.

9. 아내의 모든 것을 소홀히 여기지 말라.

10. 그대의 가정을 기억하고 거룩하게 하라.

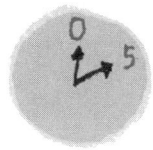

## 효도로 하는 자녀교육

저는 캘리포니아주의 오렌지 카운티에 있는 한 구이 뷔페 식당에서 식사를 했습니다. 서비스나 음식의 질이 좋아서 저와 저희 가족이 자주 가는 식당입니다.

바로 제 옆 식탁에 한 가족이 자리를 잡았습니다. 60 내지 70세쯤 되어 보이는 할머님 한 분을 모시고 온 가족은 할머님 외에 젊은 부부와 그 부부의 딸 아이입니다. 어린 딸아이의 나이는 아홉 살 쯤으로 보였습니다. 이 가족이 무척 단란해 보였고 또 젊은 부인이 할머님을 대하는 태도가 무척 정중하고 성실하여 제 눈길을 끌었습니다. 젊은 부인이 며느님인지 따님인지 제가 알 수가 없었지만 효부 아니면 효녀임에는 틀림이 없었습니다.

할머님은 자리에 앉아 계시고 며느님인 듯한 부인이 음식을 하나하나 갖다가 할머님에게 가져와서 '이거 잡숴 보세요. 이것이 좋아

보이네요.' 등의 설명을 하면서 할머님에게 여러 음식을 가져다가 드렸습니다. 할머님은 아무 말씀도 하시지 않고 받기만 하셨습니다. 그 할머니의 아들인 듯한 분은 계속 음식을 즐기고 있었고 며느님인 듯한 분은 계속 할머님에게 음식을 이것 저것 날라와 소개해 드리느라고 본인은 미쳐 식사도 못 하는 것 같았습니다.

여기에서 한 가지 느낀 점이 있습니다. 제가 젊은 사람 같으면 이런 말씀을 드릴 수 없겠습니다. 그러나 노인의 한 사람으로서 다른 노인 할머님 할아버지들께 외람되나마 느낀 대로 말씀을 드리겠습니다. 그때 제 옆 식탁에 앉아 계신 할머님께서 그렇게도 정성껏 할머님을 위해서 음식을 가져오는 며느님에게 단 한마디라도 '애야, 고맙다. 너도 어서 앉아서 식사를 하려므나.' 라고 하셨으면 받드는 며느님의 마음도 한결 더욱 흐뭇했을 것입니다. 젊은 며느님이 반드시 할머님으로부터 사의의 표명을 기대하지는 않겠지만 감사의 표시는 기대를 하지 않을 때 하는 것이 더욱 가슴을 적셔 주는 것이 아니겠습니까? 제가 옆에서 오래 관찰을 해 보아도 그 할머님의 입에서는 감사하다는 말씀이 한 번도 나오지 않았습니다. 비록 감정 표시를 잘 하지 않는 문화권에서 자란 한인들이라고 할지라도 이제는 우리의 태도를 고쳐야 할 때라고 생각합니다.

일반적으로 말해서 우리 한인들은, 특히 나이 든 분들은, 찬사에 인색하다고들 합니다. 요새 젊은이들이 어른 공경할 줄 모른다고 한탄을 하기 전에 우리 노인들도 일단 태도 변경의 필요성이 없을까 자성해 볼 필요가 있다고 봅니다. 행동 과학자들은 찬사 한마디가 질책 열 마디보다 효과가 있다고 합니다. 조그마한 듯한 성의나 호의를 젊은이들이 표시할 때 마음속으로부터 그것을 고마워하는 표시를 하면 더욱 더 어른들을 공경하고 싶은 생각이 날 것은 당연하겠습니다.

그 다음으로 제가 관찰한 것은 그 며느님의 어린 딸의 모습이었습니다. 비록 어린 아동이지만 요새의 아동들은 과거 어느 때의 아동들보다 영리하고 감수성이 예민합니다. 자기 어머니가 할머님에게 극진한 공경을 표시하는 것을 보고 그 아이는 부모님이나 조부모를 섬기는 미덕을 배웠을 것입니다. '너, 부모를 존경하고 공경해야 한다.'고 열 번 타이르는 것보다 모범으로 보여 주는 효도는 자녀교육에 지대한 효과가 있을 것입니다. 지금은 아무 말도 하지 않고 어머니의 행동을 보고만 있는 그 어린 딸아이가 그런 어머님의 미덕을 밑거름으로 하고 성장하면 자기도 부모나 조부모를 섬기는 현모양처가 될 확률이 몹시 높을 것입니다.

직장에서도 가정과 크게 다를 것이 없습니다. 기회가 있을 때마다 등뒤로 상사를 비난하고 욕하고 다니는 직원이 상사가 되면 그 부하직원들도 자기가 한 대로 등뒤로 그를 비난하고 욕하고 다니게 되는 것입니다. 상사를 깍듯이 모시고 윗사람에게 보여야 할 예의와 도리를 잘 지키는 사람이 상사가 되면 그 부하직원들도 자기에게 같은 존경을 표시할 것입니다. 자녀나 부하직원에게 윗사람을 섬기는 교훈을 효과적으로 주려면 각자의 상사나 부모를 극진히 그리고 존경으로 모시는 모범을 보여야 할 것입니다. 자기의 보모에게 남이 존경과 호의를 보여 주면 우리 자신에게 보여 주는 존경보다 더욱 고맙게 느껴집니다. 이런 심리를 잘 이용한 예가 하나 있습니다.

레이건 대통령이 취임한지 얼마 안 되어서 획기적인 감세법안을 국회에 제출했었습니다. 그 법안이 통과되느냐 안 되는냐에 레이건 정책의 성공이 달려 있다고 할 만큼 중요한 법안이었습니다. 레이건 대통령은 그 법안에 반대의사를 갖고 있는 상원의원 한 사람씩 백악관으로 초청하여 소위 설득을 할 의향을 갖고 있었습니다.

그렇게 초청된 상원의원 중에서 극히 진보적인 이데올로기를 갖고 있던 야당의원이 있었습니다. 그가 백악관의 대통령 집무실에서 대통령과 마주 앉아서 대화를 나눌 때 레이건 대통령은 약 한 달 전에 돌아가신 그 상원의원의 어머님에 대한 애도를 표시했고 30분 동안 그 상원의원을 위로하고 있었습니다. 30분 동안 설득을 할 것으로 생각을 했던 법안에 관해서는 단 한마디도 하지 않았습니다. 대통령은 자기 모친이 서거하셨을 때의 슬픔을 말하면서 상원의원의 슬픔을 덜어 주려 하였고 상원의원의 어머님에게 극도의 존의를 표하였습니다. 대화가 끝날 무렵 그 상원의원은 감격스러운 어조로 말을 했습니다. "각하, 염려 마십시오. 각하의 법안에 찬성표를 던지겠습니다." 어른들께 효도하여 그 모범으로 우리의 자녀를 교육합시다.

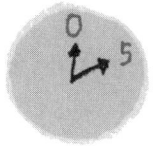

## 애처가와 공처가

존슨 대통령은 심장이 좋지 않아서 섭생에 많은 주의를 기울여야 했습니다. 의사의 권고하에 대통령이 잡수시는 것을 부인이 엄격하게 통제를 하였습니다. 하루는 밤중에 몹시 배가 고팠었으므로 대통령이 부인 몰래 부엌으로 살짝 들어가 냉장고에서 음식을 꺼내다가 부인에게 걸려 부인에게 야단을 맞았다는 이야기는 미국뿐만 아니라 전 세계가 알고 있는 사례였습니다.

물론 전 세계를 움직이는 대통령이 먹고 싶은 것을 부인 몰래 먹으려고 했던 사정과 또 철저하게 관리하는 부인의 통제에 순응을 했다는 대통령의 태도는 공처가다 애처가다를 떠나서 대통령의 건강을 관리해야 한다는 시각에서 보았기 때문에 존슨 대통령이 공처가라고 비웃거나 조소하는 사람은 없었습니다. 만일에 동양의 대통령이나 수상이 부인의 철저한 관리에 얽매어서 밤에 가만히 부엌으로 나가다가 부인에게 들켜서 호통을 받았다는 소식이 전해진다면 국민이나 언론의 반응은 어떠했을까 생각해 보지 않을 수 없습니다.

펄벅(Pearl Buck) 여사가 쓴 『살아 있는 갈대』라는 소설에는 다음과 같은 이야기가 있습니다. '왕이 신하들을 불러 놓고 그들 중에서 정말로 공처가가 아닌 사람은 앞으로 나오라고 했습니다. 아무도 앞으로 나오는 신하가 없어서 왕이 미소를 지으면서 그럴 줄 알았다고 말을 하려는 찰나에 한 신하가 앞으로 나왔습니다. 왕이 그 신하에게 그가 참으로 공처가가 아니냐고 물었습니다. 그 신하는 자기가 공처가가 아니어서 앞으로 나온 것이 아니고 사람 많은 곳에는 가지 말라고 항상 타이르는 마누라의 말에 복종하기 위해서 앞으로 나왔다고 대답하더라는 것입니다.'

공처가와 애처가와의 구별은 무엇이겠습니까? 애처가를 나쁘게 봐 주면 공처가이고 공처가도 좋게 봐 주면 애처가가 아닙니까? 미국에서 정치무대에서 물러가면서 제일 많이 내거는 이유는 '가족과 더욱 많은 시간을 보내기 위해서' 라는 것입니다. 아내와 자녀들과 시간을 더욱 보내기 위한다는 이유로 전국적인 각광을 받든 저명인사들이 은퇴를 했거나 재선 입후보를 포기했습니다. 미국의 국방예산을 좌지우지하던 프록스마이어(William Proxmire) 상원의원, 우주왕복선을 타고 우주 공간을 다녀온 간(Jake Gann) 상원의원, 토마스(Clarence Thomas) 판사를 미국의 대법원 판사로 인준을 받는데 가장 큰 공헌을 한 댄포드(Danford) 상원의원도 다같은 이유로 재선 입후보를 포기하였습니다. 아내와 자녀와 더욱 많은 시간을 갖기 위한다는 이유만 내걸면 지당한 이유라고 해서 국민들로부터 동정 내지는 호감을 받게 되고 언론도 날카로운 비판을 가하지 않습니다. 한국에서 전국적으로 알려진 정치인사가 아내와 더 많은 시간을 보내기 위하여 입후보를 포기한다고 말을 하면 '저 따위 공처가가 무슨 정치를 하려고 했는가' 하는 비난을 받지 않을까요?

요사이 한국의 TV 화면에 비치는 동포들의 모습이 많이 바뀐 것을 보게 됩니다. 눈에 띄게 바뀐 것은 어린아기를 안거나 업고 다니는 아빠들이 적지 않게 보이는 현상입니다. 제가 본국에 살던 50년대만 하더라도 아기를 안거나 업는 일은 여자의 일이었고 아빠들은 남의 눈에 이상하게 보일까 봐 감히 아기를 업지를 못했습니다. 그 동안 한국에 애처가가 늘어난 것입니까? 그렇지 않으면 공처가가 늘어난 것입니까?

전에도 언급을 했습니다만 저는 확신합니다. 좋은 남편이 되지 않고 좋은 아빠가 되지 못하면서 돈만 많이 번 경영인은 실패한 경영인입니다. 애처가가 되지 못하고 좋은 남편이 될 수는 없습니다. 아이들이 불손한 언사를 엄마에게 사용할 때 엄벌을 하는 아빠는 애처가입니다. 참으로 애처가인 남편은 공처가의 칭호를 두려워하지 않습니다. 직장에서 퇴근시간을 훨씬 넘기면서 일해 달라고 할 때 아내와의 촛불 저녁식사를 한 약속을 지키기 위하여 그날만은 상사의 부탁을 들어 주기 어렵다고 하면 미국의 상사들은 오히려 어서 귀가하라고 합니다. 그렇게 말할 수 있는 남편은 공처가의 칭호를 두려워하지 않는 애처가입니다.

아내가 사랑하는 남편의 말을 잘 들어 주면 얌전한 아낙네라는 칭찬을 받지만 남편이 아내의 말을 잘 들어 주면 공처가라는 칭호를 듣게 됩니다. 그런데 사랑하는 부부끼리 서로의 말을 잘 들어 준다는 것은 아름다운 현상이며 오히려 장려를 해야 할 일이라고 하겠습니다.

한 성업 중인 업체의 사장님으로부터 참신하고 감동적인 말씀을 들었습니다. 그는 자기의 종업원들이 퇴근시간이 되면 곧바로 퇴근하도록 하기 위해 퇴근 후에 훈시나 잔업을 안 시킨다고 했습니다. 그분은 말했습니다. '화목한 가정을 가진 직원은 회사에도 공헌을 많이 할 사람이기 때문입니다.' 저도 그분과 동감입니다. 남성 경영인들에게 말씀을 드립니다. 공처가와 애처가를 굳이 구별하려 말고 아내가 자랑스럽게 여길 애처가가 되십시다.

# 21세기 선진시민으로 가는 길

제**5**장

신체장애자
배움과 실천
백 달러짜리 바위 백만 달러짜리 조각
장애인 미스아메리카
독수리의 지혜
마라톤이 주는 교훈
난관을 극복한 한 교포의 성공담
경영인의 자긍심
경영인과 오해
업무의 부담감
위대한 지도자
왜곡된 예술과 문학
자기의 탓을 먼저 살피는 경영인
이리떼를 조심하자

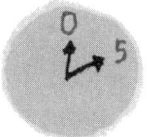

## 신체장애자

한국에서 살다가 미국에 온 사람들은 미국에 신체장애자들을 위한 시설이 잘 되어 있는 것을 느꼈을 것입니다. 또 미국에 살다가 한국에 가 보면 신체장애자들을 위한 시설이 거의 없거나 극히 빈약하다는 감을 갖게 됩니다.

미국에서는 인종의 차별이 철저히 금지되어 있거니와 신체장애자로 인한 차별도 철저히 금지되어 있습니다. 비행기 조종사나 버스 운전사와 같은 특별한 사유가 아니면 신체장애를 이유로 해서 고용을 거절할 수도 없고, 모든 업체는 신체장애자들이 출입할 수 있도록 시설해 놓도록 되어 있습니다. 교회를 신축했는데 신체발육이 잘 되지 않아서 키가 아주 작은 사람들이 사용할 수 없을 만큼 높은 곳에 전기 스위치가 있다고 해서 작은 미국인들이 항의하는 바람에 상당한 비용을 더 들여서 스위치를 낮추는 것을 저는 보았습니다.

저는 직장생활을 하면서 컴퓨터 프로그래밍을 잘 하는 맹인 직원도 보았고 청력장애로 인해 말을 못하면서도 브라운관을 제일 잘 만드는 기능공도 보았습니다. 휠체어를 타고 있었지만 미국에서 유일하게 4선의 영광을 차지한 루스벨트(Franklin Roosevelt)는 신체장애자였지만 역사적으로 가장 훌륭한 대통령 중의 하나로 만인의 인정을 받았으며 청력과 시력을 모두 잃었지만 타의 추종을 불허할 만큼의 위대한 업적을 남긴 헬렌켈러(Helen Keller) 여사를 모르는 사람은 없습니다. 신체의 부자유 때문이라고 인간의 능력과 지도력이 감소되지 않는 점을 일을 하는 사람이나 일을 주는 모든 사람이 재삼 명심해야 하겠습니다.

한국의 유명한 김기창 화백도 청력 장애자였고 18세기말에 영국이 낳은 세계적인 시인 바이런(George Byron)은 심히 다리를 저는 장애자였습니다. 바이런은 여성들로부터 신체의 장애로 말미암아 차별을 받아 그의 결혼생활이 순탄하지는 못했지만 그가 인류에 공헌한 업적은 영원히 빛나고 있습니다.

재미있는 성격분석이 있습니다. 즉 맹인 중에는 내성적인 성격을 지닌 사람이 없다는 것입니다. 모든 맹인은 성격이 활발하고 외향적인 연구결과가 있습니다. 저도 내성적인 맹인을 만나 보지 못했습니다. 명작 전원교향곡 중에서 제시한 질문이 기억납니다. '보는 세계가 더 아름다우냐? 보지 않는 세계가 더욱 아름다우냐?' 맹인들의 상상속에 존재하는 세계가 우리들이 보고 있는 세상보다 훨씬 아름다울 것입니다. 그들이 느끼는 세계에는 무질서하게 산재하는 보기 흉한 낙서도 존재하지 않을 것이며 추녀나 추남도 없을 것입니다.

저는 한국에서 아주 견식과 학식이 넓은 맹인 한분을 만난 적이 있습니다. 어느 강의실에서 강의를 하고 있든지 그 맹인선생은 자기가 학업을 할 때 눈이 되어 준 아내에게 감사한다고 하면서 가끔 자기의 아내의 얼굴이 어떻게 생겼을까? 하는 생각이 나지만 육신의 눈으로 보지 못하는 자기 아내가 상상 속의 인물보다 더욱 아름다울 수가 없을 것이기 때문에 맹인으로 있는 상태가 행복하다고 말했습니다.

미식축구를 좋아하는 사람들은 아직도 살아 있는 기록 하나를 알고 있을 것입니다. 뉴올리언스의 세인트에 속해 있던 뎀시(Tom Demsey)는 역사상 가장 긴 필드골(field goal)을 찼습니다. 63야드의 거리를 발로 차서 극적인 승리를 거두었는데 그는 태어날 때부터 발 하나가 기형이었습니다. 특수구두를 신어야 했던 그의 필드골 기록은 현재도 건재합니다.

어느 업체나 상점에 가더라도 입구에 제일 가까운 곳에 신체장애자들이 주차장을 마련해 놓고 그곳에 정상인이 주차를 하면 벌금도 막중하게 부과하는 것이 미국입니다. 버스도 신체장애자들이 탑승할 수 있도록 장치가 되어 있습니다. 맹인들에게는 특별한 세금혜택을 주며 신체장애들을 위한 조치를 설계에 포함하지 않으면 건축허가도 내 주지 않는 곳이 미국입니다.

기업을 하는 모든 분들도 신체장애자들에게 배전의 성의와 배려를 하기를 바랍니다. 직원들의 훈련에도 장애자들을 보통 이상으로 대접하도록 주의시키고 강조할 것을 잊지 말아야 하겠습니다.

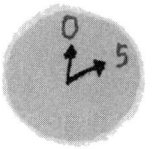

## 배움과 실천

저는 여러 업체에서 강좌나 세미나 등을 통하여 종업원들을 훈련 시키는 일을 해 왔습니다. 업체를 좀더 향상시키고 고객의 만족도 를 높이기 위하여 배운 것을 실천하는 모습을 보는 것은 저에게는 무한한 기쁨입니다. 좋은 점을 배우고 나서 실천을 하지 않으면 무 슨 소용이 있겠습니까?

60세가 된 한 노인이 안과의사를 찾아왔습니다. 그는 의사에게 말했습니다. "나는 골프를 너무 좋아해서 매주말에 골프를 치지 않 고는 못 배깁니다." "그런데요?" 의사가 물었습니다. "예, 문제는 제 눈입니다. 저는 공을 아주 멀리 멀리 날려 보내는데, 그 공이 어 디에 떨어지는지 보이지가 않습니다." 그렇게 말하자 의사는 무릎 을 치면서 말했습니다. "나에게 아주 좋은 아이디어가 있습니다. 제 안과에 찾아오는 90세 되신 분이 한 분 계시는데 눈이 독수리보다

더 좋습니다. 그분과 같이 골프장에 가시지요. 선생의 문제는 해결
될 것입니다."

그 안과의사의 주선으로 두 노인은 골프장에 나갔습니다. 60세
노인이 자기의 힘을 과시하듯이 골프공을 힘있게 쳤습니다. 하늘
높이 날아가는 그 공은 아주 먼 곳에 떨어졌습니다. 물론 공을 친
노인은 눈이 나빠서 그 공이 어디에 떨어졌는지 볼 수가 없었습니
다. 그래서 그는 90세의 노인에게 물었습니다. "노인어른, 제 공이
어디에 떨어졌는지 보셨습니까?" 그러자 그 노인은 "아무렴, 보았
고 말고."라고 했습니다. 공을 친 분이 다시 물었습니다. "어디에 떨
어집디까?" 그랬더니 90세 노인이 대답하기를 "보기는 보았는데 어
디에 떨어졌는지 잊어 먹었는데."라고 하더랍니다.

이 이야기에서 얻을 수 있는 교훈은, 공은 아무리 멀리 쳐보았자
보지 못하면 무슨 소용이 있습니까? 또 공이 어디에 떨어졌는지 보
았지만 그것을 기억하지 못하면 무슨 소용이 있습니까? 마찬가지로
아무리 좋은 경영기법을 배웠다 하더라도 그것을 실천하지 못하면
무슨 소용이 있겠습니까? 또 그것을 실천한다 해도 효과가 없으면
무슨 소용이 있겠습니까? 좋은 경영기법을 배우고 실천하고 그 효
과를 계속해서 측정하며 중단없는 향상을 추구해야만 하겠습니다.

저는 많은 분들로부터 사업이 어떻게 하면 잘 되겠느냐는 질문을
자주 받습니다. 죽음을 눈앞에 둔 환자의 이야기가 생각납니다. 임
종이 가까워진 한 환자가 의사에게 호소를 했습니다. "선생님, 저
는 아직 죽고 싶지 않아요. 어떻게 해서든지 죽지 않게 해 주세요."
그렇자 의사는 말을 했습니다. "아주머니, 안 죽는 것 아주 간단합

니다. 숨만 계속해서 쉬세요." 마찬가지로 사업이 잘 되게 하려면 간단합니다. 수입이 지출보다 많으면 사업은 잘 되는 것이 아니겠습니까? 그런데 말은 쉽지만 그 간단한 원리를 실천에 옮기기란 쉽지 않습니다.

사업을 하는 분들이 손님을 기다리기만 하면 불경기의 맛을 봅니다. 그러나 손님을 찾아나서서 손님이 오도록 중단없이 노력을 하는 업체는 불경기를 모릅니다. 제가 자주 프로야구팀의 유격수 이야기를 합니다. 타자가 힘있게 친 공을 유격수가 기다려서 잡은 후에 1루에 던지면 번번이 타자를 놓칩니다. 미국의 메이저리그의 유격수들은 총알같은 공도 쫓아가 잡아서 1루에 던지기 때문에 타자를 아웃시키는 것입니다.

이야기를 하나 더 하겠습니다. 햄버거장사를 잘 하여 불경기를 모르고 돈을 잘 버는 사람이 있었습니다. 아들을 잘 두어서 동부의 명문대학에 진학을 시켰다 합니다. 방학이 되어 집에 온 아들이 열심히 그리고 신이 나서 일을 하고 있는 아버지에게 말했습니다. "아버지, 지금 심한 불경기인 줄 모르세요? 지금 온세상이 불경기라고 야단이에요." 그말을 들은 그 아버지는 명문대학에서 공부를 잘 하고 온 자식이 세상 물정에 밝은 지식인이 된 것을 대견스럽게 생각했습니다. 그래서 불경기에 대비를 시작했습니다. 햄버거 고기도 얇게 했고 상추도 조끔씩만 넣었습니다. 고기도 싼 것으로 사서 썼고 콜라잔도 적은 것으로 바꿨습니다. 그랬더니 정말 손님들의 발길이 끊겼고 장사가 잘 되지 않았습니다. 텅 빈 의자를 보면서 그 아버지는 혼잣말을 했습니다. '자식이란 가르치고 볼 것이야. 그놈말이 꼭 들어 맞는단 말이야. 그놈이 불경기라 하더니 정

말 불경기인 걸.'

사업을 하는 여러분은 어느 쪽을 택하시겠습니까? 불경기라는 말을 노래하듯 하면서 손님을 소극적으로 기다리기만 하여 불경기의 피해자가 되시겠습니까? 그렇지 않으면 불경기라는 말은 입 밖에 내지 말고 연구하고 노력하여 손님이 오도록 적극적인 사업방식으로 보란 듯이 업체를 성장시키겠습니까? 선택은 바로 여러분의 것입니다.

## 백 달러짜리 바위 백만 달러짜리 조각

　우리는 거래를 할 때나 직원을 채용하기 위해서 지원자를 면접하면서 외모만으로 사람됨을 평가하는 실수를 자주 범합니다. '그 사람, 키가 작아서 틀렸다'든가 '키가 너무 커서 싱겁겠더라'든가 또는 '그 아가씨, 얼굴이 좀더 예뻤더라면 좋았을 걸' 등 언어도단의 말을 자주 듣게 됩니다. 술을 파는 접객업소가 아니라면 위에 말한 외형적인 형태와 기업의 생산성과는 아무런 관계가 없습니다. 미국의 각료 중에는 난쟁이에 가까운 작은 키를 갖고 있으면서 노동장관의 직책을 유능하게 수행하는 레이시(Robert Reisch)도 있고, 살이 너무 많이 쪄 뚱뚱하지만 부시 행정부에서 국무차관 및 국무장관 대리의 직책을 훌륭히 수행한 이글리버거(Lawrence Eagleberger)씨도 있습니다. 특출한 경영인과 지도자는 사람됨을 평가하는 데에 외형적인 형태에 중점을 두지 않습니다.

1979년 2월에 로스앤젤레스의 북부 해안에 위치한 말리부에서 산사태가 있었습니다. 언덕이 무너져 내려와 고속도로가 막히는 등의 소란이 있었습니다. 그 중에서도 많은 사람들의 관심을 끌었던 일은 언덕 위에서 굴러 떨어질 듯한 큰 바위였습니다. 주민들은 시정부·주정부에다 대고 아우성을 치면서 그 바위를 끌어내리라고 야단법석을 피웠습니다. 돈많은 사람들이 사는 곳이어서 그랬는지는 몰라도 헬리콥터와 값비싼 중장비 등이 즉시 동원되어 드디어 그 바위가 굴러 내려왔습니다. 바닷가에 앉혀진 그 바위는 모양도 흉했고 쓸모도 없었습니다. 주민들은 그 바위를 아예 치워버리라고 정부에 압력을 가했습니다.

그런데 그 바위를 100달러를 주고 사겠다는 사람이 나타났습니다. 오스트레일리아출신의 스트롱(Brett Livingstone Strong)이라는 사람이었습니다. 주민들은 모두 그 사람을 돌았다고 하며 웃었습니다. 그 바위를 가져가겠다고 하면 오히려 돈을 받을텐데 아무 쓸모도 없는 바위를 단 100달러라도 내고 사겠다는 사람은 제정신이 아니라고 비웃었던 것입니다. 그 100달러도 받을 사람이 없어서 바위제거계약을 받은 토건업자가 받아 갔다고 합니다. 그렇지만 스트롱씨는 자기만이 볼 수 있는 값진 무엇을 그 바위속에서 본 것입니다.

스트롱씨는 그 바위를 그곳으로부터 20마일 떨어진 센트리 시티로 옮겼습니다. 그날이 3월 2일이었습니다. 그는 유압장치로 된 기계를 사용하여 그 바위를 긁어내기 시작했습니다. 대 조각사업이 시작된 것입니다. 70일 후에 조각이 완성되었습니다. 완성되기 조금 전에 서거한 존웨인(John Wayne)의 멋진 조각상이었습니다. 그

대작을 보면서 모든 언론매체와 참관자들은 감탄을 했습니다. 아리조나에 소재한 존웨인 암연구소에 세워두기 위하여 머피라는 사람이 그 조각을 100만 달러에 사 갔을 때 스트롱을 조소하는 웃음은 없었습니다. 모두가 싫어하는 바위 속에 잠재한 위대한 존웨인의 형상을 그는 보았던 것입니다. 그는 100달러를 주고 산 바위속에서 100만 달러의 존웨인을 만들어 냈습니다.

여러분은 바보온달의 이야기를 잘 알고 계십니다. 전해 내려 오는 이야기의 진위는 어쨌든지 온달한테 시집을 온 평강공주는 바보온달의 모자란 듯한 외모속에 잠재하고 있던 장군을 보았던 것입니다. 온달에게 자긍심을 길러 주고 무술을 연마시켜서 드디어는 나라를 지키는 데 큰 공을 세운 장군이 되었다 하지 않습니까?

바보가 따로 없습니다. 남의 돈을 사기하고도 잘난 척하는 사람이 정말 바보입니다. 남의 피땀으로 모아 준 계돈을 가지고 타지역으로 도망가서 벤츠 자동차를 타고 뽐내는 사람이야말로 정말 바보입니다. 직장에서는 말 한 번 크게 못하면서 무고한 처자식에게는 독재자처럼 군림하는 사람은 바보 중에서도 상바보입니다. 보람된 목표를 위하여 달리다가 넘어지는 사람은 바보가 아닙니다. 넘어진 재 누워 있는 사람은 바보입니다. 한 번 더 일어서는 사람은 훌륭한 사람입니다.

보잘 것 없고 상처를 받은 생굴이 진주를 만들어 줍니다. 자라지 못하게 모든 고통을 받는 나무가 반자이가 되어 수백 달러 수천 달러에 팔립니다. 좁고 지하자원도 없는 한국이 국토의 외형만으로 평가를 한다면 보잘 것 없다고 할 수도 있겠지만 한강의 기적을 이

루어냈습니다. 모름지기 기업을 하는 경영인과 지도자들은 인물과
사물을 볼 때 사람들이 모두 싫어하는 말리부의 바위로 보지 말고
그 속에 씩씩한 존웨인이 들어 있을 수도 있다는 가능성을 잊어서
는 안 되겠습니다.

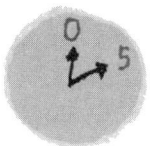

## 장애인 미스아메리카

1994년 9월 17일 미국 애틀랜타에서 열린 미스아메리카대회에서 감격스러운 일이 있었습니다. 미인대회 사상 처음으로 신체장애자가 미스아메리카로 선발된 것입니다. 한쪽 귀는 완전히 청각을 상실하였고 다른 귀는 95%의 청각을 상실한 앨라배마주 출신 화이트스톤(Heather Whitestone)이 청각장애자다운 어색한 말씨에도 불구하고 미스아메리카로 선발이 되었을 때, 저는 영광을 안은 화이트스톤에게보다 심사원들에게 멀리서나마 박수를 보냈습니다. 귀머거리와 벙어리 신세를 우리 모두 겪었기 때문이었는지 모릅니다.

미국에 이민 온 교포들은 여기 사람들처럼 완전한 영어를 구사하기가 어렵고 또 이곳 사람들이 말하는 것을 모두 알아듣기도 힘들었습니다. 미국 주류사회의 직장에서 근무를 하더라도 외국 악센트를 가지고 말을 하는 사람들은 분명히 차별을 당합니다. 어떤 교포에게는 영어가 제 2외국어이고 저와 같이 나이가 좀 든 사람들에게는 영어는 제 3외국어입니다. 이처럼 영어로 말하고 듣고 기술하며 생계를 유지하는 고통을 경험해 본 사람들은 비록 미인대회에서나마 화이트스톤양이 청각장애의 벽을 넘었다는 데에 의미를 부여했고 감격했던 것입니다.

저는 이 나라가 장애자들을 위하여 각별한 배려와 대우를 하는 것을 자랑스럽게 생각합니다. 건물을 지을 때도 휠체어를 타고 들어갈 수 있도록 입구를 만들어야 하며, 엘리베이터에도 반드시 맹인이 사용하기에 편리하도록 층계를 점자로 표시하도록 되어 있습니다. 어느 건물에나 제일 가까운 곳의 주차장은 신체장애자용으로 표시되어 있으며 그 주차공간을 불법으로 이용하는 사람들을 거의 보지 못했습니다. 정부나 일반시민들이 다함께 장애자들을 위하는 태도는 이곳에 사는 우리도 감탄을 하지 않을 수 없습니다.

화이트스톤양이 미스아메리카 대회에 출전한 사실 자체에서 또 하나의 교훈을 얻을 수 있습니다. '그런 곳에 감히 내가 어떻게?'라고 생각하여 자신을 과소평가하는 사람들은 화이트스톤양이 보여 준 '나도 할 수 있다'는 마음가짐을 본받아야 하겠습니다. 스스로의 능력을 과소평가하는 것은 겸손이 아닙니다. 그것은 열등의식입니다. 현대인들의 과반수가 자기들의 얼굴과 체형에 만족을 못한다는 연구가 있었습니다. 근본적으로 자긍심이 모자란 현상입니다.

정신인공두뇌학(Psychocybernetics)이라는 이론을 제시하여 유명해진 고 맥스웰 말츠(Maxwell Malts) 박사는 일생 동안 성형외과의사로 살아온 자기의 경험을 통해서 다음과 같이 말을 했습니다.

"코에 튀어나온 부분이 있다든가 너무 납작하다든가 해서 코를 참으로 아름답게 고쳐 주어도 어떤 여자들은 자기가 여전히 예쁘지 않다고 투정을 부립니다. 얼굴을 완전히 뜯어고쳐서 본인의 남편조차 다른 사람으로 착각할 정도로 성형수술을 해 줘도 어떤 여자는 의사가 아무런 변화도 주지 않았다고 불평을 합니다. 수술 전의 사진을 보여 주고 현재의 모습과 비교를 해 주어도 어떤 여자는 자기는 예전과 똑같이 밉게 생겼다고 실망을 합니다. 또 어떤 분은 말을 합니다. '그래요 상처는 없어졌지만 보기 싫은 그 얼굴은 여전하지 않습니까?'"

여러분은 이스라엘의 영웅 모세 다이안(Moshe Dayan) 장군을 기억하시지요? 지금은 고인이 되었지만 그는 군인의 임무를 수행하다가 잃은 한쪽 눈을 까만 눈가리개로 가리고 있었는데 그가 한 번이라도 한 눈밖에 없는 자기의 얼굴을 부끄럽게 여기는 행동을 하는 것을 보았습니까? 그는 그의 독특한 눈가리개를 자랑스럽게 차고 있었고 전세계의 어린이들은 할로윈때가 되면 일부러 눈가리개를 눈에 차고 다이안 장군을 모방하려 하지 않았습니까?

다이안 장군이나 화이트스톤양은 자긍심을 잘 나타낸 모범입니다. 이 세상에서 나하고 똑같은 사람은 없습니다. 그 사실 자체가 나의 장점일 수밖에 없습니다.

어떤 기업에서 경영학 석사학위를 가진 직원을 모집한다는 광고를 냈습니다. 그 중에서 인상적인 지망생이 있었다 합니다. 그 지망생은 별로 알려지지 않은 대학교를 나온 사람이었습니다. 면접을 하는 사람이 물었습니다. "당신은 하버드나 워튼 또는 스텐포드 출신 MBA들 하고 경쟁할 수 있다고 봅니까?" 그 지망생은 주저하지 않고 대답을 했습니다. "예, 저는 그런 명문대학교를 나온 사람들보다 두 가지의 장점을 가지고 있습니다. 첫째, 저는 그들에게 조금도 뒤지지 않고, 둘째, 이 사실을 그들이 모르고 있다는 점입니다." 이런 자부심, 그런 떳떳한 태도가 특히 소수민족이 성공하는 데 필수요건입니다.

화이트스톤양이 보여 준 당당하고 떳떳한 마음가짐을 우리도 연마합시다.

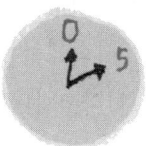

## 독수리의 자손
(미국에서 자라고 있는 교포자녀들에게 드리는 말씀)

 

우리의 조국은 좁은 국토를 가지고 있습니다. 지하자원도 빈약하고 미국이나 유럽같은 큰 시장과도 거리가 멀기 때문에 입지 조건이 좋지 않은 나라입니다. 2차대전 후에 큰나라들끼리 합의하여 나라를 두동강이로 갈라 놓았고, 드디어는 한국전쟁이라는 동족상잔의 처참한 고통을 겪었습니다. 휴전도 한인들에 의한 것이 아니었고 선생에 사용했던 부기는 모두다 다른 나라에서 생산한 무기였습니다. 남한의 국토는 미국 유타주의 반밖에 되지 않고, 그 중에 30%만이 경작할 수 있는 불리한 조건하에서도 4,500만 명의 국민들이 배불리 먹고 나머지 쌀을 외국에 제공할 만큼의 여유를 누리고 있습니다. 불과 40여 년 전에 폐허가 된 잿더미 위에서 오늘날 1인당 국민소득이 1만 달러를 넘었습니다. 한마디로 말해서 한국인은 영리하고 군센 민족입니다.

이곳 미국에서 자라고 있는 교포자녀 여러분, 여러분은 비록 이곳에서 태어났거나 아주 어렸을때 부모를 따라 이민 와서 살고 있지만 세계의 이목을 받고 있는 자랑스러운 한인의 얼을 타고 났습니다. 비록 여러분은 다인종 사회에서 어울려 생활해야 하는 입장에 있지만 여러분은 독수리의 자녀입니다.

어떤 농부가 아들을 데리고 높은 산으로 등산했습니다. 아주 높고 높은 곳에서 큰 절벽이 있었습니다. 절벽 꼭대기의 나무 위에 독수리의 둥지가 있었는데 안에는 독수리 알이 하나 있었습니다. 그 농부의 아들은 아버지 몰래 그 독수리 알을 살짝 집어서 품안에 숨겨 가지고 집으로 온 다음 마침 병아리를 품기 위해 닭장에 앉아 있는 암탉의 둥지에 슬그머니 넣었습니다. 드디어 병아리가 알껍질을 깨고 나오기 시작했습니다. 독수리 새끼도 다른 병아리와 함께 세상에 나오게 되었습니다.

독수리 새끼는 다른 병아리와 함께 엄마 닭을 따라다니며 앞뜰과 뒷뜰에서 땅을 뒤적거리면서 모이를 찾아 먹었습니다. 독수리 새끼는 자기가 독수리인 줄을 모르고 병아리인 줄로만 알고 있었습니다. 그렇게 자라다 보니 독수리 새끼는 점점 덩치도 커지고 그 모습도 장엄한 독수리의 본래적인 모습을 완연하게 갖추게 되었습니다. 그랬지만 그 독수리는 자기가 몸집이 큰 닭인줄로만 알고 있었습니다.

어느 날 동물학자가 지나다가 닭과 섞여서 땅을 뒤적거리며 모이를 찾고 있는 독수리를 보았습니다. 그는 농부에게 가서 그 큰 새가 닭이 아니라 독수리라고 말했습니다. 농부는 그럴 리가 없다고 하며 그것은 닭이라고 했습니다. 동물학자가 그것이 독수리임을 증명하겠다고 하면서 독수리를 팔에 얹고 독수리에게 정중하게 말을 했습니다. "그대는 독수리로다. 독수리답게 날아가라." 그랬더니 그 독수리는 팔에서 뛰어내려 다른 닭들과 어울려서 땅을 뒤졌습니다. "그것 보세요. 그새가 닭이라고 내가 말을 했는 데두." 그 농부가 말했습니다. 이번에는 그 동물학자가 사닥다리를 높은 창고 지붕에 대고 독수리를 가지고 지붕 위로 올라갔습니다. 그리고 독수리에게 말했습니다. "그대는 독수리로다. 독수리답게 날아가라." 독수리는 여전히 날개를 몇번 치고는 땅으로 내려와서 닭과 합세를 했습니다. "쓸데없는 짓 그만두세요. 그새는 닭이라니까요." 농부는 또 다시 말을 했습니다.

그 학자는 포기하지 않고 이번에는 독수리를 데리고 높고 높은 산위에 있는 절벽위로 올라 갔습니다. 눈앞에 보이는 것은 좁은 농부의 앞뜰과 뒷뜰이 아니었습니다. 멀리 있는 지평선과 웅장한 산천, 구름을 치솟는 울창한 나무들은 독수리가 이제까지 보지 못했던 새로운 별천지였습니다. 학자는 독수리를 팔끝에 얹고 장엄한 목소리로 외쳤습니다. "그대는 독수리로다. 독수리답게 날아가라." 그소리에 독수리는 여섯 자나 되는 날개를 활짝 펴 보았습니다. 새로운 힘이 솟아났습니다. 날개를 펼치고 하늘높이 솟아 올라 보았습니다. 그랬더니 토끼도 노루도 모두 피신처를 찾아 도망치는 것이 아닙니까? 그순간부터 독수리는 닭이 아니었습니다. 그때까지만 해도 고양이와 개에게 쫓겨다니던 닭이었지만 이제는 힘찬 날개를 펼치고 높이 날으니 지상의 동물들은 무서워서 어쩔줄을 몰랐습니다.

여러분은 지금까지 닭같은 친구들과 사귀어 왔습니다. 당연히 그들의 친구가 되어 주어야지요. 여러분이 그들을 필요해서가 아니라 그들이 여러분의 영향을 필요로 하기 때문입니다. 세상의 청소년들이 영어가 서툴다고 지능이 모자란 것처럼 이민 1세 부모들을 얕보고 조롱하는 짓은 병아리가 앞뜰이나 뒷뜰에서 땅을 뒤적거리는 옹졸한 행동입니다. 다시 말합니다. 여러분은 닭이 아닙니다. 여섯 자가 넘는 날개를 활짝 펴고 하늘 높이 치솟아 올라가서 넓은 천하를 보십시오. 힘차게 날아가는 그대들 앞에 토끼도 노루도 기를 못 펼 것입니다. 제가 상징적으로 드린 이 말씀을 기억하고 시원찮은 친구들이 한인의 얼에 어긋나는 병아리짓을 하도록 유혹할 때 마음속으로 외치십시오. '나는 닭이 아니다. 나는 독수리다.' 라고.

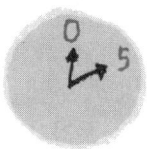

## 마라톤이 주는 교훈

전해 내려오는 이야기에 의하면 기원전 490년에 희랍군이 마라톤(Marathon) 지역에서 배 이상의 병력을 가진 페르시아의 군과 전투를 하여 승리를 거둔 소식을 왕에게 전하기 위하여 한 병사가 먼 거리를 달렸다 합니다. 그가 아테네에 도착하여 '우리는 이겼습니다.'라는 말을 하고 그는 쓰러져 숨을 거두었다 합니다. 그 병사의 이름은 피디피데스였고 그기 쉬지 않고 딜린 거리는 20마일 이상이었다 합니다. 1924년에 26마일 385야드(42.195km)로 마라톤의 거리를 결정했습니다.

저는 반 세기 동안 매일처럼 달렸습니다. 1981년에 나이든 주제에 대담한 생각이 들어서 정식 마라톤을 달릴 결정을 했습니다. 그때 저는 하루에 5마일, 즉 8Km를 달리는 정도였지만 마라톤이 힘들면 얼마나 힘들랴 하는 과소평가를 했습니다. 그리고 끈기와 의

지는 누구에게 지지 않을 만큼 강하다고 자처하던 사람이었는지라 하룻강아지 범 무서운 줄 모른다는 격으로 캘리포니아 주의 엘 토로해병 기지에서 개최를 했던 마라톤대회에 지원서를 냈습니다.

출발을 알리는 총소리에 따라 1,000여 명의 남녀 주자들이 일제히 달리기 시작했습니다. 많은 무리와 함께 뛰어 달리니 신이 나서 그랬는지 힘드는 것 같지도 않았습니다. 같이 달린 친구들과 농담을 해 가며 1마일 이정표에 도달을 했을 때 저도 믿을 수 없는 6분 50초밖에 걸리지 않았습니다. 보통 아침 조깅에 1마일당 7분에 뛰어도 숨이 차서 헐떡거렸는데 별로 노력을 하지 않았는 데도 7분 이내로 달렸다는 얕은 자신감에 나머지 25일 정도를 마일당 9분에 달려도 4시간 이내로 달릴 수 있겠다는 계산을 했습니다.

사업을 하거나 새로운 가정을 꾸미는 일도 마라톤 같은 점이 있다고 생각합니다. 사업체나 가정을 이끌어 나가는 일이 힘들다고 해서 미리 겁을 먹고 아예 창업 의욕을 상실해 버리거나 일생 동안 독신으로 살라는 말씀은 절대로 아닙니다. 마라톤이 그렇게도 많은 노력을 필요로 하는 데도 그것을 저는 과소평가해서 준비를 소홀히 하였고 그런 소홀한 준비로 인해 저는 필요 이상의 고생을 했습니다. 마찬가지로 사업을 시작하거나 결혼을 할 때 준비를 소홀히 하면 즐거워야 할 생활이 필요 이상의 고통스럽게 될 것입니다.

약 10마일까지 가는 동안 다리에는 아직도 힘이 많이 남아 있었고 주변에 서 있는 관중들은 자기들이 알지도 못하는 주자들이 지나갈 때 박수와 격려를 보내 주었습니다. 약 3마일 지점마다 물을 주는 테이블이 있었습니다. 지금은 저도 잘 아는 진리입니다만 마라톤을 달리려면 목이 마르지 않더라도 급수소에 도달할 때마다 물을 마셔야 합니다. 경험이 없는 주자들은 급수소를 그냥 지나갑니다. 건전한 원리를 무시하는 주자는 반드시 후에 그 원칙을 위반한 값을 톡톡히 치르게 됩니다. 사업이나 가정을 이끌어 나가는 데도 지켜야 할 원칙이 있습니다. 원칙을 무시하고 개인적인 주장만 내세워 밀고 나가려면 반드시 괴로운 값을 치르게 됩니다.

많은 젊은이들이 저를 앞질러 갔습니다. 같이 달리던 한 중년 주자가 저에게 재미있는 말을 해 주었습니다. 새 신발을 신고 앞질러 가는 젊은 주자들은 머지않아 중도탈락을 하게 된다는 말이었습니다. 아니나 다를까 13~14마일 지점에 달했을 때 조금 전에 저를 앞질러 간 젊은 주자들이 기진맥진하여 탈락을 하는 것이었습니다. 때가 묻은 신발을 신고 서두르지 않는 주자들은 틀림없이 마라톤 코스를 완주할 사람들이었습니다. 젊음만을 믿고 절제 없이 생활을 하는 사람들은 새 신발을 신고 성급하게 앞질러 가는 주자 같이 도중하차를 할 가능성이 높다 하겠습니다.

옆에 달리는 주자들과 잡담을 해 가면서 18마일 지점에 도달을 했을 때 저의 몸과 다리에서는 힘이 완전히 빠져버렸습니다. 전에 마라톤을 달려 본 적이 없었든 저는 힘이 빠지더라도 점차적으로 빠지는 줄로 알고 있었습니다. 그런데 힘이 절벽에서 떨어지듯 갑자기 떨어져 버렸습니다. 이를 악물고 달리려 했으나 한 발자국도 더 딛을 수가 없었습니다. 약간 노력을 했더니 양쪽 다리에 쥐가 났습니다. 할 수 없이 길가에 주저앉아 다리를 주무를 수밖에 없었습니다. 그 경지를 겪어 보지 않은 분은 그 고통을 도저히 이해하지 못합니다. 누군가가 면도날을 갖고 장단지를 도려내는 듯한 고통과 아픔이었습니다. 눈물을 흘리면서 엉엉 울고 싶을 정도의 고통이었습니다.

사업이나 가정을 이끌어 나가면서도 재앙은 점차적으로 오지 않고 갑자기 오는 경우가 많습니다. 울고 싶고 실망되겠지만 누구를 원망하겠습니까? 미리 준비하지 않고 경험 많은 분들의 충고를 구하지 않은 값이 얼마나 큰지를 후회하며 느끼게 될 것입니다. 저는 저의 자녀들과 손자손녀들에게 도중하차했다는 불명예를 남기지 않기 위하여 절룩거리며 걷고 걸어서 드디어 종착점에 도달했습니다. 4시간 49분이라는 오랜 시간이 걸렸습니다. 그때 그 교훈을 거울로 삼아 그후로는 연습도 제대로 하고 힘도 절약하는 주법을 배워서 3시간 31분까지 기록을 향상시켰습니다만 그 고통 후에 목표를 달성하는 표현할 수 없는 절정적 기쁨을 맛보기 위해서 마라톤을 30번이나 완주를 했습니다. 마라톤을 달릴 때마다 인생을 새로 배우는 느낌이었습니다.

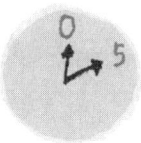

# 난관을 극복한 한 교포의 성공담

운명의 신은 시련의 신이었나 봅니다. 청운의 꿈을 싣고 미국으로 유학 온 한 교포는 많은 고난을 겪었습니다. 그러나 좌절은 그의 사전에 없었습니다. 고학위와 사업의 성공의 양립이 용이하지 않은 것을 일찌감치 인식한 이 교포는 사업으로 전념하기로 결심을 했습니다.

그는 학교에 휴학계를 내고 공장에 취직을 했습니다. 이왕 취직을 했으면 맡긴 일을 제일 잘하는 일꾼이 되겠다고 마음을 다졌습니다. 퇴근시간이 되어도 퇴근하지 않고 윗사람에게 사정을 했습니다. 잔업 임금을 주지 않아도 되니 남아서 일을 더욱 배울 수 있도록 해 달라는 부탁이었습니다. 미국에서 그런 요구를 들어 본 적이 없는 부서장들은 그의 성의에 감탄을 하여 잔업 수당을 주면서까지 그가 일하고 싶은 대로 오랫동안 일을 하도록 허락을 해 주었습니다. 그는 대학에서 기계공학을 전공한 배경을 충분히 응용하여 가까운 시일 내에 밀링 머신(milling machine, 프레이즈반 : 금속을 자르거나 깎는 공작기계) 선반 등의 기계를 작동하는 능숙공이 되었습니다. 회사에서도 그에게는 하루에 8시간 정도의 잔업을 주면서 돈독한 신임을 보여 주었습니다. 최저임금이 시간당 2달러였을 때 그는 4달러를 받았습니다.

기계작동에 능숙해진 그는 이번에는 용접을 배우기 시작했습니다. 각종 용접기술을 쉬지 않고 배워서 그 어려운 용접공의 자격증까지 따냈습니다. 그러고 보니 공장 전체를 털어놓고 보아도 무슨 일이든지 맡기면 척척 해 낼 수 있는 사람은 이 악착같은 교포뿐이었습니다. 그리하여 잔업은 계속해서 맡겨졌으며 저축도 기대 이상으로 잘 되었습니다. 이러는 중에도 이 교포는 그의 장기적인 인생의 목표를 잃지 않았습니다. 그의 목표는 한 공장의 모범 종업원으로 일생을 마치는 것이 아니었습니다. 그의 원대한 목표는 미국에서 떳떳하게 내놓을 만한 기업인이 되는 것이었습니다. 그래도 맡겨진 일에는 최선 이상을 다한다는 신조와 결심에는 변함이 없었습니다.

그가 자기의 원대한 목표를 달성하는 데에 큰 걸림돌이 있었습니다. 그 걸림돌은 영주권을 얻는 일이었습니다. 이 영주권을 얻기 위하여 자영사업을 경영해야 한다는 변호사의 충고에 따라 그는 자기가 저축한 5,000달러를 갖고 공장을 나와 작은 햄버거 스탠드를 1만 달러에 샀습니다. 겨우 일일 매상이 70달러밖에 안 되는 햄버거 스탠드에서 그는 열심히 일을 했습니다. 부인과 함께 정성을 다하여 좋은 햄버거를 굽고 오는 손님 가는 손님에게 극진한 예의를 베풀었습니다. 영주권도 손쉽게 나왔고 햄버거의 매상도 급격한 증가를 보였습니다. 무례를 저지르는 손님에게나 친절을 베풀어 주는 손님에게도 있는 성의를 다하여 봉사를 했습니다. 드디어 일일 매상 70달러에서 400달러로 올랐을 때 그 햄버거 가게를 4만 달러에 팔았습니다. 그는 공장 노동도 햄버거를 굽는 일도 원대한 포부를 이루기 위한 디딤돌이라는 신념을 갖고 창피한 생각도 힘들다는 생각도 해보지 않았습니다.

그 다음으로 시작한 일이 자동차 판매였습니다. 그때는 에이전시로 하는 자동차 판매였으므로 한 대 팔면 100달러 정도의 커미션을 받았습니다. 한번은 자기의 불찰로 160여 달러나 가는 옵션을 거저 얹어서 한 중국인에게 벤 한 대를 팔았습니다. 여기저기를 철저하게 알아보는 중국인은 옵션값을 더 요구하지 않는 이 판매원에게 큰 신임을 하게 되었습니다. 자기의 실수를 그대로 감수하는 태도에 감명을 받았던 모양입니다. 그런 일이 있은 후에 그 중국인의 소개를 통해서 10여 대의 자동차를 팔게 되었고 그 후에 같은 중국인이 또 한 대의 차를 사면서 전에 손해를 보았던 옵션값을 더해서 주었다고 합니다.

그후 그는 성직과 성실을 바탕으로 해서 꾸준히 교포사회에서 자동차 판매의 성공을 쌓았습니다. 대 자동차 회사의 정식 프랜차이즈 딜러십도 얻게 되었고 20여 년 간 2만 8,000가정에 자동차를 팔았습니다. 그에게 보람을 느끼는 경험은 지난 번에 자기의 회사에서 자동차를 산 고객들이 다시 찾아와서 자동차를 사 주는 경우라고 하며 그런 고객들 때문에 그의 회사는 변함없이 성장을 하고 있다고 고객들에게 고마움을 표시했습니다. 지금은 한인 교포

사회에서 대표적인 자동차 딜러가 되어 있는 이 교포에게는 희비의 쌍곡선이 항상 함께 하는 듯 했습니다. 일사후퇴 때 아버지를 따라 남하한 그는 이북에 두고 온 어머님과 동생들을 잊을 수가 없었습니다. 얼마 전에 이북을 찾아 꿈에도 그립던 어머님과 동생들을 만나고 온 기쁨도 있었지만 억울한 재판의 판정으로 100만 달러가 넘는 막대한 손해배상을 해야 하는 괴로운 일도 있었습니다. 그에게 도요다 자동차를 공급해 주던 일본인 부로커들이 자취를 감췄는데 그 동안 공급받은 자동차 값을 대신 지불하라는 판정이었습니다. 변호사들은 파산을 선고하라는 충고를 했지만 자기는 그를 신임해 준 고객들에 미칠 이미지를 생각해서 그 막대한 돈을 현금으로 지불했다 합니다. 같은 해에 외아들을 불의의 사고로 잃었습니다.

그에게 좌절은 없었지만 이 두 가지가 겹쳐서 돌발했을 때 처음으로 좌절과 같은 느낌을 받았었다고 후에 고백했습니다. 오늘도 이 교포는 어려웠던 과거를 생각하면서 좀더 나은 내일을 위하여 종업원들을 훈련하고 교포에게 봉사하기 위하여 있는 정성을 다 기울이고 있습니다. 우리 모두 배울 바가 많은 교포라고 생각되기에 여기에 이름을 밝히지 않고 간단히 그의 성공담을 말씀드렸습니다.

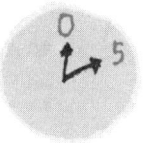

## 경영인의 자긍심

60여 년 전에 일본에서 있었던 일입니다. 19살 된 젊은 청년이 게곤 폭포라는 웅장한 폭포를 보면서 자연의 웅장함에 압도감을 느껴서 자신이 너무도 무의미한 존재로 느꼈습니다. 그는 종이 한 장을 꺼내서 다음과 같이 썼습니다. '5척도 못 되는 이 몸을 가지고 우주의 신비를 어찌 젤 수 있으리요?' 그는 이 짤막한 시인 듯 유서인 듯한 글을 신발에 접어 두고, 폭포에 뛰어들어 자실을 했습니다. 신문에 보도된 이 기사를 읽고 감수성이 예민한 많은 십대의 소녀들이 그 영향을 받아 감수성 자살을 했던 것입니다.

이보다 훨씬 오래 전에 중국에는 두보라는 시인이며 철학자가 있었습니다. 60평생을 사는 동안 많은 시와 학문적 업적을 남긴 그는 그곳에서 제일 높다는 곤륜산을 쳐다보았습니다. 노구임에도 그는 죽기 전에 곤륜산의 꼭대기에 올라가 볼 결심을 했습니다. 큰 노력을 할 결과 그는 곤륜산의 산정에 오를 수가 있었습니다. 그도 앞에 말한 일본의 청년처럼 자연의 웅장함에 도취되어 있었습니다. 그러나 두보는 이렇게 말했습니다. '나는 곤륜산보다 5척이나 높다.'

사업을 운영하다 보면 사회와 환경의 힘이 너무나도 커서 우리 자신의 무력함을 통감할 때가 많습니다. 불경기다, 폭동이다, 또는 지진들의 자연재해에 대항할 힘이 없기 때문에 자포자기하게 될 위험이 누구에게나 있는 것도 사실입니다. 그러나 이 거센 환경의 힘을 대할 때 염세주의에 빠진 일본청년의 부류에 속할 것이 아니라, 이 세상보다 5척이나 높다고 한 두보와 같이 자긍심을 살려야 할 것입니다.

수난을 겪어 보지 못한 사람이나 나라는 긴장감이 형성되지 않아 비약적인 경제의 발전을 이룩하기가 어렵다는 견해도 많이 나오고 있습니다. 한국이나 대만의 경제성장은 전쟁을 겪었고 현재도 어떤 면에서는 전시상황이 감도는 긴장감 때문에 경영인들의 투쟁정신이 강한데 기인된다고 『East Asian Edge』 즉, '동 아세아의 우세점'이라는 책을 쓴 호파인즈는 강조하고 있습니다. 일본은 비록 이차대전을 치른 지가 50년이 지났지만, 유치원부터 대학까지의 극심한 입학경쟁을 조성하여 젊은이가 성장하는 동안 투쟁하는 정신으로 공부를 하고 개인이나 가정의 사활이 달린 듯 한 시험공부와 경쟁 때문에 일본경제가 강하다는 이론도 그는 역시 제시하고 있습니다.

경쟁은 당하는 사람에게는 힘들게 느껴지기도 합니다. 경쟁을 통해서 경영인은 강인과 끈기가 악착스러운 태도를 연마할 수 있으며 거기로부터 얻어내는 승리의 기쁨을 안일무사의 환경에서는 찾아볼 수 없는 감미로운 것이라 하겠습니다.

저는 개인적으로 굳센 재미한인 사업가들께 머리를 숙입니다. 짧은 이민역사를 갖고 있지만, 모든 역경을 이기고 오늘날과 같은 한인 사업계를 이룩한 투쟁력이 강한 사업의 경영인 여러분은 한인 모두의 자랑입니다. 고난과 역경은 계속해서 있을 것입니다. 그러나 공룡 같은 장애물이 밀려올 때 여러분은 두보의 말을 기억하십시오.

'나는 곤륜산보다 5척이나 더 높다.'

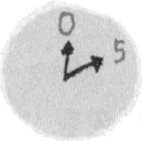

## 경영인과 오해

　기대하지 않은 오해를 받아 손해나 화를 당하는 예를 우리는 종
종 보게 됩니다. 한편 능력 있는 경영인은 오해를 받을 수 있는 처
신을 피함으로써 신상이나 사업체의 안전을 도모합니다.

　수년 전에 미국 민주당의 대통령 후보로 입후보했던 게리하트
(Gary Hart) 상원의원의 경우는 모두 다 잘 알고 있을 것입니다. 혼
외 여인관계가 많다는 소문에 따라 기자들의 질문에 대응하기 위하
여 그는 기자들에게 호언을 했습니다.

　"여러분이 나를 그렇게 의심하면 나를 미행해 보십시오." 라고
말했습니다. 그래서 플로리다의 한 신문기자가 그를 미행해 보았
습니다. 하룻밤은 젊은 여성이 하트 상원의원의 아파트에 밤 10시
쯤 들어갔습니다. 기자들은 그 아파트를 주시하고 있었는데, 그 여

인은 새벽 2시 넘어서야 아파트에서 나왔습니다. 이 사실을 신문에 보도하자 하트의원은 자기네 두 사람 사이에는 아무 일도 없었고, 그 여인은 책을 빌리러 왔었노라고 설명을 했습니다. 그렇지만 두 사람 사이에 아무 일도 없었다는 그의 말을 믿는 사람은 아무도 없었고 드디어 그는 대통령 후보를 사퇴하고 만 것이었습니다. 그때, 하트의원의 부인은 고향에 가 있었으며 책을 빌리러 왔었다면 하필 밤 10시부터 새벽 2시까지 단 둘이서 있을 필요가 있었느냐는 의문이 생겼고 그들의 순수함을 입증할 수 없었던 것입니다.

중국의 성현은 일찍이 말을 했습니다.

'배나무 밑에서는 갓을 고쳐 쓰지 말고, 참외 밭에서는 신발끈을 고쳐 매지 말라'고 했습니다. 배나무 밑에서 갓을 고쳐 쓰면 마치 배를 훔쳐 갓 속에 넣는 오해를 받을 수 있고 참외 밭에서 구부려 신발끈을 고쳐 매면 마치 참외를 훔치는 오해를 받을 수 있다는 교훈입니다. 즉, 오해받을 수 있는 행동을 아예 하지 말라는 가르침입니다.

수년 전에 한국에서도 불과 6공 때만 해도 세력이 컸던 국회의원이 뇌물 수뢰죄로 수감된 적이 있었습니다. 자기는 그런 돈을 안 받았다고 했지만, 돈 주는 광경을 봤다는 증인은 독신 여자로서 그 국회의원이 자주 찾아가서 저녁식사도 하고 사교적 방문도 자주 했다는 여인이었습니다. 아무리 그는 결백을 주장했지만 유부남으로서 혼자 사는 매력적인 여인의 집에 자주 찾아갔다는 사실 자체는 오해를 받을 충분한 소재를 내포하고 있다고 봐야 하겠습니다.

최근에 미국에서는 성희롱, 인종차별 등의 고발과 소송이 우후 죽순 격으로 보도되고 있습니다. 무심코 한 말 한마디 또는 대수롭지 않게 여긴 행동 하나로 인해 꼼짝 못하고 법망에 걸리는 경우도 많습니다. 또 고발이나 소송이 아니라 하더라도 동료나 부부간에 공공연한 오해를 자아내는 일도 자주 일어납니다. 이러한 오해를 받지 않기 위해서 몇 가지 제안이 전문가들에 의해서 제의되어 있습니다. 이성의 직원과 단둘이서 상담을 해야 할 때는 사무실의 문을 완전히 닫지 말고 약간 열어 두라는 것입니다. 상담을 하는 상대가 아무리 나이나 직책 차이가 있다 하더라도 폐쇄된 사무실에서 단둘이 이야기하고 있다는 것은 당사자나 그것을 외부에서 보는 사람들의 오해를 받을 소재가 약간은 있다고 보아야 하겠습니다.

이성의 직원에게 사기를 돋구기 위하거나 또는 잘한 일을 보상하기 위해서 점심을 사주고 싶거든 한 사람을 더해서 셋이서 가든지 반드시 사람이 많이 오는 대중식당으로 가는 것입니다. 특히 호텔 내의 식당은 이용하지 말라는 것입니다. 오후 1시 반쯤이나 2시쯤 둘이서 호텔 문을 나오는 장면을 배우자가 보았다면 어떤 생각이 들겠습니까?

출납을 취급하는 직원, 특히 금고의 열쇠를 가진 직원은 밤늦게나, 주말에 혼자 사무실에 가는 일을 삼가라는 것입니다. 역시 오해를 받을 가능성이 많기 때문입니다. 출퇴근을 할 때도 부부가 아닌 이성과 단둘이서 차를 타고 다니는 일도 삼가라는 전문가들은 말하고 있습니다.

전화를 할 때도 남이 보는 직장에서 공용이 아닌 사용으로 속삭이는 듯한 어조로 대화를 하지 말라는 것입니다. 너무 지나친 말이라고 할지 모르겠습니다만 약간 지나칠 정도로 조심하는 것이 오해를 받아 화를 당하는 것보다 낫지 않겠습니까?

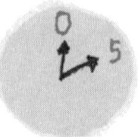

# 업무의 부담감

인간은 일을 함에 있어서 하는 일이 자기가 좋아하는 일이거나 그 일의 목적이 자기의 사명감과 일치할 때는 부담감을 느끼지 못하고 신바람이 나게 일을 합니다.

8살 쯤 된 여자아이가 자기보다 두살 쯤 아래인 남자아이를 등에 없고 낑낑대며 길을 걷고 있었습니다. 지나가던 어른 한 분이 물었습니다. "애야. 너만한 아이를 업고 가자니 몹시 무겁겠구나." 그랬더니 그 어린 여자아이가 대답을 했습니다. "아니에요. 무겁지 않아요. 제가 업고 가는 아이는 제 동생인 걸요."

그렇습니다. 그 여자아이가 같은 무게의 돌멩이를 등에 업고 날 랐다면 몹시 무겁게 느꼈을 것입니다. 그러나 자기가 사랑하는 동생을 업고 갈 때에는 무거움을 느끼지 않습니다. 반면에 하는 일이 지겹게 느껴지거나 일거수 일투족이 고달프게 느껴지면 하는 일이

싫은 일이거나 그 일의 목적이 일 하는 사람의 사명감에 부합되지 않은 까닭이라고 할 수 있겠습니다.

'부와 빈'이라는 베스트셀러를 쓴 조지 길더(George Gilder)는 말했습니다. '남자들의 성취욕구는 여자들의 모태에서 얻는다.' 다시 말하면 아내와 자식들을 잘 살게 하려는 사명감이 남자들로 하여금 일을 열심히 하고자 하는 결의를 낳아 준다는 말입니다. 또 어떤 분은 말했습니다. '고이 잠든 자기 어린애들의 모습을 보고 열심히 일하고자 하는 결의를 얻지 못하는 사람은 정신이상자이다.'

일단 자기가 하는 일을 좋아하고 또한 사명감을 가지고 일을 하면 성공의 토대는 되지만 역시 큰일을 하려면 인내심이 필요합니다. 18세기의 영국의 평론가인 사무엘 존슨(Samuel Johnson)은 이렇게 말했습니다.

'훌륭한 일은 힘으로가 아니라 인내로 이루어진다. 훌륭한 궁전도 하나 하나의 작은 돌로 구축되는 것이다. 한 사람이 매일 3시간씩 걸으면 7년 후에 지구를 한바퀴 도는 거리를 걷게 된다. 인간이 성취한 위대한 업적을 보고 우리는 감탄하는데 그것은 인내와 끈기의 힘의 결과일 뿐이다. 그 끈기의 힘으로 말미암아 돌이 피라미드로 변했고 멀리 떨어진 나라들이 운하로 의하여 연결되게 되었다. 한번 때리는 망치의 효과를 전체의 설계나 최종의 결과에 비교한다면 그 엄청난 격차에 압도감을 느끼겠지만 작은 동작 하나라도 끊임없이 계속하면 드디어는 어떠한 고난도 극복하고 인간의 미약한 힘으로 태산도 무너뜨리며 대양도 매꿀 수가 있다.'

행운이 찾아오기만을 기다리고 자기를 빼놓은 모든 사람들이 행운을 다 차지하고 있는 것처럼 느끼는 사람들은 현재 하고 있는 일이 부담스러울 것입니다. 그러나 맡은 일을 신나게 하며 정열과 성의를 다 하면 행운은 반드시 찾아오게 마련입니다. 로스앤젤레스 램스와 워싱톤 레드 스킨의 코치를 역임한 고 조지 앨런은 유명한 신조를 다음과 같이 표현했습니다.

'열심히 일할수록 운이 더욱 좋아진다.' 일하지 않고 행운만 기다리는 사람은 상습 도박자처럼 행운이 없으면 없는 대로 불행하고 행운이 오더라도 행운임을 깨닫지 못하고 역시 불행합니다.

벽돌을 얹고 있는 두 사람에게 무엇을 하고 있느냐고 물었다 합니다. 그 중에 한 사람은 '벽돌을 쌓고 있는지를 보면 모르겠냐' 고 신경질적으로 말을 했는데 다른 한 사람은 '나는 성당을 짓고 있습니다.' 라고 대답을 했다 합니다. 이둘 중에 누가 사명감을 갖고 보람을 느끼고 일을 하고 있는지 그리고 그 둘 중 누가 부담감을 갖고 일하고 있는지를 우리는 쉽게 짐작할 수 있습니다.

## 위대한 지도자

위대한 지도자의 특성은 무엇입니까?

처칠 수상이 훌륭한 정치인에 대한 정의한 바가 있습니다. 그는 '훌륭한 정치인은 자기보다 당을 더 사랑하고 당보다 나라를 더 사랑한다.'고 했습니다. 훌륭한 정치인이나 훌륭한 지도자는 자기의 이익을 앞세우지 않습니다. 아리스토텔레스는 일찍이 말했습니다. '친구가 없다면 사람의 삶을 택할 의의가 없다.' 사기의 경쟁자나 경쟁자가 될 가능성이 있는 사람을 모함하거나 제거하는 사람은 훌륭한 지도자로서의 자격을 상실한 사람입니다. 예수께서도 원수를 사랑하라고 했습니다. 간디나 마틴루터킹 박사같은 훌륭한 지도자들은 그들을 핍박하는 위정자에게 폭력을 사용하지 않고 고통을 받는 힘없는 사람들을 위하여 일생을 바쳤습니다. 다시 말해서 훌륭한 지도자는 자기의 권세나 이익을 위해서 남을 해치는 일을 절대로 행하지 않습니다.

저는 미국의 정치풍토를 좋아합니다. 아직도 많은 결점이 있습니다마는 우리가 알고 있는 다른 국가의 정치계와 비교해 볼 때 미국의 정치전통은 흐뭇한 점이 많습니다. 최근에 캘리포니아주의 상원의원 한 사람은 단 돈 2,500달러를 사업가로 위장한 FBI요원으로부터 불법으로 받았다고 해서 유죄판결을 받았고 벌금 100만 달러와 수년의 징역선고를 받았습니다. 저도 그 상원의원에게 투표를 했었습니다. 참으로 자랑스러운 정치풍토라고 생각합니다. 웬만한 나라에서는 한 달 월급도 안 되는 돈을 받았다고 해서 높은 자리에 있는 사람을 기소조차 하지 않을 것입니다.

미국의 대통령은 토요일마다 라디오 연설을 합니다. 그런데 이 나라의 유권자로서 자랑스럽게 느끼도록 하는 또 하나의 전통이 있습니다. 대통령은 연설을 하기 하루나 이틀 전에 연설의 원고를 야당에게 줍니다. 그 이유는 대통령의 연설이 끝나면 야당이 선정한 대표가 반박연설을 하도록 되어 있는데 그 반박연설을 준비하는 데에 도움이 되도록 하기 위해서 대통령의 연설원고를 미리 준다는 것입니다. 다른 나라에서는 상상도 못할 일이라고 하겠습니다. 이같이 자기의 정적에게까지 공정을 베풀고 선거에는 치열하게 경쟁을 하다가도 승부가 결정이 나면 패자가 승자에게 축하 메시지와 꽃다발을 주는 미국의 전통을 보았습니다. 정적이나 정적 비슷한 사람까지 처참하게 숙청해 버리거나 자기와 운명을 같이 한 사람일지라도 자기 개인의 이익에 도움이 안 된다고 느껴질 때 가차없이 처형해 버리는 사람은 아무리 너그럽게 보아 주려 해도 위대하다고 할 수 없습니다.

위대한 지도자는 모든 인간의 인권과 자유를 존중합니다. 집회의 자유, 종교의 자유, 언론의 자유는 인간의 기본권리입니다. 링컨 대통령은 남북전쟁이 끝나고 국회에서 행한 연설에서 노예들에게 자유를 주는 의미를 이렇게 말했습니다. '… 노예들에게 자유를 줌으로써 우리는 모든 자유로운 사람들에게 자유를 보장합니다. 그 자유는 우리가 주는 자유이든 우리가 지키는 자유이든 영예로운 자유입니다. …' 토머스 제퍼슨도 외쳤습니다. '모든 인간은 동등하게 창조되었나니…' 자유의 중요성을 뼛속으로까지 느끼고 모든 인간에게 자유를 누리도록 하는 일에 앞장을 서지 않는 사람은 위대한 지도자가 아닙니다. 자유를 박탈하고 백성을 억압하는 사람은 인류의 정도를 어기는 포악자일 수밖에 없습니다.

기업을 경영하는 지도자도 마찬가지입니다. 인간의 기본권리와 인권의 존엄성은 지위의 고하를 막론하고 절대적으로 보장되어야 합니다. 이런 기본적인 원리를 터득 못한 경영인들은 훌륭한 지도자로서의 자격이 없습니다. 최근에는 미국의 대회사들이 앞을 다투어서 최고 경영자 전용식당이나 화장실을 없애고 있는데 늦은 감이 있기는 하나 그들이 모든 직원의 기본권리는 동등하다는 원리를 이제서나마 깨닫는 것 같아서 다행으로 생각합니다. 자기의 마음에 들지 않는 정권이나 경쟁자라고 해서 테러를 자행하거나 암살을 시도하는 것은 인간의 존엄성의 기준에서 볼 때 짐승 이하의 태도라고밖에 말 할 수 없습니다.

훌륭한 지도자는 정직해야 합니다. 거짓말을 입에 침도 바르지 않고 다반사격으로 하는 사람은 위대한 지도자의 자격을 갖추지 못했습니다. 정치인이든지 경영인이든지 약속은 지켜야 하고 자기가 한 말에는 책임을 져야 합니다. 한국전쟁을 누가 도발했는지는 삼척동자도 알고 있습니다. 약 300만의 인명을 앗아간 전율할 한국전쟁의 장본인이 누구인지는 이미 분명한 기록에 남은 역사적인 진실입니다.

1994년 7월 8일에 타계한 김일성 주석을 '위대한 수령' 등등의 수사를 붙이고 추앙하는 사람들이 많지는 않지만 그런 사람들의 위대하다는 기준이 무엇인지를 묻고 싶어집니다. 한 사람의 인간이 세상을 하직한 것은 인생의 무상함을 느끼게 하지만, 김주석의 죽음은 제가 눈물을 흘리거나 애석해야 할 아무런 이유도 아니었습니다.

## 왜곡된 예술과 문학

요사이 문학이라고 하는 작품을 읽는 일이나 영화를 어린아이들과 보기가 두려워지지 않습니까? 소위 예술작품을 만들어 내는 사람들이 예술을 왜곡하는 것같은 생각이 드는 것은 지나친 기우이기를 바랍니다. 동서고금을 막론하고 흉악한 범죄를 저지르는 범인들의 행실을 추적해 보면 반드시 그들이 그런 흉악한 범행의 착상을 소설이나 영화장면에서 얻고 있다는 사실이 밝혀시고 있습니다.

미국에서는 대부분의 대기업들은 회사내에서 음란한 그림이나 사진을 소유하거나 전시하는 것을 회사의 규정으로 금지하고 있습니다. 물론 음란잡지나 소설도 회사내에서는 금지되어 있습니다. 이유는 비교적 간단합니다. 음란한 그림이나 소설은 인간의 존엄성을 저하시킬 뿐만 아니라 그런 저하된 인간의 가치관을 갖고 근무를 하는 사람은 비윤리적인 행동을 할 가능성이 높고, 그런 직원 때문에 회사는 그 명성을 해칠 위험성이 크기 때문입니다.

파탄하는 가정이 날로 늘어나는 세계적인 추세를 올바른 마음을 가진 사람치고 염려를 하지 않는 분은 없을 것입니다. 아들딸들을 결혼시키면서 새로 꾸며지는 가정이 풍파없이 건전하게 유지되고 부부 간의 사랑과 신뢰가 날로 굳어져서 영원히 행복하기를 마음속으로 간절히 빌지 않는 부모는 안 계실 것입니다. 한편 기업을 구성하여 경영을 하는 분들도 모든 직원들이 서로 신뢰하고 존경하며 윤리적인 업무풍토를 조성하고 거기에 수반하여 성공을 염원하는 마음으로 기업을 운영하려고 합니다.

그러나 우리 주변에서 일어나고 있는 현상은 어떻습니까? 남편과 아내가 서로를 의심하고 다툼이 심하여 극도의 비극까지 일어나고 있습니다. 기업을 하는 사람들 중에도 본래의 설립취지와 의도와는 상치되는 행적이 사법기관에 발각되어 불명예스러운 응징을 받는 경우가 하루가 멀다 하게 언론매체에 오르고 있습니다. 그럴 수도 있다고 안이하게 생각하기에는 사태가 지나치게 심각하다 하지 않을 수 없습니다.

앞으로 우리의 사회나 기업세계가 좀더 나아지리라는 낙관도 어렵습니다. 최근 젊은이들을 대상으로 조사한 결과를 보더라도 우리 한인의 자랑거리였던 정조관념이 매우 희박해지고 있고, 혼전 성관계를 당연지사로 여기는 대학생의 수가 급증하고 있다는 보도를 보면서 한편 한심스럽고 걱정스럽지 않습니까? '충'과 '효'와 '정'을 최상의 사회가치로 삼아 왔던 우리의 사회가 머지않아 사육신이나 심청전이나 춘향전 등을 조롱의 대상으로 여기는 시대가 오지 않을까 두려워지기도 합니다.

　문학을 한다는 사람들이 마치 해부학 교수처럼 남녀의 신체구조를 왜 그렇게도 자세히 묘사를 해야 합니까? 남녀의 침실장면을 묘사하지 않고는 독자들의 관심을 끌 수 없다고 생각한다면 작가의 창작능력이 몹시 옅은 비천한 가짜 문학인이라는 낙인을 받아 마땅하다고 봅니다. 저도 세계문학전집, 일본문학전집, 그리고 한국의 대작들은 많이 읽었습니다. 노벨상을 받은 대작 중에는 값싼 말초신경을 자극시켜서 독자수를 늘리려는 작품은 없었다고 봅니다.

　제가 가장 좋아하는 한국의 문학작품을 들라고 하면 주요섭씨가 쓴 단편소설『사랑방 손님과 어머니』입니다. 이 작품에는 남녀의 침실장면도 없고, 남녀의 해부학적 묘사도 없습니다. 그렇지만 남녀의 감정과 이성의 오묘함을 가슴이 찡할만치 잘 묘사되어 있어서 읽어도 읽어도 감명을 주는 작품입니다. 사랑방 손님으로부터 편지 쪽지를 받고 얼굴이 붉어졌다가 창백해졌다 하는 청춘과부인 엄마와 여섯 살짜리 딸과 나누는 대화가 심금을 울립니다.

　그 단편소설에 있는 여섯 살짜리 어린 딸의 말입니다. 엄마가 주기도문을 암송을 하는데 잘 나가다가 '우리를 시험에 들지 밀게 하옵시고 … 우리를 시험에 늘지 말게 하옵시고 … 시험에 들지말게 …' 이렇게 어머니는 자꾸 되풀이 하였습니다. 나도 지금은 막히지 않고 줄줄 외는 주기도문을 어머니가 막히다니 참으로 우스운 일이었습니다. '시험에 들지 말게 … 시험에 들지 말게 …' 하고 자꾸만 되풀이하는 것을 나는 참다 못해서, "엄마 내가 마저 할께." …

　참으로 아름다운 문학작품이라고 생각합니다.

미국의 500대 회사의 최고 경영자들 중에는 90%가 결혼을 한 번밖에 안 한 사람들이라고 합니다. 아무리 이혼이 다반사처럼 존재하는 미국에서도 대기업의 최고 전문경영인들은 아내와 가정에 충실한 사람들이라는 생생한 증거입니다. 음란한 잡지나 영화나 만화를 탐독하는 경영인이 참으로 처자와 가정에 충실할까요? 통계에 의하면 그렇지 못하다고 합니다.

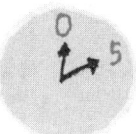

## 자기의 탓을 먼저 살피는 경영인

저는 한국과 미국에서 수많은 경영인들과 지도자들을 보았습니다. 그 중에는 인자한 경영인도 있었고 독선적인 경영인도 있었습니다. 그 중에도 남의 잘못을 지적하는 데는 주저하지 않는 분들이 대부분이었습니다. 남을 탓하기 전에 자기의 탓을 살피는 경영인이나 지도자들은 극소수였습니다.

노령층에 도달한 한 부부가 살고 있었다고 합니다. 부인이 청력 장애가 시작되어 있는 것이 분명한데 이비인후과에 가서 조사를 받아 보라는 남편의 제안에 부인은 그럴 필요가 없다고 하면서 의사한테 가기를 거절했습니다. 답답해진 남편이 혼자서나마 이비인후과 의사를 찾아갔습니다. 자기 부인의 청력 악화를 설명했습니다. 의사는 다음과 같은 실험을 해 보라고 했습니다. '집안의 여러 곳에서 당신의 아내를 불러 보시오. 그래도 대답을 하지 않으면 청력

에 장애가 생긴 것이니 그때 저에게 다시 오십시오.'

그 말을 듣고 그 남편은 집으로 왔습니다. 문을 열고 들어서자마자 '여보'라고 불렀습니다. 아무런 반응이 없었습니다. 이번에는 거실로 가서 '여보'라고 불렀습니다. 아무런 반응이 없었습니다. 이젠 부엌으로 가서 또 불러 보았습니다. 역시 아무런 반응이 없었습니다. 이층으로 올라가 보니 자기의 아내는 재봉실에서 옷을 재봉하고 있었습니다. "아니 여보, 내가 세 번이나 당신을 불렀는데 왜 대답을 하지 않소?" 그러자 그 아내가 말을 했습니다. "대답을 안 하다니요? 내가 세 번이나 대답을 했지 않아요?" 결국 알고 보니 청각장애를 가진 자는 아내가 아니라 남편이었던 것입니다.

우리는 이런 경우를 일상생활에서나 경영 전선에서도 찾아볼 수 있습니다. 자녀들과 대화가 되지 않습니까? 앉혀 놓고 이야기 좀 하려고 하면 자녀들은 불응하거나 빨리 자리를 피하려 합니까? 부하직원들이 도무지 말을 하지 않습니까? 종업원들이 벽시계 추처럼 때마다 시간에 맞춰 출근을 하고 퇴근할 뿐 회사의 발전이나 변화를 위하여 아무런 제안도 하지 않습니까? 대개 이런 상황은 윗사람의 행동이나 태도에 기인한다고 보아야 하겠습니다.

'야 임마, 그걸 말이라고 해?' 또는 '야, 지금 아빠는 피곤하다. 나중에 이야기하자.'라고 말하여 일언지하에 아이들의 말문을 막아 버린 적은 없는지 부모님들은 자녀들에게 대한 반응태도를 검토해 볼 필요가 있겠습니다.

직원회의나 간부회의 중에 사장이나 회장이 회의참석자들에게 할 말이 있으면 하라고 해도 아무도 말을 하지 않는 것이 상례라면 최고 경영자의 경영 지도형에 문제가 있다고 보아야 하겠습니다. 과거에 큰맘 먹고 윗사람에게 부하직원이 제안했을 때, '이 사람, 자네는 회사사정을 몰라서 그런 생각을 하는 거야. 빨리 가서 일이나 하게.'라고 해서 회사를 위하여 제안을 하고 싶어하는 의욕을 싹도 트기 전에 꺾어 버린 적은 없는지 생각을 해 보아야 하겠습니다.

구소련이 미국 대륙을 공격할 수 있는 미사일을 쿠바에 시설했을 때 케네디 대통령의 통솔하에서 소위 쿠바봉쇄 사건이 있었습니다. 약간 나이가 든 분들은 기억하겠지만 그때 세계 3차전이 일어날지도 모른다는 위기감이 감돌았습니다. 쿠바를 봉쇄하고 구소련에게 그 미사일을 퇴거시키라고 미국정부는 강력하게 요구를 했고 만일을 대비하기 위하여 국가안보회의가 백악관에서 밤을 새며 열렸습니다. 여기에서 케네디 대통령은 독특한 지도력을 보였습니다. 각 장관들, 장성들, 및 정보관리들을 한자리에 모아 놓고 신중히 토론을 하라고 명한 뒤에 대통령은 자리를 비웠다고 전해지고 있습니다. 대통령의 면전에서 아랫사람들이 자유로이 말문을 열지 못하는 가능성을 인식해서 그는 자리를 비운 것입니다.

우리도 회사를 경영하거나 가정의 제반사를 관리하면서 경우에 따라서는 아버지가 권위자의 역할을 벗고 아랫사람의 수준으로 내려오든지 때에 따라서는 자리를 비우는 아량도 있어야 하겠습니다. 제가 알고 있는 한 회사에서는 직원이 제안을 하면 그 가치를 판단하기에 앞서서 한 건당 100달러씩 포상하고 있습니다. 업체나 가정에도 고유의 문화가 있습니다. 그런 문화는 최고 권위자로부터 형성됩니다. 권위의 위치에 있는 어른들은 아랫사람들이 아무런 보복의 두려움 없이 자유롭게 속에 있는 말을 터놓고 말할 수 있는 분

위기의 조성에 각별한 주의와 관심을 기울여야 하겠습니다. 그리고 상황이 여의치 않을 때는 문제의 발단이 최고 권위자로부터 발단이 되지 않았나 냉철히 검토해야 할 것입니다.

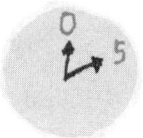

## 이리떼를 조심하자

저와 의견을 달리하는 사람들도 많겠지만 저는 미국이 이 세상에서 가장 살기가 좋은 나라라고 믿습니다. 사촌이 땅을 사도 배 아파 하는 사람이 없는 나라가 미국입니다. 같은 사무실에서 10년을 일을 해도 옆 동료의 봉급이 얼마인지를 알려고 하지도 않고 알 필요도 느끼지 않는 나라가 미국입니다. 자기의 자녀라 할지라도 몸에 상처가 날 정도로 매를 때리면 부모가 유치장에 가는 나라가 미국입니다. 집에서 기르는 개를 발길로 찼다고 해서 옆집 사람이 고발하여 동물학대죄로 개주인이 체포되는 나라가 미국입니다. 이혼을 하면 거의 대부분의 경우에 아이도 집도 아내가 갖는 나라, 사람을 판단할 때 입은 옷이나 타고 다니는 자동차로 하지 않는 나라, 국기를 불사르고도 죄가 되지 않는다고 판시를 하는 나라가 바로 미국입니다.

한편 우리의 전통을 배경으로 볼 때 미국은 못마땅한 점도 많이 있는 나라이기도 합니다. 로스앤젤레스 일대에서 매일 10여 명의 살인이 자행됩니다. 그렇지만 워싱톤 D.C.에 비하면 적은 살인율이라 합니다. 하루에 평균 3건의 은행강도가 발생하여 로스앤젤레스는 미국 내에서 은행 강도의 수도라고 일컬어지고 있습니다. 다시 생각하기도 싫은 폭동과 지진이 우리의 생명과 재산을 앗아갔습니다. 마약 거래와 후천성면역결핍증 환자가 세계 어느 나라보다도 많은 나라가 미국이기도 합니다.

이런 미국일지라도 제가 제일 살기 좋은 나라라고 하는 이유는 이 나라가 기회의 나라이기 때문입니다. 인구의 90%가 우주를 주관하는 신을 믿고 있고 대통령의 선서도 성경에 손을 얹고 행하며 화폐에도 '우리는 하나님을 믿는다'는 국민적 신조가 적혀 있습니다. 한국인이 사회봉사에 참여하는 사람이 1%라고 하는 데 비해서 미국인은 28%라고 하니 사회봉사나 자원봉사를 많이 하는 국민이기도 합니다.

미국이 좋은 나라라고 믿는 또 하나의 이유는 세계의 석학들이 제일 많이 모여 있고 대학 이상의 과정을 말할 때 세계에서 가장 좋은 교육의 제도와 질을 갖고 있기 때문입니다. 미국의 교육제도를 수입 품목으로 따진다면 연간 50억 달러의 무역흑자를 내고 있는 좋은 상품이라고 하겠습니다. 이런 우수한 대학 및 대학원의 교육 때문에 세계의 두뇌를 모을 수 있고 그들이 이 나라의 경제, 기술, 및 과학의 발전에 큰 기여를 하고 있습니다.

사농공상의 전통을 갖고 있는 교포들은 자녀들의 교육에 최대의 관심과 정성을 기울입니다. 수석 졸업을 하는 교포자녀들이 속출하고 있고 명문대학에 진학하는 교포의 자녀들이 타 인종에 비할 때 상대적으로 많습니다. 그러나 성적과 진학하는 학교의 지명도를 지나치게 강조하다 보면 자녀들의 인격과 도덕성의 함양에 충분한 정성을 기울이지 못하게 되지 않을까 하는 기우를 갖지 않을 수 없습니다. 자녀를 학교에 보내는 부모님들은 어떠한 세상에 그들을 보내고 있는지 생각해 보아야 하겠습니다. 우리 자녀들에게 세상의 악영향을 극복할 만한 정신적 · 윤리적인 무장을 튼튼하게 시켜서 세상에 내보내는지 검토를 해 보아야 하겠습니다.

1991년 9월에 미국 댄코트 상원의원은 상원에서 행한 연설에서 다음과 같은 통계를 제시했습니다.

'미국 내에서 청소년 소녀들의 사망원인 중 자살이 두 번째로 큰 원인입니다. 청소년들의 자살은 1950년에 비할 때 300%나 증가를 했습니다. 십대 소녀의 임신은 1940에 비할 때 621%나 증가를 했습니다. 소녀들에게 임신을 시킨 소년들 중 85%는 아무런 책임을 지지 않습니다. 십대의 살인은 1950년에 비할 때 232%나 증가를 했습니다. 살인은 15세에서 19세까지의 청소년들에게는 제일 가는 사망원인입니다. 고등학교에 다니는 청소년들 중 3분의 1은 일 주일에 한 번씩 술에 취합니다. 처음 마약에 손을 대는 평균 연령은 13세입니다.'

이상의 통계는 자녀를 가진 부모들에게는 자다가도 잠이 깨는 경종이라고 하겠습니다. 우리는 매일처럼 이리떼들 속에 자녀들을 보낸다고 해도 과언이 아닌 것 같습니다. 부모들의 격려와 하나님을 두려워하는 정신적인 무장을 시켜야 할 때는 지금입니다. 학교를 나온 후에도 직장에서 일을 할 때에도 유혹은 각양각색으로 우리의 자녀들을 엄습하고 있습니다. 미국의 청소년들 중 유혹을 극복하는 데에 가장 큰 힘이 되는 것은 부모님들에게 실망을 줄 것이 두려워서라고 합니다. 가정에서 절대적인 정직과 정조와 청백의 미덕을 쉬지 않고 가르치고 강조하며 가문의 명성과 명예를 생명처럼 여기도록 정신적인 무장을 시켜야 하겠습니다. 그렇게 한다면 우리의 자녀들을 이리떼가 득실거리는 사회에 내 보낸다 해도 안전할 것입니다.

KI 269

홍박사의 5분경영 ②
성공을 부르는 경영마인드

지은이/ 홍병식

1판 1쇄 인쇄/ 1997. 5. 23
1판 2쇄 발행/ 1997. 7. 10

펴낸곳/ 21세기북스
펴낸이/ 김영곤
책임편집/ 김신영

등록번호/ 제10-314호
등록일자/ 1989. 4. 4

서울시 강남구 역삼동 831-47 광성빌딩 1002호
전화/ 556-8007(기획·편집), 556-0557(영업)
팩스/ 565-6717, 556-4060

값 7,500원

ISBN 89-509-0322-9 13320
ISBN 89-509-0320-2 13320(세트)